高等职业教育（本科层次）物流类专业系列教材

物流运输组织与管理

主　　编　　胡云清　李翠芝
副 主 编　　毛晓辉　程丽丽　温全贵
参　　编　　樊贵香　李　艳　郝文卿　桑　晶
　　　　　　郑书渊　胡耀蕾　冯　勃　宋丽华

机械工业出版社
CHINA MACHINE PRESS

本书基于运输作业实际工作过程的逻辑主线编排教学内容，力求选材得当，实用性强，共设置了十个模块。内容安排上，以物流运输管理认知、物流运输市场分析为基础，较全面地介绍了公路货物、铁路货物、航空货物、水路货物的运输组织业务，以及特殊货物运输管理、多式联运运输管理、运输保险与合同管理、运输决策与管理等内容。模块内容系统性强，结构严谨，注重理论与实践紧密结合，每个单元后附职业能力训练，每个模块后设计了知识巩固练习和素养案例。教材配套了丰富的数字资源，可通过扫描教材二维码进行在线学习。学习者在系统完成每个模块任务的学习后，专业知识和技能均可得到拓展和提高。

本书可作为高等职业教育专科、本科院校和应用型本科院校物流类及相关专业教材，也可作为物流工作人员的参考书及培训用书。

图书在版编目（CIP）数据

物流运输组织与管理 / 胡云清，李翠芝主编．—北京：机械工业出版社，2024.6

高等职业教育（本科层次）物流类专业系列教材

ISBN 978-7-111-75920-1

Ⅰ．①物…　Ⅱ．①胡…　②李…　Ⅲ．①物流－货物运输－管理－高等职业教育－教材　Ⅳ．①F252

中国国家版本馆 CIP 数据核字（2024）第 105860 号

机械工业出版社（北京市百万庄大街 22 号　邮政编码 100037）

策划编辑：孔文梅　　　　责任编辑：孔文梅　马新娟

责任校对：张爱妮　李 杉　　封面设计：马精明

责任印制：邓　敏

北京富资园科技发展有限公司印刷

2024 年 8 月第 1 版第 1 次印刷

184mm×260mm・15.5 印张・328 千字

标准书号：ISBN 978-7-111-75920-1

定价：49.00 元

电话服务　　　　　　　　　网络服务

客服电话：010-88361066　　机 工 官 网：www.cmpbook.com

　　　　　010-88379833　　机 工 官 博：weibo.com/cmp1952

　　　　　010-68326294　　金 书 网：www.golden-book.com

封底无防伪标均为盗版　机工教育服务网：www.cmpedu.com

前　言

运输业又称"交通运输业"，运输过程不创造新的物质产品，不改变劳动对象的物质形态，也不增加其数量，而是通过改变劳动对象的空间位置和增加产品价值来满足社会的需要。随着社会化生产的发展，运输业在国民经济和人们的物质文化需要中的地位愈加重要。

本书从物流运输企业的实际出发，结合企业实际运作模式，基于物流运输业务流程，将物流运输组织与管理的知识体系进行整合与优化。从物流运输认知开始，通过不同的运输组织方式确定学习模块，各模块编排以公路、水路、铁路、航空四种运输方式为脉络，将货物运输组织与管理中的基础知识、组织环节、业务流程、合同管理、货运保险、决策管理等整合为十个模块，各模块间既相对独立又相互联系，各项目从业务流程梳理到运输管理能力培养，内容安排上充分遵从职业认知与发展规律。

本书编写具有如下特色：

1. 编写体例新颖多样

本书采用理实一体的编写模式，即"理论知识＋职业能力训练＋巩固知识练习＋素养案例"四位一体的形式策划、编写，在注重理论知识系统性的同时关注职业能力的培养。教材形式丰富灵活，通过案例、图表、视频、习题库等为学生提供丰富的学习体验，强化学习效果；在职业能力训练任务中，以模拟物流企业"迅达公司"为背景结合企业实际业务进行情境创设与任务安排，贴近职场工作实际，激发学生学习兴趣；在职业能力训练中对特定任务设置贴合实际的评价标准，多角度全方位对学生的训练过程进行考核。

2. "红色引擎"融入教材

在本书开发过程中，注重将立德树人融入教学，注重结合课程特点及专业特色、企业文化、职业素养等相关要求，将育人目标与知识能力目标有机结合起来，把劳动精神、奋斗精神、奉献精神、创造精神、工匠精神等内容融入素养案例，并将部分素养案例内容以微课的形式进行拓展与提升，强化教材的育人功能，实现专业课程与课程思政的同频共振。

3. "互联网＋教育"书网融合

本书配套了微课、游戏、动画等信息化学习资源，帮助学生理解教材中的重点和难点，可满足不同场景、不同时间的教学与学习需求，并便于及时进行知识更新；及时对接新技术、新标准、新规范，与企业实际需要的知识、技能、素质相匹配。

4. "岗课赛证"全面融合

内容编排上坚持"岗课赛证"综合育人的理念，融"岗""赛""证"要素于"课"，将 1+X 证书、工作岗位标准和流程、技能大赛技术等要求融入教材，实现学习任务与工作任务、学习标准与工作标准、学习过程与工作过程的统一，培养学生系统思维、创新思维，体现"岗课赛证"融通的职业教育改革特色。

本书内容由山西工程科技职业大学老师与企业人员共同编写，胡云清、李翠芝任主编，负责全书的整体策划；毛晓辉、程丽丽、温全贵任副主编；模块一由樊贵香编写，模块二由程丽丽编写，模块三由胡云清和毛晓辉编写，模块四由李艳和李翠芝编写，模块五由郝文卿编写，模块六由桑晶编写，模块七由郑书渊编写，模块八由胡耀蕾编写，模块九由冯勃编写，模块十由宋丽华编写；全书职业能力训练设计由温全贵负责。

本书在编写过程中参考和引用了许多同类专业教材和相关出版物的内容以及网络资源，在此对原作者表示衷心的感谢。

由于编者水平和经验有限，书中难免出现纰漏和差错之处，恳请广大读者批评指正。

在线课程

本书在"天工讲堂"平台建有配套在线课程，扫描左侧二维码即可进入学习。为方便教学，本书配备了电子课件、习题答案等教学资源，凡选用本书作为教材的教师均可登录机械工业出版社教育服务网 www.cmpedu.com 免费下载。如有问题请致电 010-88379375 联系营销人员，或加入 QQ 群：962304648。

编　者

二维码索引

微课视频

序号	名称	二维码	页码	序号	名称	二维码	页码
1	物流运输认知		2	10	公路货物运输计划编制		34
2	物流运输系统分析		8	11	公路整车货物运输组织形式（上）		40
3	动画：物流运输系统构成要素		8	12	公路整车货物运输组织形式（下）		43
4	物流运输企业组织结构		12	13	动画：甩挂运输应用		45
5	动画：物流运输业务流程管理		15	14	公路整车货物运输业务组织		48
6	运输市场认知		20	15	动画：托运单填制		49
7	运输市场需求		23	16	公路零担货物运输业务组织（上）		56
8	动画：运输需求价格弹性		24	17	公路零担货物运输业务组织（下）		60
9	运输市场供给		27	18	铁路整车货物运输组织（上）		74

（续）

序号	名称	二维码	页码	序号	名称	二维码	页码
19	铁路整车货物运输组织（下）		76	30	班轮货物运输组织		126
20	动画：铁路整车货物运输流程		77	31	动画：班轮货物运输作业流程		126
21	铁路零担货物运输组织		88	32	租船货物运输组织		133
22	动画：铁路零担货物运输流程		90	33	水路货物运输费用核算		139
23	铁路货物运到期限计算与运输费用核算（上）		91	34	超限货物运输管理（上）		148
24	铁路货物运到期限计算与运输费用核算（下）		93	35	超限货物运输管理（下）		149
25	动画：铁路货物运费的计算		94	36	动画：超限货物运输作业流程		150
26	航空货物运输业务组织		104	37	危险货物运输管理（上）		157
27	动画：航空运输进出口作业流程		107	38	危险货物运输管理（下）		161
28	动画：航空货运单填制		111	39	鲜活货物运输管理（上）		168
29	航空货物运输费用核算		114	40	动画：鲜活货物运输要求		169

（续）

序号	名称	二维码	页码	序号	名称	二维码	页码
41	鲜活货物运输管理（下）		171	47	运输合同管理		205
42	多式联运组织与运作		180	48	动画：合同违约索赔流程		210
43	多式联运责任划分		187	49	运输合理化管理		216
44	多式联运费用核算		191	50	动画：不合理运输		217
45	运输保险管理		200	51	运输路线优化		220
46	动画：货物运输保险理赔流程		203	52	运输质量管理		229

素养提升

序号	名称	二维码	页码	序号	名称	二维码	页码
1	交通强国载使命，先行路上勇担当		17	4	疫情之下，航空物流人的责任与担当		123
2	打通"大动脉"，畅通"微循环"，助力国内国际"双循环"		71	5	技能成才，技能报国——长兴岛造船基地		146
3	见证中国铁路发展，砥砺交通强国之志		100	6	保险护航，共同发展繁荣		213

游戏测验

序号	名称	二维码	页码	序号	名称	二维码	页码
1	公路货物运输作业流程组织		71	4	图上作业法：交通路线成圈问题		234
2	危险货物分类		176	5	表上作业法：求最优调运方案		234
3	多式联运作业流程组织		195				

目录

前言
二维码索引

模块一　物流运输管理认知 …………………………………………………………… 1
单元一　物流运输认知 …………………………………………………………… 2
职业能力训练　运输方式选择 …………………………………………………… 7
单元二　物流运输系统分析 ……………………………………………………… 8
职业能力训练　运输路线绘制 …………………………………………………… 11
单元三　物流运输企业组织结构设计 …………………………………………… 12
职业能力训练　岗位职责说明书编制 …………………………………………… 15
知识巩固练习 ……………………………………………………………………… 16
素养案例 …………………………………………………………………………… 17

模块二　物流运输市场分析 ……………………………………………………………… 19
单元一　运输市场认知 …………………………………………………………… 20
职业能力训练　确定从事道路货运经营应具备的条件 ………………………… 22
单元二　运输市场需求与供给 …………………………………………………… 23
职业能力训练　运输市场需求价格弹性分析 …………………………………… 30
知识巩固练习 ……………………………………………………………………… 31
素养案例 …………………………………………………………………………… 32

模块三　公路货物运输组织 ……………………………………………………………… 33
单元一　公路货物运输计划编制 ………………………………………………… 34
职业能力训练　车辆运行作业计划编制 ………………………………………… 37
单元二　公路整车货物运输组织形式 …………………………………………… 40
职业能力训练　公路整车货物运输运行图绘制 ………………………………… 48
单元三　公路整车货物运输业务组织 …………………………………………… 48
职业能力训练　公路整车货物运输业务办理 …………………………………… 55
单元四　公路零担货物运输业务组织 …………………………………………… 56
职业能力训练　公路零担货物运输业务办理 …………………………………… 69
知识巩固练习 ……………………………………………………………………… 71
素养案例 …………………………………………………………………………… 71

模块四　铁路货物运输组织 ……………………………………………………………… 73
单元一　铁路整车货物运输组织 ………………………………………………… 74
职业能力训练　铁路整车货物业务办理 ………………………………………… 86
单元二　铁路零担货物运输组织 ………………………………………………… 87
职业能力训练　铁路零担货物业务办理 ………………………………………… 90

单元三　铁路货物运到期限计算与运输费用核算	91
职业能力训练　铁路货物运费确定	99
知识巩固练习	100
素养案例	100

模块五　航空货物运输组织 … 103

单元一　航空货物运输业务组织	104
职业能力训练　航空货物运输流程绘制	113
单元二　航空货物运输费用核算	114
职业能力训练　航空货物运输运费栏填制	121
知识巩固练习	121
素养案例	123

模块六　水路货物运输组织 … 125

单元一　班轮货物运输组织	126
职业能力训练　班轮货物运输组织方案编制	132
单元二　租船货物运输组织	133
职业能力训练　租船货物运输组织方案编制	138
单元三　水路货物运输费用核算	139
职业能力训练　水路货物运输运费确定	144
知识巩固练习	145
素养案例	146

模块七　特殊货物运输管理 … 147

单元一　超限货物运输管理	148
职业能力训练　大件货物运输方案编制	156
单元二　危险货物运输管理	156
职业能力训练　危险货物运输方案编制	167
单元三　鲜活货物运输管理	168
职业能力训练　鲜活货物运输方案编制	175
知识巩固练习	176
素养案例	177

模块八　多式联运运输管理 … 179

单元一　多式联运组织与运作	180
职业能力训练　多式联运业务流程组织	186
单元二　多式联运责任划分	187
职业能力训练　多式联运合同纠纷处理	190
单元三　多式联运费用核算	191
职业能力训练　多式联运业务报价	194

| 知识巩固练习 | 194 |
| 素养案例 | 196 |

模块九　运输保险与合同管理　199

单元一　运输保险管理　200
职业能力训练　保险义务履行　204
单元二　运输合同管理　205
职业能力训练　运输合同纠纷处理　211
知识巩固练习　212
素养案例　213

模块十　运输决策与管理　215

单元一　运输合理化管理　216
职业能力训练　物流运输方案优化设计　219
单元二　运输路线优化　220
职业能力训练　运输路线设计　228
单元三　运输质量管理　229
职业能力训练　运输质量提升实施方案编制　233
知识巩固练习　234
素养案例　235

参考文献　236

模块一
物流运输管理认知

学习目标

知识目标：

1. 掌握运输的概念、功能
2. 了解运输系统的组成要素
3. 掌握各种运输方式的优缺点
4. 掌握运输的功能和原理
5. 了解运输企业常见的组织结构形式及关键岗位工作职责

技能目标：

1. 能绘制运输业务流程
2. 能根据技术经济特征选择运输方式
3. 能够编制关键岗位的岗位职责说明书

素养目标：

1. 通过选择合理的运输方式，培养和提高在特定业务情境中分析问题与决策设计的素质
2. 通过绘制高速公路网和铁路网，树立效率意识、责任意识
3. 通过学习运输系统，培养成本意识、系统意识

单元一　物流运输认知

一、物流运输的概念

根据 GB/T 18354—2021《物流术语》，物流是指根据实际需要，将运输、储存、装卸、搬运、包装、流通加工、配送、信息处理等基本功能实施有机结合，使物品从供应地向接收地进行实体流动的过程；运输是指利用载运工具、设施设备及人力等运力资源，使货物在较大空间上产生位置移动的活动。

物流运输认知

二、物流运输的功能与原理

（一）物流运输的功能

1. 物品转移

通过物品远距离的位置移动，可创造物品的空间效用（又称场所效用）。所谓空间效用，是指物品在不同的位置，其使用价值实现的程度是不同的，即效用价值是不同的。

2. 物品储存

如果转移中的物品需要储存，且在短时间内又需要重新转移，而卸货和装货的成本费用也许会超过储存在运输工具中的费用，这时可将运输工具作为暂时的储存场所。

（二）物流运输的原理

1. 规模经济

运输成本的固定成本会随着载重量的增加而使单位重量的货物分摊的固定成本更低。

2. 距离经济

单位距离的运输成本随距离的增加而减少，即呈现递减原理，费率或费用随距离的增加而逐渐减少。

3. 效益悖反原理

效益悖反是物流领域中常见的现象。物流效益悖反是指物流的若干功能要素（运输、保管、装卸搬运、包装、流通加工、配送、物流信息处理）之间存在着损益的矛盾，即某一个功能要素的优化和利益发生的同时，必然会带来另一个或另几个功能要素的利益损失，反之亦然。运输与物流其他功能要素乃至运输服务水平的效益悖反矛盾非常突出。例如，要降低库存，就会频繁补充库存，从而增加运输次数，进而增加了运输费用。

三、物流运输方式的分类

物流运输方式可按运输设备及运输工具、运输范畴、运输作用、协作程度和运输中途是否换载进行分类。

（一）按运输设备及运输工具分类

按运输设备及运输工具的不同，运输方式分类如表 1-1 所示。

表 1-1　运输方式按运输设备及运输工具分类

运输方式	特点
公路运输	主要承担近距离、小批量的货运，以及水运、铁运难以到达地区的长途、大批量货运。主要优点是灵活性强，公路建设期短，投资较低，易于因地制宜，对收到站设施要求不高。可以采取"门到门"运输形式，公路运输的经济半径，一般在 300km 以内
铁路运输	主要承担长距离、大数量的货运，在没有水运条件的地区，几乎所有大批量货物都是依靠铁路，是在干线运输中起主力运输作用的运输形式。优点是速度快，运输不大受自然条件限制，载运量大，运输成本较低。主要缺点是灵活性差，只能在固定线路上实现运输，需要以其他运输手段配合和衔接。铁路运输经济里程一般在 300～500km
水路运输	主要承担大数量、长距离的运输，是在干线运输中起主力作用的运输形式。主要优点是成本低。主要缺点是运输速度慢，受港口、水位、季节、气候影响较大，因而一年中中断运输的时间较长
航空运输	单位成本较高，主要适合运载的货物有两类：一类是价值高、运费承担能力较强的货物，如贵重设备的零部件、高档产品等；另一类是紧急需要的物资，如救灾抢险物资等
管道运输	运量大、占地少；管道运输建设周期短、费用低；管道运输安全可靠、连续性强、管道运输耗能少；成本低、效益好。管道运输除广泛用于石油、天然气的长距离运输外，还可运输矿石、煤炭、建材、化学品和粮食等

（二）按运输范畴分类

按运输范畴的不同，运输方式分类如表 1-2 所示。

表 1-2　运输方式按运输范畴分类

运输方式	特点
干线运输	利用铁路、公路干线、大型船舶的固定航线进行长距离、大载量的运输，是进行距离空间位移的重要运输方式。干线运输一般较同种运输工具的其他运输要快，成本也较低，干线运输是运输的主体
支线运输	与运输干线相接的分支线路上的运输。支线运输是干线运输与收发货地点之间的补充运输形式，路程较短，运输量相对较小。支线的建设水平往往低于干线，运输工具水平也往往低于干线，因而速度较慢
二次运输	一种补充性的运输方式，路程较短。干线、支线运输到站后，站与仓库或指定接货点之间的运输，均属于二次运输，一般运量较小
厂内运输	在工业企业范围内，直接为生产过程服务的运输，一般在车间与车间之间、车间与仓库之间进行。通常将小企业中的这种运输方式以及大企业车间内部、仓库内部的运输称为"搬运"

（三）按运输作用分类

按运输作用的不同，运输方式分类如表 1-3 所示。

表 1-3　运输方式按运输作用分类

运输方式	特点
集货运输	将分散的货物集中运输，一般是短距离、小批量的运输。货物集中后才能利用干线运输形式进行长距离及大批量运输，因此，集货运输是干线运输的一种补充
配送运输	将配送中心已按用户要求配送好的货物分送各个用户的运输，一般是短距离、小批量运输，也是对干线运输的一种补充和完善

（四）按协作程度分类

按协作程度的不同，运输方式分类如表 1-4 所示。

表 1-4　运输方式按协作程度分类

运输方式	特点
一般运输	孤立地采用不同运输工具或采用同类运输工具但没有形成有机协作关系
联合运输（联运）	使用同一运送凭证，由不同运输方式或不同运输企业进行有机衔接以接运货物，利用每种运输手段的优势以充分发挥不同运输工具的效率

（五）按运输中途是否换载分类

按运输中途是否换载，运输方式分类如表 1-5 所示。

表 1-5　运输方式按中途是否换载分类

运输方式	特点
直达运输	在组织货物运输时，利用一种运输工具从起运站、港口一直运送到到达站、港口，中途不经过换载、不入库储存的运输形式。避免中途换载所出现的运输速度减缓、货损增加、费用增加等一系列弊病，从而缩短运输时间、加快车船周转、降低运输费用、提高运输质量
中转运输	在组织货物运输时，在货物运送到目的地的过程中，在途中的车站、港口、仓库进行转运换载，包括同种运输工具不同运输线路的转运换载和不同运输工具之间的转运换载 通过中转，往往将干线、支线运输有效地衔接，可以化整为零或集零为整，方便用户，提高运输效率；可以充分发挥不同运输工具在不同路段上的最优水平，获得节约或效益，有助于加快运输速度。中转运输的缺点是换载时会出现低速度、高货损、增加费用支出

四、物流运输方式技术经济特征

（一）各种运输方式的技术经济特征比较

各种运输方式的技术经济特征比较如表 1-6 所示。

表 1-6　各种运输方式的技术经济特征比较

比较项目	运输方式				
	铁路运输	公路运输	水路运输	航空运输	管道运输
运输成本	低于公路运输	高于铁路、水路和管道运输，仅比航空运输成本低	一般比铁路运输成本低	最高	与水路运输成本接近

（续）

比较项目	运输方式				
	铁路运输	公路运输	水路运输	航空运输	管道运输
速度	长途快于公路运输，短途慢于公路运输	长途慢于铁路运输，短途快于铁路运输	较慢	极快	极快
能耗	高于管道运输和水路运输	高于铁路运输和水路运输	能耗低，单位能耗低于铁路运输，更低于公路运输	极高	能耗最小，在大批量运输时与水路运输接近
便利性	机动性差，需要其他运输方式的配合和衔接才能实现"门到门"的运输	机动灵活，能够进行"门到门"运输	需要其他运输方式的配合和衔接才能实现"门到门"的运输	难以实现"门到门"运输，必须借助其他运输工具进行集疏运	运送货物种类单一，且管线固定，运输灵活性差
投资	投资大，建设周期长	投资小，投资回收期短	投资小	投资大	建设费用比铁路低60%左右
运输能力	运输能力强，仅次于水路运输	载重量不大，运送大件货物较为困难	运输能力最强	只能承运小批量、体积小的货物	运输量大
对环境的影响	土地占用多	土地占用多，环境污染严重	土地占用少	二氧化碳排放、噪声污染、空气污染	土地占用少，对环境无污染
适用范围	适用于大宗低值货物的中、长距离运输，也用于大批量、时效性强、可靠性要求高的一般货物和特种货物的运输	适用于近距离、小批量的货运，或水运、铁路运输难以到达地区的长途、大批量货运	适用于运距长、运量大、对送达时间要求不高的大宗货物运输，也适用于集装箱运输	适用于价值高、体积小、送达时效要求高的特殊货物	适用于单向、定点、量大的流体且连续不断货物的运输

（二）影响运输方式选择的因素

现代物流主要有铁路运输、公路运输、水路运输、航空运输和管道运输五种运输方式，各种运输方式的成本结构比较如表 1-7 所示，营运特征比较如表 1-8 所示。

表1-7　各种运输方式的成本结构比较

运输方式	成本结构	
	固定成本	变动成本
铁路运输	高（车辆及路线）	低
公路运输	高（车辆及路线）	适中（燃料、维修）
水路运输	适中（船舶及设备）	低
航空运输	低（飞机及机场）	高（燃料、维修）
管道运输	最高（铺设管道）	最低

表1-8　各种运输方式的营运特征比较

营运特征	运输方式				
	铁路运输	公路运输	水路运输	航空运输	管道运输
运价	3	4	1	5	2
速度	3	2	4	1	5
可行性	2	1	4	3	5
可靠性	3	2	4	5	1
能力	2	3	1	4	5

注：1～5 表示从高到低的优秀等级。

企业可以根据所需运输服务的要求，参考不同运输方式的不同营运特征进行正确的选择。一般来说，企业主要考虑以下几个方面的因素：

1. 商品性能特征

这是影响企业选择运输工具的重要因素。一般来说，粮食、煤炭等大宗货物适宜选择水路运输；水果、蔬菜、鲜花等新鲜商品，电子产品、宝石以及节令性商品等适宜选择航空运输；石油、天然气、碎煤浆等适宜选择管道运输。

2. 运输速度和路程

运输速度的快慢、运输路程的远近决定了货物运送时间的长短。在途运输货物犹如企业的库存商品，会形成资金占用。一般来说，批量大、价值低、运距长的商品适宜选择水路或铁路运输；批量小、价值高、运距长的商品适宜选择航空运输；批量小、距离近的商品适宜选择公路运输。

一般情况下可以依据以下原则：① 300km 以内选择汽车运输；② 300～500km 选择铁路运输；③ 500km 以上选择航空、水路运输。

3. 运输量及运输的可得性

一般来说，20t 以下的物品用公路运输，20～100t 的物品用铁路运输，数百吨及以上的物品更适合用水路运输。

同时，不同运输方式的运输可得性有较大差异，公路运输最可得，其次是铁路运输，水路运输与航空运输只有在港口城市与航空港所在地才可得。

4. 运输的一致性

运输的一致性是指在若干次装运中履行某一特定的运次所需的时间与原定时间或与前 N 次运输所需时间的一致性。它是运输可靠性的反映。近年来，托运方已把一致性看作高质量运输的重要特征。如果给定的一项运输服务第一次花费了 2 天，第二次花费了 6 天，这种意想不到的变化会给生产企业带来严重的物流作业问题。厂商一般首先要寻求实现运输的一致性，然后再提高交付速度。如果运输缺乏一致性，就需要安全储备存货，以防预料不到的服务故障。运输一致性还会影响买卖双方承担的存货义务和有关风险。

5. 运输的可靠性

运输的可靠性涉及运输服务的质量属性。对质量来说，关键是要精确地衡量运输可得性和一致性，这样才有可能确定总的运输服务质量是否达到用户所期望的服务目标。运输企业持续不断地满足用户期望的最基本的条件是要不断改善运输质量。

6. 运输费用

企业开展商品运输工作，必然要支出一定的财力、物力和人力，各种运输工具的运用都需要企业支出一定的费用。因此，企业进行运输决策时，要受其经济实力以及运输费用的制约。例如，企业经济实力弱，就不可能使用运费高的运输工具，如航空运输。

7. 市场需求的缓急程度

在某些情况下，市场需求的缓急程度也决定着企业应当选择何种运输工具。如市场急需的商品须选择速度快的运输工具，如航空或汽车直达运输，以免贻误时机；反之则可选择成本较低而速度较慢的运输工具。

职业能力训练

运输方式选择

一、训练任务

迅达公司是一家物流运输企业，现有以下运输业务委托迅达公司进行托运，请为其选择合适的运输方式并说明理由。

1. 将两箱急救药和一批鲜花从广州运到北京。
2. 将一批煤炭从山西运到秦皇岛。
3. 将一批新鲜蔬菜从郊区运到市区。
4. 有一批钢材，要从重庆运到武汉。
5. 有15万t石油需要从非洲运到我国上海。
6. 将我国西部大量的天然气运到以上海为主的东部地区。

二、训练要求

1. 掌握常见运输方式的优缺点。
2. 掌握影响运输方式选择的因素。
3. 能结合实际情况正确选择合适的运输方式。
4. 分小组完成训练任务（建议2～3人一组）。

三、训练评价

序号	评价内容	分值	自我评价（20%）	小组评议（30%）	教师评价（50%）	合计得分（100%）
1	运输方式选择正确	30				
2	理由说明正确	30				
3	提交的成果文字表述流畅	20				
4	书写规范、整齐	10				
5	小组成员高效合作	10				
教师评语						

单元二　物流运输系统分析

一、物流运输系统的含义

物流运输系统是由各种运输要素所构成的具有特殊功能的有机整体。物流运输系统的构成要素主要有运输工具、运输节点、运输线路等。根据 GB/T 18354—2021《物流术语》，运输管理系统是指在运输作业过程中，进行配载作业、调度分配、线路规划、行车管理等多项任务管理的系统。

物流运输系统分析

二、物流运输系统构成要素

（一）运输工具

现代运输所使用的工具主要包括汽车、铁路机车与车辆、船舶、飞机、管道等。

动画：物流运输系统构成要素

1. 汽车

汽车是公路运输的最基本运输工具，由车身、动力装置和底盘三部分组成。运输主要使用的是货车，货车是一种主要为载运货物而设计和装备的商用车辆，可以分为以下几种：

（1）普通货车：一种在敞开（平板式）或封闭（厢式）载货空间内载运货物的货车。

（2）全挂牵引车：一种牵引杆式挂车的货车。它本身可在附属的载运平台上运载货物。

（3）挂车：需要由汽车牵引才能正常使用的一种无动力的道路车辆，用于载运人员或货物，或有特殊用途。

（4）半挂车：车轴置于车辆重心（当车辆均匀受载时）后面，并且装有可将水平或垂直力传递到牵引车的联结装置的挂车。

（5）专用货车：用于运输特殊物品的货车，如液灌运输车、粉灌运输车、冷藏车、轿车专用运输车及自卸车等。

2. 铁路机车与车辆

（1）机车。机车是铁路运输的基本动力，客货列车的牵引和车站上的调车工作，都要由机车来完成。目前世界上较常用的机车包括蒸汽机车、内燃机车和电力机车，且目前最新形式的机车还包括涡轮机车与磁悬浮列车。

（2）车辆。铁路车辆是运送旅客和货物的工具。为了适应货物的不同要求，装运货物的车辆有敞车、漏斗车、自翻车、棚车、家畜车、平车、长大货车、集装箱平车、各种罐车，以及保温车和冷藏车等类型。

3. 船舶

水路货物运输的运载工具是可用于水上航行的船舶，按不同的使用要求具有不同的技术性能、装备和结构形式。

（1）散货船。散货船是专门用于载运粉末状、颗粒状或块状等非包装大宗货物的运输船舶。常见的散货船有煤船、谷物船、矿砂船、散装水泥船和化肥船等。目前散货船在商船队中的数量仅次于油船，在世界商船队中所占的比例约为1/3，居第二位。

散货船通常分为以下几个级别：

1）好望角型散货船：载重在10万t以上，通常在17万t左右的散货船。

2）巴拿马型散货船：载重6万～7.5万t，这是一种巴拿马运河船闸最大允许通过的船舶，船长要小于245m，船宽不超过32.2m，最大容许吃水深度为12.04m。

3）大灵便型散货船：载重3万～5万t，这类船吃水较浅，在世界各港口基本上都可以停靠。

4）小灵便型散货船：载重3万t，这类船舶是可进入美国五大湖的最大船型，最大船长不超过222.5m，最大船宽不小于23.1m，吃水深度不小于7.925m。

（2）油船。油船也称油轮，通常所称的油船多数是指运输原油的船舶，装运成品油的船舶称为成品油船。油船根据载重量还可分为不同的类型：

1）巨型油船或超级油船：载重20万t以上，为远洋油船。最大的油船已经达到56万t级。

2）苏伊士型油船：载重15万t的中型油船，可远洋航行，也是目前各类油船中最多的一种油船。

3）阿芙拉型油船：载重11万t，可远洋航行，也是目前油船中较多的一种船型。

4）巴拿马型油船：载重6万～8万t，为近洋油船。

5）灵便型油船：载重1万～6万t，为近海油船。

除了根据载重吨位不同进行分类外，油船还可以根据装载的油种不同分为原油船和成品油船，成品油船还可以分为黑油船（也称重油船）和白油船（也称轻油船）。

（3）液化气船。液化气船是专门运输散装液态的石油气和天然气的船舶，也称特种油船。

（4）杂货船。可装载包装、桶装、箱装或成捆等各种杂货的运输船舶，统称为杂货船。一般杂货船的载重量因受货源影响，其吨位没有散货船、油船那么大。目前新设计的杂货船大多向多用途型发展，使船舶既能装载杂货，又能按需要装载散货、集装箱或大件货等，以提高营运效率。为了理货方便，杂货船一般设有2～3层甲板。

（5）集装箱船。集装箱船可分为三种类型：①全集装箱船，也称全格栅式集装箱船，是一种专门装运集装箱的船，不装运其他形式的货物；②半集装箱船，船的中部区域作为集装箱的专用货舱，而船的两端货舱装载其他杂货；③可变换的集装箱船，是一种多用途船，这种船的货舱根据需要可随时改变设施，既可装运集装箱，也可以装运其他普通杂货，以提高船舶的利用率。

上述五种船型占世界商船队总量的绝大部分,是组成商船队的基本船型。

(6)滚装船。滚装船是指货物装卸不从甲板上的货舱口垂直地吊进吊出,而是通过船舶首尾或两舷的开口以及搭到码头上的跳板,用拖车或叉式装卸车把集装箱或货物连同带轮子的底盘,从船舱运至码头的一种船舶。

(7)载驳货船。载驳船又称子母船,是将一定尺寸的载货船装到一艘大的货船上,由载货驳船将货驳运至目的地后卸至水面,由拖船拖走,用于河海联运。

4. 飞机

飞机依其分类标准的不同,可有如下划分方法:

(1)按飞机的用途划分,有国家航空飞机和民用航空飞机。国家航空飞机是指军队、警察和海关等使用的飞机;民用航空飞机主要是指民用飞机和直升机,其中民用飞机是指民用的客机、货机和客货两用机。

(2)按飞机的飞行速度分,有亚音速飞机和超音速飞机。亚音速飞机又分为低速飞机(飞行速度低于 400km/h)和高亚音速飞机(飞行速度马赫数为 0.8~8.9)。多数喷气式飞机为高亚音速飞机。

5. 管道

管道运输是一种理想的运输技术,把运输途径和运输工具集中在管道中。管道运输的原理是通过压力差,使管内的流体从高压处向低压处流动。输送过程中,由于摩擦损失及高程差,流体的压力逐渐下降。为了给流体加压,长距离管道中需要设置中间泵站(液体管道)或压缩机站(气体管道)。

按输送介质划分,管道可以分为原油管道、成品油管道、天然气管道、液气混输管道、固体物料浆体管道等,其中石油管道、天然气管道占绝大部分。

(二)运输节点

1. 运输节点的作用

运输节点具有连接不同运输方式的作用,是运输线路上承担货物集散、运输业务办理、运输工具保养和维修的基地与场所。公路运输的停车场、货运站,铁路运输的中间站、区段站、编组站、货运站,水路运输的港口,航空运输的空港,管道运输的管道站等,均属于运输节点。

运输节点大多是集管理、指挥、调度、信息、衔接及货物处理于一体的运输综合设施,是整个运输网络的灵魂所在。整个运输系统运转的效率和水平取决于运输节点管理职能的有效实现。

2. 运输节点的类型

(1)转运型节点。转运型节点是以接连不同运输方式为主的节点,如货运场站、港口、空港等,货物在节点停留的时间较短。

（2）储存型节点。储存型节点是以存放货物为主要职能的节点，货物在节点上停留时间较转运型节点长。在物流系统中，仓库、货栈等属于此种类型的节点。

（3）流通型节点。流通型节点是以组织物流为主要功能的节点，主要有流通仓库、转运仓库、集货中心、分货中心、加工中心。

（三）运输线路

运输线路是供运输工具定向移动的通道，是交通运输的基础设施，也是构成运输系统的要素之一。在现代运输系统中，运输线路有公路、铁路、航线、管道。其中，公路和铁路为陆上运输线路，除了引导运输工具定向行驶外，还需要承受运输工具、货物和人的重量；航线有水运航线和空运航线，主要起引导运输工具定位定向行驶的作用，运输工具、货物或人的重量由水或空气的浮力支撑；管道是一种相对特殊的运输线路，由于其具有严密的封闭性，既能充当运输工具，又能起到引导货物流动的作用。

职业能力训练

运输路线绘制

一、训练任务

找一幅省版地图，要求绘制该省主要高速公路、铁路路线。

二、训练要求

1. 查找该省主要高速公路、铁路路线。
2. 找到主要运输节点、各运输线路主要节点。
3. 连线形成各主要高速公路、铁路路线。
4. 分小组完成训练任务（建议2～3人一组）。

三、训练评价

序号	评价内容	分值	自我评价（20%）	小组评议（30%）	教师评价（50%）	合计得分（100%）
1	查找、绘制高速公路全面、正确	30				
2	查找、绘制铁路路线全面、正确	30				
3	地图轮廓绘制与标准地图相似	20				
4	绘制规范、清晰	10				
5	小组成员高效合作	10				
教师评语						

单元三　物流运输企业组织结构设计

一、物流运输企业的分类及性质

运输企业是指以营利为目的，使用民用航空器、汽车、火车、轮船等交通工具运送旅客、行李、邮件或货物的企业法人。设立运输企业，应当向有关部门申请领取经营许可证，并依法办理工商登记；未取得经营许可证的，工商行政管理部门不得为其办理工商登记。

一般企业分类的依据和方法都可以应用于物流企业。在 GB/T 19680—2013《物流企业分类与评估指标》中，根据物流企业以某项服务功能为主要特征，并向物流服务其他功能延伸的不同状况，将物流企业分为运输型物流企业、仓储型物流企业和综合服务型物流企业三类。

运输型物流企业应同时符合以下要求：

（1）以从事货物运输业务为主，包括货物快递服务或运输代理服务，具备一定规模。

（2）可以提供门到门运输、门到站运输、站到门运输、站到站运输服务和其他增值服务。

（3）企业自有一定数量的运输工具和设备。

（4）具备网络化信息服务功能，应用信息系统可对运输货物进行状态查询、监控。

对于具备一定综合水平的运输型物流企业，按照不同评估指标分为 AAAAA、AAAA、AAA、AA、A 五个等级。其中，AAAAA 级最高，然后依次降低。物流企业评估工作可由全国性物流行业组织设立评估机构具体实施。

二、物流运输企业的组织结构

运输企业的运作与管理是建立在其组织结构中的，企业组织结构的设计就是使各种职位及其有关人员有计划、有系统地编配组合，有效地合作。运输企业的组织结构有直线型、职能型、直线职能型以及事业部型等。当然，运输企业的组织结构也不是固定不变的，它也要随着运输企业的性质、规模、目的、环境的变化而变化。

物流运输企业组织结构

（一）直线型组织

直线型组织是最早产生也是最简单的结构形式，如图 1-1 所示。它的特点是：企业各级行政单位从上到下垂直领导，各级主管人员对其主管单位的一切问题负责，没有职能机构和职能人员。这种组织结构形式一般只适用于小型运输企业，不适用于规模庞大和运营管理比较复杂的现代运输企业。

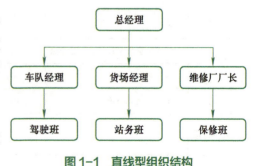

图 1-1　直线型组织结构

（二）职能型组织

职能型组织是运输企业按职能实行专业内分工管理，在各级行政负责人下设立相应的职能机构，各职能都可以在自己的范围内对下级直接进行指挥，如图1-2所示。

（三）直线职能型组织

直线职能型组织是在直线型组织和职能型组织的基础上，综合两者优点而形成的，如图1-3所示。图中，实线表示明确、正式、直接的关系，虚线表示非正式、非直接、模糊或可选的关系。

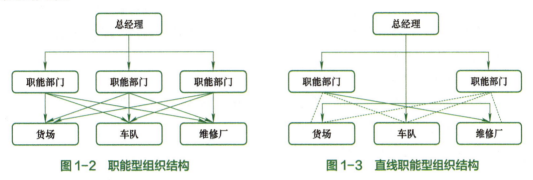

图1-2　职能型组织结构　　　　图1-3　直线职能型组织结构

（四）事业部型组织

事业部型组织是适应大型运输企业既要与强大对手竞争，又要对市场变化及时采取对策要求，"集中决策、分散经营"的管理组织结构形式。总公司是决策中心，分公司或事业部是利润中心，如图1-4所示。

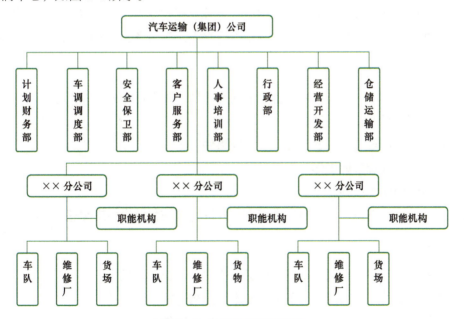

图1-4　事业部型组织结构

另外，目前运输企业采用的还有矩阵型组织和多维主体组织等。

以上多种组织结构形式，各有各的特点和优缺点。因此，运输企业在进行组织结构设计时，要从实际出发，合理选择。不同的运输企业，由于企业规模、市场、运输的货物种类和数量不同，组织结构形式应有不同的选择。同一企业在不同时期也要根据战略、环境的变化，相应地做出组织结构的调整。企业还可以根据需要，综合运用多种组织结构形式。

三、物流运输企业的主要岗位设置及职责

（一）运输作业部经理岗位职责

（1）编制运输作业部年度、季度、月度工作计划，并进行计划分解、监督和检查。

（2）负责部门各项规章制度的修订，监督、检查相关制度、规范、标准的执行情况。

（3）负责运输业务管理。

（4）处理各种突发问题。

（5）负责本部门运输安全管理工作，加强部门员工的安全教育工作。

（6）负责运输部团队建设和管理工作。

（7）负责车辆采购管理、监督管理工作。

（二）运输主管岗位职责

（1）根据运输业务需要及公司承运能力实际，编制运输合作方案，报部门经理审核后组织执行。

（2）按照审批后的运输合作方案，与运输商签订运输合同，并监督、检查其执行情况。

（3）负责运输车辆档案、车辆增减，控制车辆维修费用成本等工作。

（4）及时受理运输过程中的突发事件报告并采取有效措施，力争减少事故损失。

（5）根据运输任务选择最佳运输路线和运输方式，确保降低运输成本，提高服务质量。

（三）调度主管岗位职责

（1）根据客户订单或托运单制订合理的调度计划，并进行计划管理工作。

（2）维护调度系统正常运转。

（3）负责处理运输过程中各类应急、突发事件。

（4）做好调度跟踪管理工作。

（5）进行运输成本控制。

（6）指导、监督下属岗位人员日常工作，并进行考核和做出相应奖惩。

（四）调度员岗位职责

（1）按照运输任务科学调度车辆，确保车辆安全和服务质量。

（2）选择合适的运输路线，力争节约成本，提高运输综合效益。

（3）实施调度作业计划，开具派车单，并做好调度作业信息登记。

（4）负责调度作业计划中异常情况的处理和控制。

（5）实时跟踪车辆状态信息，负责运输过程中各种异常情况的处理和控制。

（6）协助财务及相关业务人员做好运费结算工作。

（7）整理、保管各类单据，负责发运单据的登记、返回单据的传递和归队车辆费用的结算。

（8）填制各类统计报表。

（9）按月对驾驶员进行安全考核，编制安全考核报表。

（10）根据车辆使用情况制订车辆定期安检、维修计划。

四、物流运输业务流程管理

运输业务非常复杂，涉及公路运输、铁路运输、水路运输、航空运输、管道运输等，每一部分的运输流程都不大相同。但对于一个物流公司的运输业务而言，通常情况下，物流运输业务流程如图 1-5 所示。

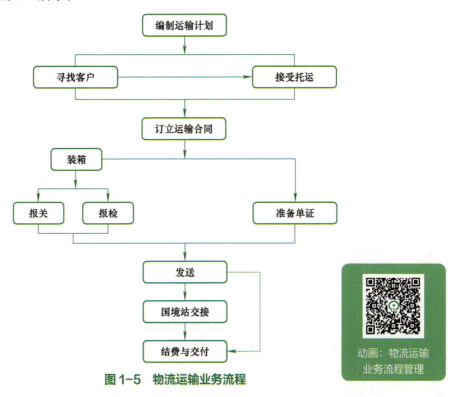

图 1-5　物流运输业务流程

职业能力训练

岗位职责说明书编制

一、训练任务

小张刚来到迅达公司实习，为了让小张尽快熟悉公司，掌握岗位工作要求，部门经理要求小张实地参观公司运输作业部，了解运输作业部的组织架构、关键岗位工作职责、工作内容及流程，并编制关键岗位职责说明书。

二、训练要求

1. 列明上下级部门。
2. 说明岗位任职资格，分学历、专业要求、工作经验、业务范围叙述。
3. 分点列明工作职责。
4. 工作职责应有职责细分。

三、训练评价

序号	评价内容	分值	自我评价（20%）	小组评议（30%）	教师评价（50%）	合计得分（100%）
1	上下级部门正确	5				
2	岗位任职资格正确	20				
3	工作职责全面	30				
4	职责细分较详细	40				
5	书写规范、整齐	5				
教师评语						

知识巩固练习

一、填空题

1. _____运输方式主要适用于长距离、大批量的货物运输，且在一年中中断运输的时间较长。
2. 对时效性要求高的高价值货物进行运输的是_____。
3. 干线运输完成后将货物"分发"给零散分布的各个用户的运输方式是_____。
4. _____是适应大型运输企业既要与强大对手竞争，又要对市场变化及时采取对策要求，"集中决策、分散经营"的管理组织结构形式。
5. 运输成本的固定成本会随着载重量的_____而使单位重量的货物分摊的固定成本更低。
6. 运输系统的构成要素主要有运输工具、_____、_____等。

二、简答题

1. 常见物流运输企业的组织结构形式有哪些？
2. 五种运输方式的优缺点分别是什么？
3. 运输节点有哪些类型和功能？

三、案例分析题

江苏无锡有一家女式衬衣制造商,其产品主要供应上海市场。根据预测,未来上海市场的销售量每年将增加30万件,衬衣在上海的定价(即批发价)为45元/件。为此,该制造商决定增加一个生产基地,目前有以下两种方案:

方案1:在无锡就地建厂,衬衣的生产成本(包括原材料成本)为24元/件,从无锡到上海的公路运输与仓储费用为每个运输包装单位45元(假定100件衬衣为一个运输包装单位)。

方案2:在西部某省建厂,衬衣的生产成本(包括原材料成本)为18元/件,从该省到上海的铁路运输与仓储费用为每个运输包装单位225元(假定100件衬衣为一个运输包装单位)。由于产地不同,分销商要求在该省生产的衬衣定价(即批发价)为42元/件。

请为方案1和方案2选择合适的运输方式。

素养提升:交通强国载使命,先行路上勇担当

素养案例

《交通强国建设纲要》解读(节选)

2019年9月19日,新华社公布了中共中央、国务院批准印发的《交通强国建设纲要》(简称《建设纲要》)。建设交通强国是以习近平同志为核心的党中央立足国情、着眼全局、面向未来做出的重大决策,是新时代做好交通工作的总抓手。《建设纲要》作为建设交通强国的顶层设计和系统谋划,掀开了新时代交通运输工作的新篇章。

第一,《建设纲要》明确了交通强国建设的总目标。这个总目标就是"人民满意、保障有力、世界前列"。"人民满意"是交通强国建设的根本宗旨,强调坚持以人民为中心的发展思想,建设人民满意交通。"保障有力"是交通强国建设的基本定位,强调为国家重大战略实施、现代化经济体系构建和社会主义现代化强国建设提供有力支撑。"世界前列"是交通强国建设的必然要求,强调全面实现交通现代化,交通综合实力和国际竞争力位于前列。"人民满意、保障有力、世界前列"三者相辅相成,缺一不可,共同构成了交通强国建设的总目标。

在总目标下,《建设纲要》又提出了两阶段的目标。

第一个阶段,从2020年到2035年,用15年的时间基本建成交通强国。现代化综合交通运输体系基本形成,人民满意度明显提高,支撑国家现代化建设能力显著增强,交通国际竞争力和影响力显著提升。

第二个阶段,从2036年到2050年,就是到21世纪中叶,全面建成交通强国。全面建成人民满意、保障有力、世界前列的交通强国。基础设施的规模质量、技术装备、科技创新能力、智能化与绿色化的水平位于世界前列,交通安全水平、治理能力、文

明程度、国际竞争力及影响力达到国际先进水平，全面服务和保障社会主义现代化强国建设、人民享有美好的交通服务。

第二，《建设纲要》确定了九大重点任务。一是基础设施布局完善、立体互联。提出建设现代化高质量综合立体交通网络，构建便捷顺畅的城市（群）交通网，形成广覆盖的农村交通基础设施网，构筑多层级、一体化的综合交通枢纽体系。二是交通装备先进适用、完备可控。提出加强新型载运工具研发和特种装备研发，推进装备技术升级。三是运输服务便捷舒适、经济高效。提出推进出行服务快速化、便捷化，打造绿色高效的现代物流系统，加速新业态新模式发展。四是科技创新富有活力、智慧引领。提出强化前沿关键科技研发，大力发展智慧交通，推动新技术与交通行业深度融合，完善科技创新机制。五是安全保障完善可靠、反应快速。强调提升本质安全水平，推进精品建造和精细管理，完善交通安全生产体系，强化交通应急救援能力。六是绿色发展节约集约、低碳环保。强调促进资源节约集约利用，强化节能减排和污染防治，强化交通生态环境保护修复。七是开放合作面向全球、互利共赢。提出构建互联互通、面向全球的交通网络，加大对外开放力度，深化交通国际合作，积极推动全球交通治理体系建设与变革。八是人才队伍精良专业、创新奉献。提出培育高水平交通科技人才，打造素质优良的交通劳动者大军，建设高素质专业化交通干部队伍。九是完善治理体系，提升治理能力。强调深化行业改革，优化营商环境，健全市场治理规则，健全公共决策机制等。

第三，《建设纲要》提出了三个方面的保障措施。一是加强党的领导。充分发挥党总揽全局、协调各方的作用，建立统筹协调的交通强国建设实施工作机制。二是加强资金保障。深化交通投融资改革，完善政府主导、分级负责、多元筹资、风险可控的资金保障和运行管理体制。鼓励采用多元化市场融资方式，拓宽融资渠道。三是加强实施管理。科学制定配套政策和配置公共资源，加强交通强国建设与自然资源、环保、财税、金融、投资、产业、贸易等政策协同。部署若干重大工程、重大项目，合理规划交通强国建设进程。鼓励有条件的地方、企业在交通强国建设中先行先试等。

（资料来源：交通运输部，国新办举行《交通强国建设纲要》新闻发布会。）

思考： 1. 交通强国建设的目标是什么？
2. 我国建设交通强国的重点任务有哪些？
3. 谈一谈你学习《交通强国建设纲要》的体会。

模块二
物流运输市场分析

学习目标

知识目标：

1. 熟悉运输市场的基本含义、构成、特征
2. 理解运输市场需求的含义、特点及影响因素
3. 掌握运输市场需求弹性的含义及特点
4. 理解运输市场供给的含义、特点及影响因素
5. 掌握运输市场供给弹性的含义及特点

技能目标：

1. 能计算运输市场需求弹性和供给弹性
2. 能运用物流运输市场需求和供给知识分析具体运输市场

素养目标：

1. 通过运输市场分析，培养市场观念和分析能力
2. 通过职业能力训练，培养收集信息的能力和独立解决问题的能力

单元一　运输市场认知

任何一家企业都生存在一定的市场环境中，所以企业必须了解所处的市场。作为整个社会市场体系的一部分，运输市场既具有一般商品市场的共性，也具有其特殊性。

一、运输市场的含义

运输市场与一般的商品市场相似，也有狭义和广义之分。狭义的运输市场是指运输供给者和运输需求者之间进行运输交易的场所和领域。广义的运输市场是指运输参与各方在交易中所产生的经济活动和经济关系的总和，包括如下三方面。

（1）运输市场是运输产品或服务交换的场所。这个意义上的运输市场是一个地理概念，通常理解为运输服务交易的场所。在该场所内，运输服务需求方（如货主或运输代理人）与运输服务供给方（如运输企业或运输代理人）见面，在条件具备的情况下，发生交换（买卖）行为。

（2）运输市场是运输产品供求关系的总和。运输市场是由劳务、资金、设备、技术、信息等供给和需求所构成的。这个意义上的运输市场强调的是买方、卖方力量的对比与结合，"买方市场"和"卖方市场"就反映了这一概念下供求力量的比例关系。企业应根据买卖双方在市场中的地位和供求态势来分析运输市场，根据市场供求规律来调节其生产和经营。

（3）运输市场是在一定条件下对运输产品或服务的需求总和。人们在分析现实的运输市场大小时，往往着重考察运输需求群体所带来的市场容量，即运输的需求（包括现实需求和潜在需求）总和。当人们说"中国的运输市场很大"时，并不是说运输产品交易场所很大，而是说中国对运输产品的需求很大。物流企业分析自己的市场大小时，主要分析自己所面对的客户的总需求量。

二、运输市场的构成

从运输市场参与者来看，运输市场由运输供给者、运输需求者、运输中介和政府组成，它们直接或间接参与运输产品的交换，如图2-1所示。

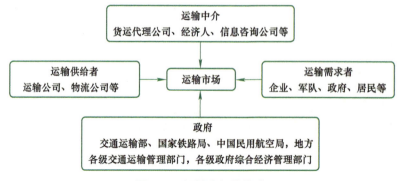

图2-1　运输市场的构成

（1）运输供给者即运输市场的卖方，它们通过向市场提供各类运输产品或服务，满足运输需求者对货物的空间位移要求，包括各种运输公司、具有运输能力的物流公司、货运代理人，以及个体运输从业者等。

（2）运输需求者即运输市场的买方，如企业、军队、政府、居民等，它们从市场上购买各类运输产品或服务。

（3）运输中介是指为运输需求者与运输供给者做中介联系，提供各类运输服务信息和运输代理业务的企业或个人，如货运代理公司、经纪人、信息咨询公司等。

（4）政府主要包括交通运输部、国家铁路局、中国民用航空局，地方各级交通运输管理部门，各级政府综合经济管理部门。政府为实现运输市场快速、稳定与协调发展，综合运用经济、法律和行政等手段对运输市场进行调节与控制。

三、运输市场的特征

1. 运输市场具有较强的空间性和时间性

运输的基本功能是在一定时期内实现空间位移，这就决定了运输市场的空间性和时间性。

（1）运输市场的空间特征。运输市场具有较强的区域特征，这种区域性意味着在不同的国家或地区会表现出不同的运输需求，而每种运输服务在空间分布上总是存在一定的服务范围。

（2）运输市场的时间特征。运输需求具有较强的波动性，这种波动性主要体现为在供给能力一定的情况下，运输需求的数量、内容、结构随着时间变动而不断变动。例如，运输需求随季节变动的特性使得运输市场的时间性十分显著。

2. 运输市场是典型的服务性市场

运输市场的产品是运输服务，因而运输市场具有以下一般服务性市场的基本特征：

（1）无形性。运输产品本身无形无质，人们无法触摸或用肉眼感知其存在、判断其质量，只有通过货物位移、运输时间、运输成本以及运输满意度才能感觉到。

（2）生产、消费的不可分离性。物流企业利用运输工具将物品运送到客户指定地点，运输产品的生产过程、消费过程是融合在一起的，生产与消费同时开始，同时结束。运输生产过程就是运输供给过程，运输消费过程就是运输需求满足的过程。

（3）不可贮藏性。运输产品没有实物形态，在生产过程中同时被消费掉，所以运输产品不可能像工业产品一样进行存储、转移或调拨。另外，如果运输产品不能及时出售，也不会像工业产品那样积压，而是带来机会损失和设施设备及人员等方面资源的浪费。

（4）缺乏所有权。运输产品的消费过程没有像实物产品那样发生所有权的转移，只是运输服务者提供了货物位移服务。

3. 运输需求是一种派生需求

当一种商品或劳务的需求是由另一种或几种商品或劳务的需求引发出来的时候，这种被引发的需求就称为派生需求，引发派生需求的那种需求则称为本源需求。运输是工农业生产活动中派生出来的需求，如为了实现冬季供暖，将煤炭从山西、内蒙古等地运到北京、天津等地。

4. 运输需求市场上存在较多的联合产品

运输企业在提供运输服务时，往往利用同一运输工具为多家客户装运货物，如发往同一路线的货运汽车，为沿途多家客户运送不同的货物，这样就形成了联合产品。

5. 个别运输市场的进入存在困难

由于历史、政策、技术或者巨大初期投资等原因，某些运输市场（如航空、铁路等）存在较高的进入壁垒，容易形成行业垄断。

6. 运输产品价值构成较为特殊

一般商品的价值由转移价值（劳动对象、劳动工具和燃料等物化劳动的消耗价值）和新创造的价值（活劳动消耗的价值）两大部分组成。运输产品的转移价值不包括劳动对象的消耗，只包括劳动工具和燃料等运行材料的消耗，所以这也使得运输产品与一般商品的成本构成不同。

职业能力训练

确定从事道路货运经营应具备的条件

一、训练任务

迅达公司计划开展危险货物运输业务，请查阅《中华人民共和国道路运输条例》，收集以下信息：

1. 从事道路运输经营以及道路运输相关业务，应当_____、_____、_____。
2. 申请从事货运经营，应当具备哪些条件？
3. 申请从事危险货物运输经营的，还应当具备哪些条件？

二、训练要求

1. 打开"国家法律法规数据库"官网，检索"中华人民共和国道路运输条例"。
2. 《中华人民共和国道路运输条例》曾多次修订，请在多条检索结果中选出有效版本。
3. 阅读《中华人民共和国道路运输条例》，根据其要求回答上述问题。

三、训练评价

序号	评价内容	分值	自我评价（20%）	小组评议（30%）	教师评价（50%）	合计得分（100%）
1	独立完成资料检索	50				
2	回答内容全面	25				
3	回答内容简洁、明了	25				
教师评语						

单元二　运输市场需求与供给

运输市场需求与运输市场供给是构成运输市场的两个基本方面。运输市场需求是运输市场供给的原因，运输市场供给是运输市场需求的基础。了解运输市场需求及供给，对于企业分析运输市场与服务对象、进行运输决策具有十分重要的意义。

一、运输市场需求

（一）运输市场需求的含义及特点

1. 运输市场需求的含义

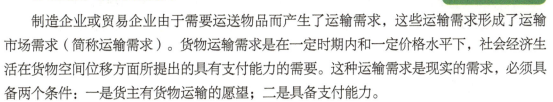

运输市场需求

制造企业或贸易企业由于需要运送物品而产生了运输需求，这些运输需求形成了运输市场需求（简称运输需求）。货物运输需求是在一定时期内和一定价格水平下，社会经济生活在货物空间位移方面所提出的具有支付能力的需要。这种运输需求是现实的需求，必须具备两个条件：一是货主有货物运输的愿望；二是具备支付能力。

2. 运输市场需求的特点

（1）派生性。因为市场有商品需求，需要将商品从某地运送到异地，这样就产生了运输需求，所以运输需求是商品需求衍生出来的，它是一种派生需求，而商品需求为本源需求。

（2）与经济的相关性。运输需求的派生性说明运输需求与社会经济状况、贸易活动密切相关。当经济处于高涨期时，运输需求旺盛；当经济处于低迷期时，运输需求相应下降。

（3）不平衡性。运输需求的不平衡性具体表现在时间和空间的不平衡。时间的不平衡起因于产业的淡季旺季或生产的季节性；空间的不平衡起因于资源分布、生产力布局、地区经济发展水平、运输网络布局等。

（4）部分可替代性。运输需求的部分可替代性是指不同的运输需求在一定范围内可以相互替代，包括内部替代性和外部替代性。内部替代性是指在不同的运输方式之间的替代，如铁路和公路可以相互替代；外部替代性是指运输方式与非运输方式的替代，如科技的发展使得电煤的运输可以通过长距离高压输电线路来替代。

（二）运输市场需求的影响因素

1. 政治、政策因素

政治、政策因素会影响运输市场需求。例如：国内政局稳定会促进社会经济不断发展，带来运输货物量的增加；国家之间如果存在严重的贸易保护主义、贸易壁垒和关税壁垒，则必然约束国家之间贸易的发展，从而影响运输需求的变化。我国改革开放政策使得东部沿海、长三角等地区经济迅速发展，促使当地运输量大幅增加。

2. 国民经济发展的规模和速度

经济规模的增长意味着更多的运输需求，如原材料的运输需求、生产环节内部的运输需求、流通环节的运输需求。经济增长的速度在很大程度上刺激着运输需求的增长速度。

3. 产业结构和产品结构

不同的产业对运输需求在量和质上的要求是不同的。一般来说，重工业的货运强度大于轻工业，轻工业大于服务业。例如，电子、生物工程、信息产业等对运输量的需求较小，而对运输质量的要求高。因此，一个地区农业、工业、商业、服务业的结构比例决定了相应的产品结构，产品结构又必然影响运输需求的结构比例。

4. 自然资源的分布和生产力布局

自然资源的分布是不以人的意志为转移的，于是便产生了区域间相应的货物运输需求。如山西、陕西、内蒙古是我国主要的煤炭产地，大量的煤炭要通过大秦铁路、神黄铁路、蒙华铁路等线路运往我国东南部地区。生产力布局与原材料产地、产品消费地的分离，必然会产生大量的运输需求。

5. 价格因素

运输价格会直接影响运输需求量。在运输服务品质基本一致的情况下，运输价格和运输需求量呈反向变化：运输价格上升，运输需求量会相应减少；反之，运输需求量则增加。但是，不同的需求者对于运输价格的敏感性不同，所以运输价格对运输需求量的影响程度也不同。例如，对于特别重视运输服务品质的需求者，运输价格对于运输需求量的影响就很小，甚至为零。

6. 科学技术因素

科学技术的发展促进了工业、农业、商业的发展，使得需要运输的商品品种、数量增加，从而增加了运输需求量。某种运输方式（如公路运输）在运输工具、信息技术等方面技术水平提高，会促使更多的客户及货源选择该运输方式，从而增加运输需求量。

（三）运输需求价格弹性

1. 运输需求价格弹性的含义

运输需求价格弹性反映运输需求量对价格变化的反应敏感程度（一般情况下，如果不做特殊说明，需求弹性均指需求的价格弹性），其表达式为

动画：运输需求价格弹性

$$E_d = -\frac{\Delta Q/Q}{\Delta P/P} = -\frac{\Delta Q}{\Delta P} \cdot \frac{P}{Q}$$

式中　E_d——运输需求价格弹性；

　　　Q——运输需求量；

　　　P——运输价格；

ΔQ——运输需求量的变化量；

ΔP——运输价格的变化量。

一般运输需求量变化与运输价格变化成反比，价格弹性计算结果为负值，为使需求价格弹性为正值，在公式中加了一个负号。运输需求价格弹性一般有如下五种情况：

（1）$E_d>1$，表示价格每变动 1%，需求量的变动超过 1%，即需求量变动幅度大于价格变动幅度，这种情况称为需求富有弹性。

（2）$E_d<1$，表示价格每变动 1%，需求量的变动小于 1%，即需求量变动幅度小于价格变动幅度，这种情况称为需求缺乏弹性。

（3）$E_d=1$，表示价格每变动 1%，需求量的变动也是 1%，即需求量变动幅度与价格变动幅度相同，这种情况称为需求单位弹性。

（4）$E_d=0$，表示价格无论如何变化，需求量都不变，这种情况称为需求完全无弹性。

（5）$E_d=\infty$，表示对于某一价格水平，需求量可以无穷大，即在既定的价格水平下，需求是无限的，这种情况称为需求完全弹性。

2. 运输需求价格弹性的计算方法

（1）运输需求点弹性的计算方法。运输需求点弹性是运输需求曲线上某一点需求量无穷小的变动率对于价格无穷小的变动率的反应程度，即运输需求曲线上某一点的弹性。点弹性的计算公式为

$$E_d = \lim_{\Delta P \to 0}\left(-\frac{\Delta Q}{\Delta P}\right) \cdot \frac{P}{Q} = -\frac{dQ}{dP} \cdot \frac{P}{Q}$$

例2-1 已知运输需求函数为 $Q=500-100P$，计算价格为 2 元的需求价格点弹性。

解：由已知得 $P=2$，$Q=500-100\times 2=300$

$$E_d = -\frac{dQ}{dP} \cdot \frac{P}{Q} = -(-100)\times \frac{2}{300} = \frac{2}{3}$$

$E_d<1$，表示需求量变动幅度小于价格变动幅度，该运输需求缺乏弹性。

（2）运输需求弧弹性的计算方法。运输需求弧弹性是运输需求曲线上两点之间需求量的相对变动对于价格的相对变动的反应程度，即运输需求曲线上两点之间的弹性。弧弹性的计算公式为

$$E_d = -\frac{\Delta Q}{\Delta P} \cdot \frac{P}{Q}$$

实践中，为了避免由于价格上升和价格下降计算得到的弧弹性值不同，通常取两点的平均值来计算弧弹性。

$$E_d = -\frac{\Delta Q}{\Delta P} \cdot \frac{P}{Q} = -\frac{Q_2-Q_1}{P_2-P_1} \cdot \frac{\frac{P_1+P_2}{2}}{\frac{Q_1+Q_2}{2}} = -\frac{Q_2-Q_1}{P_2-P_1} \cdot \frac{P_1+P_2}{Q_1+Q_2}$$

例2-2 已知运输需求函数为 $Q=500-100P$，计算价格 2～4 元的需求价格弧弹性。

解：由已知得 $P_1=2$，$Q_1=500-100\times 2=300$

$$P_2=4, \quad Q_2=500-100\times 4=100$$

$$E_d=-\frac{\Delta Q}{\Delta P}\cdot\frac{P}{Q}=-\frac{100-300}{4-2}\times\frac{2+4}{300+100}=-\frac{-200}{2}\times\frac{6}{400}=1.5$$

$E_d>1$，表示需求量变动幅度大于价格变动幅度，该运输需求富有弹性。

3. 影响运输需求价格弹性的因素

（1）运输需求的可替代性。在运输活动中，运输服务的替代性越大，当价格变动时，消费者更容易消费替代品，因而弹性越大；反之，替代性越弱，弹性越小。例如，同一地区的多家汽车运输公司都可以提供中短途运输服务，这就增加了货主的选择机会，相应的运输需求的弹性就较大。

（2）货物的价值。例如，用汽车运输同样重量的手机和大米，手机价值较高，运费在产品成本中的比重较低，运输价格提高或降低，对产品的市场价格影响不大，因而对产品需求量及运输需求量的影响也不大；而大米本身价值较低，运输价格对其市场价格、产品需求量及运输需求量都有较大影响。通常，当运输价格发生变化时，高价值货物运输需求弹性较小，而低价货物运输需求弹性较大，反应会更加敏感。

（3）货物运输量的大小。一般来说，货物运输量大，其运输需求弹性较小；反之，运输量小，其运输需求弹性较大。例如，大宗的铁矿石运输，由于运输量大，运输方式和运输路线选择范围较小，因此运输需求对价格变动的反应较小，需求弹性小。

（4）市场的供求关系。如果运输市场供给小于需求，运力紧张，这样货主对于运输企业、运输方式、运输路线的选择范围较小，运输需求量变化相对于运输价格的变化小，所以运输需求的价格弹性小；反之，则运输需求的价格弹性较大。

此外，货物的性质也会影响运输需求弹性。一般来说，时效性强的货物，如鲜活易腐商品和急于上市的商品可选择的运输方式受到限制，对价格变动的敏感性要弱一些，因而弹性会小一些。

4. 运输需求弹性的特点

（1）从社会运输总需求来看，货物运输的需求是缺乏价格弹性的。这主要是因为运输需求源自实体产品的需求，而运输费用只占一般产品成本的小部分，所以从整个社会来说，货物运输价格的降低不会明显增加社会总的货运需求量；只有运输价格显著降低，以至于产品价格明显下降，产品需求才会大量增加，从而引起货物运输需求量的大幅增加。

（2）从不同运输方式来看，运输需求是富有价格弹性的。例如，由于替代性的存在，在几种相互竞争的货物运输方式中，一种运输方式（如铁路运输）降低运价，就会抢走另一种运输方式（如公路运输）的货运量，从而引起该方式的货物运输量增加。

（3）就某种运输方式的具体承运人来说，运输需求是富有价格弹性的。例如，由于存在同行业的竞争者，在其他条件基本相同的情况下，某一运输企业运价下降，就会获得更多的客户和货源，从而获得更大的运输量。

5. 运输需求交叉价格弹性

由于运输服务具有替代性，引入交叉价格弹性（简称交叉弹性）反映一种运输方式、一条运输线路或一家运输企业的运输需求量的变化对其他可以替代的另一种运输方式、另一条运输线路或另一家运输企业运输价格变化的敏感程度，其表达式为

$$E_{dXY} = \frac{\Delta Q_X / Q_X}{\Delta P_Y / P_Y} = \frac{\Delta Q_X}{\Delta P_Y} \cdot \frac{P_Y}{Q_X}$$

式中 E_{dXY}——运输需求交叉弹性；

Q_X——另一种被替代的运输服务 X 的需求量；

ΔQ_X——另一种被替代的运输服务 X 需求量的变化量；

P_Y——一种可替代的运输服务 Y 的价格；

ΔP_Y——一种可替代的运输服务 Y 的价格变化量。

运输需求交叉弹性一般有以下三种情况：

（1）$E_{dXY} > 0$，表示运输服务 Y 的价格变动会引起运输服务 X 的需求同方向变动，说明两种运输服务具有可替代性。例如，某区域内铁路和公路运输可以相互替代，所以铁路运价提高，会使公路运输需求量增加。

（2）$E_{dXY} < 0$，表示运输服务 Y 的价格变动会引起运输服务 X 的需求反方向变动，说明两种运输服务存在互补性。例如，水路运输与港口集疏运系统存在着互补关系，所以水运价格提高会使港口汽车运输需求量减少。

（3）$E_{dXY} = 0$，表示运输服务 Y 的价格变动对运输服务 X 的需求没有影响，说明两种运输服务互相独立、互不相关。例如，公路长途运输与航空运输无替代性和互补性，所以航空运价提高，对公路长途运输需求量没有影响。

二、运输市场供给

（一）运输市场供给的含义及特点

1. 运输市场供给的含义

运输市场供给是指在一定时期内和一定价格下，运输的提供者愿意并且能够提供的运输服务的数量。运输市场供给必须具备两个条件：一是供给者具有出售这种运输服务的愿望；二是供给者有提供运输服务的能力。

2. 运输市场供给的特点

（1）不可贮藏性。运输产品的不可贮藏性表明运输业不能采取产品贮备的形式，而只能采取储存运力的方式来适应市场需求的变化。

（2）不平衡性。运输需求在时间、空间上的不平衡性，导致运输供给在时间、空间上

出现差异。

（3）公共性。一般来说，运输网络中的道路、铁路、车站、机场等基础设施大多是由政府投资并为大众服务的，因此运输市场供给具有公共性。

（4）部分可替代性。不同运输方式之间存在一定程度的可替代性。同时，由于各种运输方式的技术经济特征、发展水平、运输费用和在运输网中的分工不同，因此运输方式之间的替代是有一定条件限制的。

（5）巨大的外部性。外部性指一个人或一群人的行动和决策使另一个人或一群人受损或受益的情况。运输对于政治、经济、社会和军事等都具有重要意义，因此运输供给具有正外部性。与此同时，运输会带来大气污染、水和土地污染，以及交通拥挤、安全等问题，这些是运输供给带来的负外部性。

（二）运输市场供给的影响因素

与运输市场需求类似，运输市场供给也受政治、政策、经济、价格、科学技术等因素的影响。不同的是，运价水平与运输供给量成正比。在通常情况下，运输价格上升，运输供给量会相应增加；反之，运输供给量减少。

（三）运输供给价格弹性

1. 运输供给价格弹性的含义

运输供给价格弹性反映运输供给量对价格变化的反应敏感程度，其表达式为

$$E_s = \frac{\Delta Q / Q}{\Delta P / P} = \frac{\Delta Q}{\Delta P} \cdot \frac{P}{Q}$$

式中　E_s——运输供给价格弹性；
　　　Q——运输供给量；
　　　P——运输价格；
　　　ΔQ——运输供给量的变化量；
　　　ΔP——运输价格的变化量。

运输供给价格弹性一般有以下五种情况：

（1）$E_s > 1$，表示供给量变动幅度大于价格变动幅度，这种情况称为供给富有弹性。

（2）$E_s < 1$，表示供给量变动幅度小于价格变动幅度，这种情况称为供给缺乏弹性。

（3）$E_s = 1$，表示供给量变动幅度与价格变动幅度相同，这种情况称为供给单位弹性。

（4）$E_s = 0$，表示价格无论如何变化，供给量都不变，这种情况称为供给完全无弹性。

（5）$E_s = \infty$，表示对于某一给定的价格，供给者愿意提供任意数量的产品或服务，而只要价格稍有变化就会引起供给量的无限变动，这种情况称为供给完全弹性。

2. 运输供给价格弹性的计算方法

（1）运输供给点弹性的计算方法。运输供给点弹性表示供给曲线上某一点的弹性。点

弹性的计算公式为

$$E_s = \lim_{\Delta P \to 0} \frac{\Delta Q}{\Delta P} \cdot \frac{P}{Q} = \frac{\mathrm{d}Q}{\mathrm{d}P} \cdot \frac{P}{Q}$$

（2）运输供给弧弹性的计算方法。运输供给弧弹性是供给曲线上两点之间的弹性。弧弹性的计算公式为

$$E_s = \frac{\Delta Q}{\Delta P} \cdot \frac{P}{Q}$$

3. 影响运输供给价格弹性的因素

（1）运输供给各要素适应运输需求的范围大小。如果运输设施、运输工具以及劳动力等要素适应运输需求的范围大，则供给弹性大；反之，供给弹性就小。例如普通货车与油罐车相比，普通货车运输货物范围广，在运输市场上便于灵活调配，供给价格弹性较大；而油罐车专用性较强，较难转移到其他货类市场，因此供给价格弹性较小。

（2）运力调整的难易程度。一般情况下，能够根据价格的变动灵活调整运力的产业，其供给价格弹性大；反之，其供给价格弹性就小。例如，定期船市场与不定期船市场相比，定期船市场调整运力较困难，供给价格弹性较小；后者调整运力较容易，供给价格弹性较大。

（3）运输成本增加幅度的大小。如果增加运输供给量引起单位成本轻微增加，则其供给价格弹性大；反之，如果引起单位成本提高较大，供给价格弹性就小。

（4）时间的长短。运输价格变化时，对运输量的调整需要一定的时间。短期内增加或减少运力较难，所以供给价格弹性较小；反之，供给价格弹性较大。

4. 运输供给价格弹性的特点

（1）各种运输方式供给价格弹性不同。由于不同运输方式调整运力或进出市场的难易程度有差异，因此不同的运输方式供给价格弹性也是不同的。一般来说，各种运输方式供给价格弹性由大到小的顺序是：公路运输、航空运输、水路运输、铁路运输、管道运输。

（2）个别市场与整体市场供给价格弹性不同。一般来说，个别市场的供给价格弹性较大，整体市场的供给价格弹性较小。

5. 运输供给交叉价格弹性

运输供给交叉价格弹性反映某种运输服务价格的变动引起的另一种运输服务供给变动的程度，其表达式为

$$E_{sXY} = \frac{\Delta Q_X / Q_X}{\Delta P_Y / P_Y} = \frac{\Delta Q_X}{\Delta P_Y} \cdot \frac{P_Y}{Q_X}$$

式中　E_{sXY}——运输供给交叉弹性；

　　　Q_X——另一种被替代的运输服务 X 的供给量；

　　　ΔQ_X——另一种被替代的运输服务 X 供给量的变化量；

　　　P_Y——一种可替代的运输服务 Y 的价格；

ΔP_Y——一种可替代的运输服务 Y 的价格变化量。

一般来说，运输供给交叉价格弹性与需求交叉价格弹性符号相反。

$E_{sXY}>0$，表示两种运输供给存在互补性。

$E_{sXY}<0$，表示两种运输供给具有可替代性。

$E_{sXY}=0$，表示两种运输供给互相独立。

运输行业管理者及运输企业在制定行业、企业的运输发展规划时，应当考虑不同运输项目的替代性和互补性影响。同样，运输企业在选择价格策略时，要考虑不同运输方式之间的替代性和互补性。

职业能力训练

运输市场需求价格弹性分析

一、训练任务

迅达公司的需求函数为 $Q_d=60-2P$，供给函数为 $Q_s=-30+3P$。其中，Q_d 为货物运输需求量，Q_s 为货物运输供给量，P 为运价。

1. 求供需均衡时的需求弹性和供给弹性，并判断需求弹性和供给弹性的类型。
2. 若企业运价从均衡价上涨1%，在其他条件不变的前提下，请思考运输收入会增加还是减少。

二、训练要求

1. 分析供需均衡的含义。
2. 求供需均衡点的价格和供需量。
3. 根据需求价格弹性公式进行计算。
4. 根据供给价格弹性公式进行计算。

三、训练评价

序号	评价内容	分值	自我评价（20%）	小组评议（30%）	教师评价（50%）	合计得分（100%）
1	供需均衡点数据计算正确	20				
2	需求价格弹性计算正确	20				
3	需求价格弹性类型判断正确	10				
4	供给价格弹性计算正确	20				
5	供给价格弹性类型判断正确	10				
6	涨价后收入变化分析正确	20				
教师评语						

知识巩固练习

一、不定项选择题

1. 以下关于运输市场的论述，正确的是（　　）。
   A. 广义的运输市场是指运输供给者和运输需求者之间进行运输交易的场所和领域
   B. 狭义的运输市场是指运输参与各方在交易中所产生的经济活动和经济关系的总和
   C. 运输市场是运输产品或服务交换的场所
   D. 运输市场是运输产品供求关系的总和
   E. 运输市场是在一定条件下对运输产品或服务的需求总和

2. 构成运输需求必须具备的条件是（　　）。
   A. 有实现位移的愿望　　　　　　B. 具备支付能力
   C. 运输方式便捷　　　　　　　　D. 路网状况好
   E. 运输费用省

3. 运输市场的参与者主要有（　　）。
   A. 需求方　　B. 供给方　　C. 中介　　D. 政府方
   E. 交通运输部

4. 当某种运输方式运价变动 1%，引起运输需求的变动高于 1% 时，该运输方式的需求弹性为（　　）。
   A. 需求富有弹性　　　　　　　　B. 需求缺乏弹性
   C. 需求单位弹性　　　　　　　　D. 需求完全无弹性
   E. 需求完全弹性

5. 构成运输供给必须具备的条件是（　　）。
   A. 有出售运输服务的愿望　　　　B. 具备支付能力
   C. 运输方式便捷　　　　　　　　D. 有提供运输服务的能力
   E. 运输收入高

6. 影响运输需求的因素有（　　）。
   A. 政治因素　　　　　　　　　　B. 国民经济发展规模
   C. 产业结构　　　　　　　　　　D. 自然资源的分布
   E. 价格因素

7. 因为不同运输方式调整运力或进出市场的难易程度有差异，所以运输市场供给价格弹性最大的是（　　）。
   A. 公路运输　　B. 航空运输　　C. 水路运输　　D. 铁路运输
   E. 管道运输

8. 以下说法错误的是（　　）。
   A. 从社会运输总需求来看，货物运输的需求是缺乏价格弹性的
   B. 就整个社会来说，货物运输价格的降低不会明显增加社会总的货运需求量
   C. 从不同运输方式来看，运输需求是富有价格弹性的
   D. 就某种运输方式的具体承运人来说，运输需求是缺乏价格弹性的
   E. 在其他条件基本相同的情况下，某一运输企业运价下降，会获得更大的运输量

二、计算题

某货物运输需求函数为 $Q=50-4P$，Q 表示货物运输需求量，P 表示运价。
1. 求 $Q=10$ 的运输需求价格点弹性。
2. 求 $P=5$ 和 $P=10$ 之间的运输需求价格弧弹性。

素养案例

德邦快递免费运输救援物资，助力涿州灾后恢复

　　2023年8月，台风"杜苏芮"进入我国腹地并一路北上，台风带来的强降雨刷新历史，北京、河北等地均遭遇了罕见的洪涝灾害。而位处于河流密集地带的涿州，更是难上加难。桥梁被冲垮、交通干线中断、山区村庄断水断电、通讯设备损毁……居民的生活受到严重影响。突如其来的灾情牵动人心，社会各界纷纷自发开展抗洪救灾工作，德邦快递也第一时间予以响应，加入驰援救灾行列。

　　灾情现场，多位德邦快递员参与到防汛救灾工作中，他们或自发，或配合政府工作，成为此次救援中不可缺少的民间力量。在得知政府救援队不熟悉涿州地形，当地德邦快递营业部经理、快递员第一时间加入了政府组织的搜救队伍中，凭借着对涿州地形的了解为救援提供指导。"搜救艇来回一趟，可以救援8人！"一趟又一趟，不知道多少趟，他们带领着救援队，将被洪水围困的人民转移至安全地带。洪潮减退，快递员张某又第一时间加入分发救灾物资的队伍里，将一个个睡袋、一份份洗漱用品递送到老乡手中。与此同时，德邦快递利用自身运力资源，大力支援救灾物资运输。面对来自全国各地的爱心物资，德邦快递开通涿州救灾物资运输绿色通道，优先为有组织的救援物资提供免费公益运输服务。

　　思考： 如何评价德邦物流及其员工的表现？

模块三
公路货物运输组织

学习目标

知识目标：

1. 熟悉运输量计划的编制方法
2. 熟悉车辆计划编制的指标
3. 理解车辆运用效率指标
4. 掌握双班运输的运行组织形式
5. 掌握甩挂运输的运行组织形式
6. 掌握整车货物运输作业流程
7. 掌握零担货物运输作业流程

技能目标：

1. 能编制公路运输计划
2. 能设计双班运输组织方案并实施
3. 能设计甩挂运输组织方案并实施
4. 能组织并管理整车运输业务
5. 能组织并管理零担运输业务

素养目标：

1. 通过公路运输计划编制，培养大局观意识
2. 通过整车、零担货物运输业务组织，培养管理理念
3. 通过整车、零担货物运输业务实施，培养严谨细致的职业态度

单元一　公路货物运输计划编制

货物运输生产计划是指货物运输企业对计划期内企业应完成的货物运输量、货物运输工具构成和运输工具利用程度等方面进行必要的部署和安排,是货物运输企业经营计划的组成部分。货物运输生产计划由运输量计划、车辆计划、车辆运用计划和车辆运行作业计划组成。其中,运输量计划和车辆计划是货运生产计划的基础部分,车辆运用计划和车辆运行计划是车辆计划的补充。运输量计划表明社会对货运服务的需求,车辆计划和车辆运用计划则表明运输企业能够提供的运输生产能力。

公路货物运输计划编制

一、运输量计划编制

运输量计划是物流运输企业计划期内对预计完成的货运量和货物周转量的安排,主要包括上年度货运量与周转量实绩、本年度与各季度计划值等内容。

运输量计划的编制通常有以下两种方法:

1. 当运力小于社会需要时,应以车定产

当运力不能满足社会需要时,通过对运输市场的调查掌握货物运输的流量、流向、运距,确定实载率和车日行程后,按照确保重点、照顾一般的原则,采取以车定产的办法确定货物运输量的计划值。

2. 当运力大于社会需要时,应以需定产

根据运输需求量,决定运输服务供给投入运力的多少。一般情况下,此种运输服务供给应在保持合理车辆运用效率指标水平的基础上,预测投入的车辆数,并将剩余运力另作安排。

二、车辆计划编制

车辆计划即企业计划期内的运力计划,主要表明企业在计划期内营运车辆类型及各类车辆数量的增减变化情况及其平均运力。车辆计划的主要内容包括车辆类型、标记吨位,本年初、本年末及全年平均车辆数,以及各季度车辆/吨位增减数量等,如表3-1所示。

表 3-1 车辆计划

车辆类型	标记吨位	本年初		本年度								本年末		全年平均	
				增加车辆数/吨位				减少车辆数/吨位							
		车辆数	吨位	第一季度	第二季度	第三季度	第四季度	第一季度	第二季度	第三季度	第四季度	车辆数	吨位	车辆数	吨位
合计															

车辆计划指标的编制与计算如下：

（1）年初车辆数及吨位，根据统计部门上年末实有数列入。

（2）增加车辆是指计划期运输企业自购新增的或由外单位调入的车辆。减少车辆是指企业调拨给其他单位或计划报废、封存以及改为非营运的车辆。车辆增加和减少数量以增减后的实有数列入。

（3）标记吨位应以相关证照（汽车的行车执照）上的数据为准。若车辆有技术改装，按改装后的增减吨位列入增减栏。

（4）年末车辆数及吨位按计划期车辆增减后的实有数列入。

（5）全年平均车辆数及吨位是编制运力计划的主要数据。

平均车辆数是指运输企业在计划时期内所平均拥有的车辆数量，其计算公式为

$$平均车辆数 = \frac{计划期每天营运车辆之和}{计划期日历天数}$$

平均总吨位数是指运输企业在计划时期内平均每天拥有的吨位总数，其计算公式为

$$平均总吨位数 = \frac{计划期每天营运车吨位之和}{计划期日历天数}$$

三、车辆运用计划编制

车辆运用计划是运输企业计划期内全部营运车辆生产能力利用程度的计划，是平衡运力与运量计划的主要依据之一，由车辆各项运用效率指标组成，主要内容如表 3-2 所示。

表 3-2 车辆运用计划

指标		上年度实际	本年度计划					本年度计划与上年度实际比较
			全年	第一季度	第二季度	第三季度	第四季度	
主车	平均运营车数							
	平均总吨位数							
	平均吨位数							
	车辆完好率							
	车辆工作率							
	工作车日数							
	营运速度							
	平均每日出车时间							
	平均车日行程							
	总行程							
	行程利用率							
	载重行程							
	吨位利用率							
	货物周转量							
挂车	托运率							
	货物周转量							
主挂车综合	货物周转量							
	平均运距							
	货运量							
	车吨期产量							
	单车期产量							

车辆运用效率指标如图 3-1 所示。

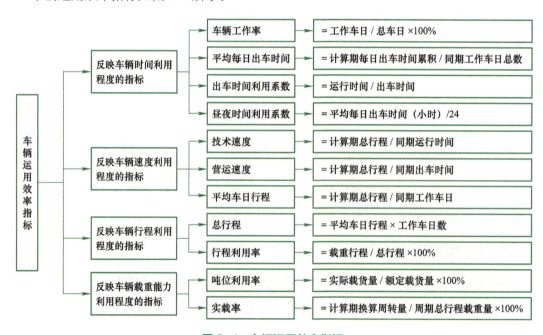

图 3-1 车辆运用效率指标

车辆运用效率指标主要包括反映车辆时间利用程度的指标、反映车辆速度利用程度的指标、反映车辆行程利用程度的指标和反映车辆载重能力利用程度的指标。

四、车辆运行作业计划编制

车辆运行作业计划是运输企业为完成运输计划而组织车辆运行所编制的实施计划，它具体规定了每一辆汽车（或列车）在一定时间内的运输任务、作业时间和应完成的各项指标。车辆运行作业计划的主要任务如下：

（1）把企业运输车队、货运车站、保修车间，以及有关职能科室有机地组织起来，协调一致地均衡组织生产，确保运输生产活动的顺利进行。

（2）充分发挥车辆运输工作效率，保证企业按日、按期完成运输任务并全面完成各项技术经济指标。

车辆运行作业计划是安排日常运输任务的一种主要形式，如表3-3所示。

表3-3 车辆运行作业计划

日期	作业计划内容							运量/t	周转量/(t·km)	执行情况检查
指标	计划 实际	工作率	车日行程	里程利用率	实载率	运量	周转量	说明		

车辆运行作业计划根据时间长短可以分为以下4种：

（1）长期运行作业计划。这种形式适用于经常性的大宗运输任务，其运输线路、起讫地点、运送数量和品种都比较固定的地区。

（2）短期运行作业计划。这种形式适用范围较广，对于起讫点较多、流向复杂、货物品类繁多的地区均能适用。

（3）日运行作业计划。这种形式适用于货源多变、临时性任务较多的地区，如城市地区的货运作业计划。

（4）运次运行作业计划。这种形式往往适用于临时性或季节性的、起讫点固定的短途运输。

职业能力训练

车辆运行作业计划编制

一、训练任务

迅达公司的太原集散中心有4条干线班车路线，终点分别为兰州、重庆、合肥、杭州，如表3-4所示。

表 3-4　干线班车路线一览

班车路线	里程/km	往返时间/天	发车时间
太原—兰州	1280	3～4	18:00
太原—重庆	1632	3～4	19:00
太原—合肥	1144	3～4	20:00
太原—杭州	1565	3～4	21:00

该公司太原集散中心现有13辆双桥全封闭货车用于干线运输，各班车线路由固定的车辆执行运输工作，并安排1辆车作为机动车辆，车辆具体信息如表3-5所示。

表 3-5　干线运输车辆一览

车牌号	品牌	长/m	宽/m	高/m	体积/m^3	载荷/t	班车路线
晋 A0001	江铃	17.5	2.4	2.7	110	35	太原—兰州
晋 A0002	江铃	17.5	2.4	2.7	110	35	太原—兰州
晋 A0003	江铃	17.5	2.4	2.7	110	35	太原—兰州
晋 A0004	解放	12.5	2.4	2.7	80	28	太原—重庆
晋 A0005	解放	12.5	2.4	2.7	80	28	太原—重庆
晋 A0006	解放	12.5	2.4	2.7	80	28	太原—重庆
晋 A0007	解放	12.5	2.4	2.7	80	28	太原—合肥
晋 A0008	解放	12.5	2.4	2.7	80	28	太原—合肥
晋 A0009	解放	12.5	2.4	2.7	80	28	太原—合肥
晋 A0010	解放	12.5	2.4	2.7	80	28	太原—杭州
晋 A0011	解放	12.5	2.4	2.7	80	28	太原—杭州
晋 A0012	解放	12.5	2.4	2.7	80	28	太原—杭州
晋 A0013	解放	12.5	2.4	2.7	80	28	机动车辆

集散中心现有干线驾驶人员13名，实行1人1车制，驾驶员基本信息如表3-6所示。

表 3-6　干线运输驾驶员信息

驾驶员	驾龄/年	运营车辆
A	6	晋 A0001
B	8	晋 A0002
C	9	晋 A0003
D	10	晋 A0004
E	7	晋 A0005
F	9	晋 A0006
G	11	晋 A0007
H	8	晋 A0008
I	13	晋 A0009
J	15	晋 A0010
K	12	晋 A0011
L	7	晋 A0012
M	8	晋 A0013

集散中心每年10月的货运量相对比较稳定，货运量多集中在周一至周五，发车时间一般安排在周一、周三、周五。上年10月货运量及日均货运量如表3-7所示。

表3-7　上年10月货运量及日均货运量　　　　　　　　　　（单位：t）

目的地	货运量	日均货运量
兰州	520	17.4
重庆	420	14.0
合肥	400	13.4
杭州	415	13.9

按照运输作业部要求，计划调度室需在每周五编制下周运行计划。调度主任要求调度员编制2023年10月16—22日一周的车辆运行作业计划。

二、训练要求

1. 分小组完成训练任务（建议3~4人一组）。
2. 根据训练任务资料上年同期各站点日均货运量，编制10月各线路日均货运量计划。
3. 根据各线路车辆核定载重量及日均计划表，确定各班车线路出车次数。
4. 根据发车时间信息，确定各班车路线发车时间。
5. 编制车辆运行计划表。

三、训练评价

序号	评价内容	分值	自我评价（20%）	小组评议（30%）	教师评价（50%）	合计得分（100%）
1	各线路日均货运量计划制订正确	20				
2	各班车线路出车次数正确	20				
3	各班车路线发车时间正确	20				
4	车辆运行计划表编制正确	20				
5	小组成员精诚合作	10				
6	提交成果内容全面、编排合理、结构清晰	10				
教师评语						

单元二　公路整车货物运输组织形式

一、公路整车货物运输的条件和特点

（一）公路整车货物运输的条件

公路整车货物
运输组织形式（上）

《物流术语》（GB/T 18354—2021）对整车运输的定义是：一批属于同一发（收）货人的货物且其重量、体积、形状或性质需要以一辆（或多辆）货车单独装运，并据此办理承托手续、组织运送和计费的运输活动。

这些货物包括以下几方面：

（1）鲜活货物，如冻肉、冻鱼、鲜鱼，活的牛、羊、猪、兔、蜜蜂等。

（2）需要专车运输的货物，石油、烧碱等危险货物，粮食、粉剂等散装货物。

（3）不能与其他货物拼装运输的危险品。

（4）易于污染其他货物的不洁货物，如炭黑、皮毛、垃圾等。

（5）不易于计数的散装货物，如煤、焦炭、矿石、矿砂等。

（二）公路整车货物运输的特点

（1）货源相对单一。因公路整车货物运输运量大，货物种类相对较少。

（2）货运量较大。运输对象主要是大宗货物，货源的构成、流量、流向、装卸地点都比较稳定。

（3）运输过程中出现差错的可能性小。由于是整车运输，途中不进行装卸搬运，货物损坏、丢失的概率大为降低。

（4）运输业务过程较简单。承托双方谈判或协商涉及的内容较少，主要是交接方式、地点及运价等，并且可直接确定。在组织过程中，只要在装货点和卸货点交接清楚即可，有时甚至由驾驶员一个人就可以完成全过程。因此，运输公司较喜欢整车运输业务。

（5）与零担运输相比运费较低。整车运输中，单位货物的运输成本要比零担运输低。

二、公路整车货物运输组织方法

公路整车货物运输可以根据货物特点和实际情况，采用双班或多班运输、拖挂运输等多种组织方法。

（一）双班或多班运输

双班或多班运输是按照车辆工作的班次来划分的，指运输车辆在一昼夜内工作两个班次或多个班次的货运组织形式。其基本出发点是"人停车少停"，提高车辆利用率，提供更大的运输能力。

组织双班或多班运输的基本方法是根据双班或多班运输的不同形式，每辆汽车配备一定数量的驾驶员，按计划出车工作。这种组织方法比较简便易行，在货源、车辆技术状况、驾驶员等条件满足的情况下，不需要增添车辆设备就可增加运力，已成为运输企业常用的车辆运行组织方式。

双班或多班运输组织形式的选择受运距长短、站点配置、货流分布、货源数量、运输条件、道路状况、驾驶员配备、保修和装卸能力等因素的影响。因此，因地制宜地选择和安排组织形式，才能发挥设备潜力，体现双班或多班运输的优越性。根据配备驾驶员人数的不同，双班或多班运输组织形式主要有以下几种：

1. 一车两人、日夜双班

每车固定配备两名驾驶员，每隔一定时期日夜班驾驶员互换一次，如图3-2所示。同时，为保证轮休时运输任务不受影响，还需要配备一名替班驾驶员，替班轮休。

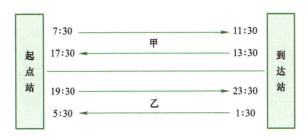

图3-2 一车两人、日夜双班示意图

这种组织形式的优点是能做到定人、定车，能保证车辆有比较充裕的保修时间；驾驶员工作、学习和休息时间能得到正常的安排；行车时间安排也比较简单，伸缩性较大，易于得到货主单位及有关部门的配合。其缺点是车辆在时间上的利用还不够充分，驾驶员不能做到当面交接。

2. 一车三人、两工一休

每车配备三名驾驶员，每个驾驶员工作两天、休息一天，轮流担任日、夜班，并按规定地点定时进行交接班，如表3-8所示。这种组织形式适用于一个车班内能完成一个或几个运次的短途运输线路。

表3-8 一车三人、两工一休排班

驾驶员	周一	周二	周三	周四	周五	周六	周日
甲	日	夜	休	日	夜	休	日
乙	夜	休	日	夜	休	日	夜
丙	休	日	夜	休	日	夜	休

这种组织形式的优点是能做到定车、定人，车辆出车时间较长，运输效率较高。其缺点是每车班驾驶员一次工作时间较长，容易出现疲劳；安排车辆和保修时间比较紧张；需要配备驾驶员的数量较多。

3. 一车两人、日夜双班、分段交班

每车配备两名驾驶员，分段驾驶，定点（中间站）交接。每隔一定时期驾驶员对换行驶路段，确保劳逸均匀，如图3-3所示。

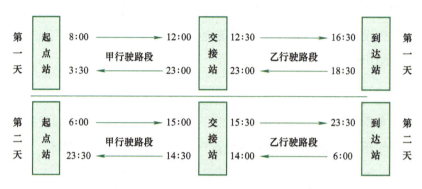

图3-3　一车两人、日夜双班示意图

这种组织形式一般适用于运距较长，车辆在一昼夜内可以到达或往返的运输线路。这种组织形式的优点基本与第一种形式相同，但能保证驾驶员当面交接。

4. 一车三人、日夜三班、分段交接

每车配备三名驾驶员，分日夜三班行驶。驾驶员在中途定点、定时进行交接，中途交接站可设在离终点站较近（约为全程的1/3），并在一个车班时间内能往返一次的地点，在起点站配备的两名驾驶员采用日班制，每隔一定时间三名驾驶员轮流调换行驶线路或时间，如图3-4所示。

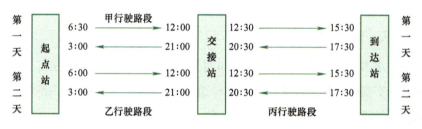

图3-4　一车三人、日夜三班示意图

这种组织形式的优点是车辆在时间上利用充分，运输效率较高，能做到定车、定人运行，驾驶员的工作时间比较均衡；缺点是车辆几乎全日行驶，这就需要车辆的保养和维修技术能适应快速需求的要求。因此，这种组织形式只能在保养力量较强、驾驶员充足，或为完成突击性运输任务时采用较为适宜。

5. 一车两人、轮流驾驶、日夜双班

每辆车同时配备两名驾驶员，在车辆运行时间内，由两人轮流驾驶，交替休息，如表3-9所示。这种组织形式适用于运输距离长、货流不固定的运输线路或长途干线货运线路。

表 3-9　一车两人、轮流驾驶

时间		14:30—17:00	17:00—21:00	21:00—1:00	1:00—5:00	5:00—12:00	12:00—19:00	19:00—21:30
作业项目		准备与装车	运行	运行	休息	运行	运行	卸车与加油
执行者	驾驶员 A	✓	✓		✓	✓		✓
	驾驶员 B	✓		✓	✓		✓	✓

这种组织形式的优点是能定人、定车，最大可能地提高车辆时间利用率；缺点是驾驶员在车上得不到正常休息。随着道路条件的不断改善、车辆性能的不断提高，这种组织形式也越来越多地被采用。

6. 两车三人、日夜双班、分段交换

每两辆车配备三名驾驶员，分段驾驶。其中两人各负责一车，固定在起点站与交接站之间行驶，另一个人每天交换两辆车，驾驶员在固定站定时交接。交接站同样设在离起点站或到达站较远处，这种组织形式适用于两天可以往返一次的行驶线路，如图 3-5 所示。

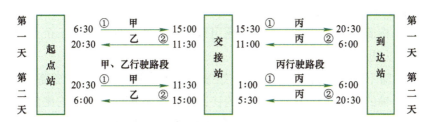

图 3-5　两车三人、日夜双班示意图

这种组织形式的优点是能定人、定车运行，驾驶员配备人数少；车辆保养时间充分。其缺点是驾驶员工作时间较长，不利于正常休息；运行组织工作要求严格，行车时间要求正点。这种组织形式仅在运输能力比较紧时采用。

（二）拖挂运输

汽车货运车辆由牵引车和挂车组成。不同用途的车辆按照一定的要求进行组合和搭配，构成了各类汽车列车。目前，牵引车和挂车组合形式主要有以下几种：

全挂牵引车与全挂车组合的全挂汽车列车，如图 3-6 所示。

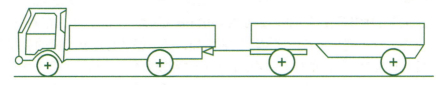

图 3-6　全挂牵引车与全挂车组合的全挂汽车列车

半挂牵引车与半挂车组合的半挂汽车列车，如图 3-7 所示。

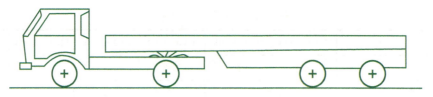

图 3-7　半挂牵引车与半挂车组合的半挂汽车列车

半挂牵引车、半挂车及全挂车组合的双挂汽车列车，如图 3-8 所示。

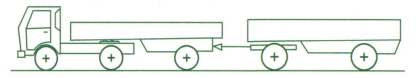

图 3-8　半挂牵引车与一辆半挂车和一辆全挂车组合的双挂汽车列车

以汽车列车的组织形式参加运输称为拖挂运输，也称为汽车运输列车化。拖挂运输的经济性极为显著，具体表现在以下几方面：

（1）相同运输条件下，采用拖挂运输可大大增加载货汽车（或牵引车）的拖载量，能使原有的生产能力成倍增加。

（2）挂车结构简单，制造比较容易，耗用金属材料也较少，适用于企业自行设计和制造，增加运输能力更为直接。

（3）拖挂运输不需要增加额外驾驶员，维修作业比较简单，有助于提高劳动生产率。

（4）拖挂运输的行车燃料消耗、挂车的初次投资以及维修费用，均比使用同等载重量的单个汽车要低，拖挂运输的单位运输成本会有较大幅度的下降。

（5）汽车列车便于采用多种灵活、先进的运行方式，能满足社会需要，经济效益比较理想。

拖挂运输是一种有效的运行组织方式，根据汽车列车的运行特点和对装卸组织工作要求的不同，一般可分为定挂运输和甩挂运输。

1. 定挂运输

定挂运输是指汽车在完成运行和装卸作业时，汽车（或牵引车）与全挂车（或半挂车）不予分离。这种定车定挂的组织形式，在运行组织和管理方面与单车相仿，易于推广，是拖挂运输开展之初被采用的一种主要形式。

定挂运输增加了拖带的挂车，虽然增加了货物的装载量，但同时也增加了货物的装卸作业量。必须在货物装卸和车辆运行调度方面提高作业效率，才能避免汽车列车因装卸工作而停歇太长时间，收不到预期效果。因此，组织定挂运输时，一方面应加强现场调度与指挥工作；另一方面应合理组织装卸作业，尽可能采用机械化装卸，压缩汽车列车的停歇时间。

定挂运输中，汽车列车总长度比单车显著增加，必须保证有足够长度的装卸作业线。汽车列车停妥时与装卸作业线的相互位置，以平行排列较为合适，这样有利于拖车同时进行货物的装卸作业。装卸现场应有平坦而宽阔的调车场地和畅通的出入口，否则会增加汽车列车的调车作业时间，甚至可能造成货场拥挤和堵塞。鉴于汽车列车的行驶稳定性不如汽车，挂车上货物的装载高度和质量应加以适当限制，以确保汽车列车行驶的安全性。

2. 甩挂运输

甩挂运输是指汽车列车按照预定的计划，在各装卸作业点甩下并挂上指定的挂车后，继续运行的一种组织形式。甩挂运输使得车辆载重量和时间利用均能得到合理安排，所以甩挂运输是一种高效、先进的运输组织形式，具有较佳的经济效益，是拖挂运输的特殊形式。

在同样的条件下，甩挂运输比定挂运输有更高的运输效率。以在往复式行驶路线上运送散装货物为例，如单程运距20km，技术速度40km/h，装车作业时间定额6min/t，卸车作业时间定额4.5min/t，摘挂作业6min/次，载货主车、全挂车、半挂车的装载量分别为4t、4t、8t，则组织甩挂运输和定挂运输时的工作情况分别如图3-9～图3-11所示。通过对各图例的分析，可以得出如下结论：甩挂运输比定挂运输能获得更高的生产率；在承担相同载重量的情况下，由牵引车和半挂车组成的汽车列车所完成的工作量，比由载货汽车和全挂车组成的列车要高。

动画：甩挂运输应用

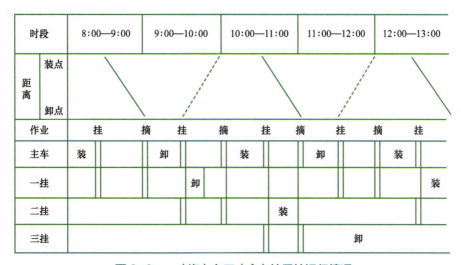

图3-9　一（汽）车三（全）挂甩挂运行情况

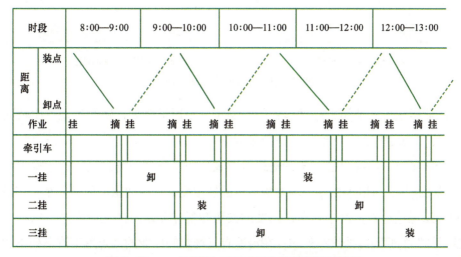

图3-10　一（牵引）车三（半）挂甩挂运行情况

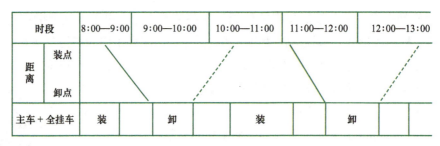

图3-11 一(汽)车一(全)挂定挂运行情况

甩挂运输是为了解决短途运输因装卸能力不足造成车辆过长的装卸作业停歇事件而发展起来的。甩挂运输一般适用于短距离运输，运距较大的情况下，如采用甩挂运输汽车列车装卸作业时间，在其出车时间中所占比重相对较小。挂车代挂时间反而较长，不仅影响甩挂运输效果，也会增加作业的复杂性。当运距大到一定程度时，即使甩挂运输，可减少汽车列车装卸的停歇时间，由于汽车列车的技术速度低于同等载重量的汽车，使得汽车列车生产率不一定高于同等载重量载货汽车的生产率。所以，甩挂运输一般适用于装卸能力不足、装卸时间占汽车列车运行时间比重较大的运输任务。

根据汽挂车的配备数量、线路网点的特点和装卸作业点的装卸能力，甩挂运输主要有以下几种不同的组织形式：

（1）一线两点甩挂。这是在短途往复式运输路线上通常采用的一种甩挂形式，即牵引车在两个作业点之间做短途往复式甩挂运输。根据货流情况或装卸能力，可组织"一线两点、一端甩挂"（即装甩卸不甩或卸甩装不甩）和"一线两点、两端甩挂"，如图3-12所示。

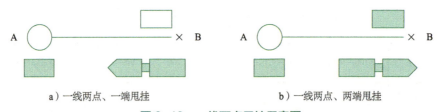

a) 一线两点、一端甩挂　　　　　b) 一线两点、两端甩挂

图3-12 一线两点甩挂示意图

这种作业组织形式适用的条件是：货源稳定，货运量较大，装卸货地点比较固定，运输距离较短，中短途整批货物运输或集装箱运输。

（2）一线多点、沿途甩挂。该运输组织形式是如果场站与场站之间的运输线路为往返式多场站线型结构，可以根据各个场站货运量的规模配备一定数量的周转挂车，在沿途各个场站之间组织甩挂运输。汽车列车在始发站按照卸货作业地点的先后次序，本着"远装前挂、近装后挂"的原则编挂汽车列车；在沿途有货物装卸作业的站点甩下汽车列车的挂车或挂上预先准备好的挂车，直至运行到终点站；汽车列车在终点站整列卸载后，沿原线路返回，经由原甩挂作业站点时，挂上预先准备好的挂车或甩下挂车，直至运行到始发站，如图 3-13 所示。

图 3-13　一线多点、沿途甩挂示意图

这种运输组织方式适用于装货（卸货）地点集中、卸货（装货）地点分散、货源比较稳定的运输线路。

（3）驮背/滚装甩挂。为了适应多式联运发展的需要，更好地解决伴随联运产生的大量装卸和换装作业，甩挂运输的基本原理与组织方法已被运用到集装箱或挂车的换装作业上。在汽车与火车运输的联结点，牵引车将载有集装箱的底盘车或挂车直接开上铁路平板车或船舶上，停妥摘挂后离去；载运集装箱底盘车或挂车的火车或船舶运行至前方换装点，当地的牵引车开上火车或船舶，挂上集装箱底盘车或挂车，直接运往目的地。其中，铁路运输过程称为驮背运输，海上运输过程称为滚装运输。驮背/滚装甩挂运输适用于汽车与火车或轮船进行的联合运输。

（4）循环甩挂。这是在车辆环形行驶线路上进一步组织甩挂作业的一种方式。在闭合循环回路的各装卸点上，配备一定数量的周转挂车（或集装箱），牵引车每到达一个装卸点甩下所带挂车（或集装箱），然后装（挂）上事先装备好的挂车（集装箱）继续行驶，一直到牵引车回到第一个出发的作业点，如图 3-14 所示。

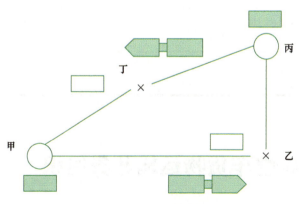

图 3-14　循环甩挂示意图

这种组织形式提高了运载能力，减少了装卸作业停歇时间，提高了行程利用率，是甩挂运输中较为经济、运输效率较高的组织形式。由于它涉及面广，因此组织工作较为复杂，对调度作业要求较高。

职业能力训练

公路整车货物运输运行图绘制

一、训练任务

迅达公司货运中心与A公司为长期合作关系，货物运输组织模式主要为整车双班运输，现调度主任要求调度员提交一份双班运输组织方案，并绘制运行图（运输距离1 280km，行车平均速度为70km/h）。

二、训练要求

1. 以小组为单位完成训练任务（建议3～4人一组）。
2. 结合运距，确定往返一次的时间。
3. 根据双班运输模式制订可选方案。
4. 比较方案。
5. 确定方案。

三、训练评价

序号	评价内容	分值	自我评价（20%）	小组评议（30%）	教师评价（50%）	合计得分（100%）
1	结合运距合理分析往返一次的时间	20				
2	可选方案表述清楚，有据可依	30				
3	比较方案分析合理，观点明确	30				
4	小组成员高效合作	10				
5	提交成果内容全面、编排合理、结构清晰	10				
教师评语						

单元三　公路整车货物运输业务组织

公路整车货物运输过程（简称货运过程）是指货物从受理托运开始，到交付收货人为止的生产活动。公路整车货物运输业务组织可分为发送、途中和到达三个阶段的业务工作，内容包括托运受理、组织派车与装车、起票发车、货物卸车等，如图3-15所示。

公路整车货物运输业务组织

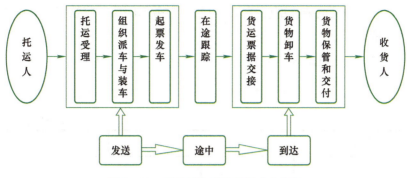

图 3-15　公路整车货物运输业务组织

一、公路整车货物运输的发送作业

货物在始发站的各项货运作业统称为发送站务工作。发送站务工作主要由托运受理、组织派车与装车和起票发车三部分组成。

（一）托运受理

对于短期的、临时的整车货物运输的托运受理，主要分为站内、站外两种托运受理方法。站内受理的方式主要有电话、传真、信函、网络、站台等，站外受理方式主要有登门、驻点和异地等。对于长期的整车货物运输，承托双方可以签订一份长期的货物运输合同或运输协议，在每次提货时提交货物运输交接单，办理提货手续。

1. 托运单填制

公路货物托运单是货物托运人在向运输公司提出货物运输申请时，按要求填写的说明有关货物运输需求信息的单据，可以说是托运方与承运方之间对货物运输事项所签订的契约，也是运输公司开具货票、安排运输计划、制作运单的原始依据。

动画：托运单填制

经双方审核并签章认可的托运单，具有一定的法律效力。托运方需要提前准备好等待运输的货物，并按规定的方式支付运费，而运输单位则应及时派车，将货物安全运送到托运方指定的卸货地点，交给收货人。

（1）托运单的作用。货物托运单主要有以下四个作用：

1）公路运输部门开具货票的凭证。

2）调度部门派车、货物装卸和货物到达交付的依据。

3）货主托运货物的原始凭证，也是运输单位承运货物的原始依据。

4）在运输期间发生运输延迟、空驶、运输事故时判定双方责任的原始记录。

（2）托运单的内容。一张托运单托运的货物必须是同一托运人；对拼装分卸的货物应将每一拼装或分卸情况在托运单汽车栏内注明，每一个卸货地点或每一个收货人只能开一张托运单。整车货物运输托运单的填写份数一般为一式四份，一份交托运人作为托运凭证，三份交承运单位：一份交受委托部门存查，一份交财务部门凭以收款和结算运费，一份交调度部门作为派车依据。

公路整车货物运输的托运单主要包括 7 部分内容，如表 3-10 所示。

表 3-10　货物托运单

运单编号：								填写日期：	年 月 日	
托运人	单位名称				地址					
	联系人				电话					
收货人	单位名称				地址					
	联系人				电话					
约定起运时间				约定到达时间				运输工具		
装货地点				卸货地点				计费里程		
名称	包装形式	件数	体积/m³	件重/kg		质量/t	保险保价	货物等级	计费项目	
									运费	
									装卸费	
									过路费	
合计金额			人民币（大写）____万____仟____佰____拾____元整							
托运人记载事项					承运人记载事项					
付款人银行账号					承运人银行账号					
注意事项	1. 货物名称应填写具体品名，如货物品名过多，不能在运单内逐一填写的，须另附物品清单。 2. 填在一张货物运单内的货物必须是同一货运人，对拼装分卸货物，应将每一拼装或分卸情况在运单记事栏内注明。 3. 易腐蚀、易碎货物、易溢漏的液体、危险货物与普通货物以及性质相抵触、运输条件不同的货物，不得同一张运单托运。 4. 保险或保价货物，在相应价格栏中填写货物声明价格。 5. 托运人、承运人修改运单时，须签字盖章。 6. 本运单一式两份，一份作为受理存根，一份作为托运回执。									
托运人签章			年　月　日			承运人签章			年　月　日	

1）人员信息，包括托运人与收货人的单位名称和地址、联系方式等。

2）货物信息，包括货物的名称、件数、质量、体积、货物等级、包装形式等。

3）时间信息，包括托运日期、起运日期、到达日期等。

4）地点信息，包括装货地点、卸货地点等。

5）计费项目，包括计费里程、运费、装卸费、过路费等。

6）相关说明，需要说明的特殊约定和要求、记载事项、银行账号、特别提示等。

7）签名信息，包括托运人、承运人的签章。

（3）托运单填制的注意事项。在货物受理和托运单填制过程中应注意以下内容：

1）托运人与收货人的单位名称、地址、电话要准确。

2）起讫站名、装卸货物地址要详细。

3）货物名称、规格、性质、状态、数量、重量应齐全、准确。

4）应选择合理的运输路线。

5）危险货、特种货应说明运输要求、采取的措施、预防的方法。

6）运费结算单的托收银行、户名、账号要准确。

7）托运人要求自理装卸车的，经承运人确认后，在托运单内注明。

8）托运人委托承运人向收货人代递有关证明文件、化验报告或单据等，须在托运人记事栏内注明名称和份数。

9）托运人对所填写的内容及所提供的有关证明文件的真实性负责，并签字盖章；托运人或承运人改动运单时，也须签字盖章说明。

10）普通货中不得夹带危险、易腐、易溢漏货物和贵重物品、货币、有价证券、重要票据。

11）托运超限货物，托运方应提供该货物的说明书；鲜活物品，托运方须向车站说明最长的允许运输期限；托运政府法令禁运、限运以及需要办理卫生检疫、公安监理等手续的货物，应随附有关证明。

12）托运货物的包装应符合国家标准或专业标准；没有包装标准规定的货物，应根据货物的重量、性质、运输距离等条件，按照运输的需要，做好包装，保证货物安全。

13）托运人应根据货物性质和运输要求，按照国家有关规定，正确制作运输标志和包装储运图示标志。

14）货物运输保险采取自愿投保原则，由托运人自行确定。汽车货物运输实行自愿保价的办法，一张托运单托运的货物只能选择保价或不保价中的一种。办理保价运输的货物，应在托运单"保险或保价"栏中填写。

2. 运杂费核算

运费是指货主向承运部门支付货物运输的基本费用。承运部门向货主收取运费以外的其他费用称为杂费，如调车费、延滞费、装货落空损失费、排障费、车辆处置费、装卸费、通行费、保管费等。运费和杂费统称为运杂费。

货运受理人员在完成货物检查、托运单的内容审核后，货运站需要对货物运输的运杂费进行认定。

（1）确定计费质量。整车重货一般以起运地过磅质量为准，起运地不能或不便过磅的货物，由承托双方协商确定计费质量；整车轻泡货物按车辆标记吨位计算计费质量，并且货物的长、宽、高要求不能超过公路交通安全规定的限度；散装货物，如砂子、石料、矿石、木材等，用实际体积参照统一规定质量换算标准，确定计费质量。

整车货物质量以吨为单位，尾数不足 100kg 时，四舍五入。

（2）确定货物等级和计费里程。普通货物分为一等货物、二等货物和三等货物 3 个等级，并实行分等计价。以一等货物为计价基础，二等货物加成 15%，三等货物加成 30%。

计费里程以各地交通主管部门核定的营运里程为准，未核定的里程，由承托双方商定；同一运输区间有 2 条以上营运路线的，按最短路线计费；整车拼装、分卸时，按从第一装货地点到最后一个卸货地点为止的总里程计费。

计费里程以千米为单位，不足 1km 时，四舍五入。

（3）计算运杂费。

整批货物运杂费（元）= 吨次费（元/t）× 计费重量（t）+ 整批货物运价 [元/(t·km)] × 计费重量（t）× 计费里程（km）+ 货物运输其他费用（元）

运杂费尾数以元为单位，不足 1 元时，四舍五入。

对整批货物运输在计算运费时，可按货物质量加收吨次费。吨次费是基于短途运输中始发地、目的地作业成本的实际支出而加收的项目，是以吨为基本单位，以单程运输为次，按不同距离区间分别确定吨次费的收费标准，原则上只有在短途整车货物运输时，才能收取吨次费。

3. 托运单审核与签发

托运单填制完成后，业务员需要从清洁性、完整性、准确性、匹配性四个方面对托运单进行审核并签发。

（二）组织派车与装车

1. 派车

调度员根据运输任务编制车辆运行作业计划并发布调度命令，填写派车单，如表 3-11 所示，交驾驶员装货，同时在托运单上做出已派车记录。

表 3-11 派车单　　　　　　　　　　　　　　　　　　　　　　　　　　No.

车号	吨位	驾驶员	发车时间	任务	调度员	驾驶员签名

派车时应坚持"三不派"：未经检验合格的车辆不派；装载粮食，车辆上次装运有毒物品、污染品，未经清洗消毒者不派；挤装挤卸的地点，改善前不派。

2. 装车

货物装车前必须对车辆进行技术检查和货运检查，以确保其运输安全和货物完好。装车时要注意码放货物，努力改进装载技术，在严格执行货物装载规定的前提下，充分利用车辆的车载重量和容积。货物装车完毕后，应严格检查货物的装载情况是否符合规定的技术条件。

（1）检查车辆。检查车种车型与规定装运货物相符，查看车厢是否干净整洁、无损坏，密封的车厢应进行透光检查，确认车辆检修是否过期。

（2）检查货物。检查货物品名、包装、件数与托运单填写是否一致，以及货物包装是否符合规定。装载货物（含国际联运换装）不得超过车辆（含集装箱）标记载重量，严禁增载。

（3）装车作业。应充分利用车辆吨位和容积，装载方法要牢固，装载重量要在车厢前后左右均匀平衡，包装结实的、大的、重的货物要放在下面。当进行分卸时，要先装远距离的，后装近距离的。注意货物的混装限制，严禁危险货物与其他货物混装。作业时，要轻拿轻放，堆码整齐，标志向外，箭头向上，捆扎牢固，注意安全作业。同一票货物尽量装在车厢同一位置。

（三）起票发车

根据确定运费金额填制货票和收费。发货人办理货物托运时，应按规定向发运车站缴纳运杂费，并领取承运凭证——货票。货票是一种财务性质的票据，是根据货物托运单填写的，是发运车站向发货人核收运费的收费依据。在到达车站，货票是收货人办理货物交付的凭证之一。

货票也是企业统计完成货运量、核算营运收入及计算有关货运工作指标的原始凭证。始发站在货物托运单和货票上加盖承运日期之时起即算承运，承运标志着企业对发货人托运的货物开始承担运送义务和责任，如表 3-12 所示。

表 3-12　运输货票

××省汽车运输货票									No. 自编号：
托运人：		车属单位：						牌照号：	
装货地点		发货人			地址			电话	
卸货地点		收货人			地址			电话	
运单或货签号码		付款人			地址			电话	
货物名称	包装形式	件数	实际重量/t	计费运输量		吨公里运价		运费金额	其他收费		运杂费小计
				吨	吨公里	货物等级	道路等级	运价率		计费项目	金额	
										装卸费		
运杂费合计金额（大写）					¥							
备注							收货人签收盖章					
开票单位（盖章）： 年 月 日			开票人： 年 月 日				承运驾驶员： 年 月 日					

说明：本货票共分四联：第一联（白色）存根；第二联（红色）运费收据；第三联（浅蓝色）报单；第四联（绿色）收货回单，经收货人盖章后送车队统计。

货票一式四联：第一联起票站存查；第二联运费收据交托运人做报销凭证；第三联随营运收缴单送车属单位；第四联随货同行。货物到站后，随货同行的货票经收货单位签收后，由到达站验货合格后收回，最后统一寄回起票站进行结案。

调度员填写行车路单。行车路单是调度部门代表企业签发的行车命令，是记录车辆运行的原始凭证，行车路单所记载的内容及随附的单证是统计运量、考核单车完成任务情况及各项效率指标的原始依据，是整车货物运输生产中的一项重要记录。车辆完成任务回队后由车队调度员审核，经审核无误的行车路单交车队统计员计入统计台账，计算运输工作量和运行消耗等各项经济指标。

行车路单的式样和内容，各地大同小异。内容主要有车号、运输起讫站、货物装卸起讫地点、货物名称、件数、行驶里程、运量等，如表3-13所示。

表3-13　××物流有限公司行车路单

承运车辆：　　　　　　　　　　　　　　　　　　　　　　　　　　　　　　　　No.

起点	发车时间		终点	到达时间		货物名称	包装	件数	运量/t	行驶里程/km		
	日	时		日	时					总行程	重驶行程	空驶行程

路单签发人：　　　　　　　　　　　　　　　　　　　　　　　　　　路单回收人：

备注：①本单一次有效；②本单随车携带，使用后按期交回签发单位。

行车路单的管理与使用必须坚持做到：

（1）严格按顺序号使用，不许使用空白路单。

（2）每一次任务完成后，必须立即交回，不允许积压、拒交。

（3）行车路单各项记录必须填准、填全，车队调度员对交回的路单的各项记录要进行核算。

（4）企业建立的行车路单使用制度、保管制度要严格执行。

二、公路整车货物运输的途中作业

出车前，驾驶员应检验车辆技术状况，检查货物装载情况，与装车员办理交接手续，从调度员处领取行车路单，确保无误后发车。发车后，安全驾驶车辆。运输途中如发现有装载偏重、超重、货物洒漏、车辆技术状况不良而影响运行安全、货物装载状态有异状、加固材料折断或损坏、货车篷布遮盖不严或捆绑不牢等情况出现，且有可能危及行车安全和货物完好时，应及时采取措施，对货物加以整理或换装，必要时调换车辆，同时登记备案。如发现问题，驾驶员应立即处理，处理不了的应立即联系货物运输企业和托运人，协商处理。

为方便货主，整车货物还可允许中途拼装或分卸作业，考虑到车辆周转的及时性，对整车拼装或分卸应加以严密组织。

调度人员应实时跟踪运输车辆和货物，定时接受驾驶员发回的行车路况信息，及时登记处理异常情况。客服人员应结合运输管理系统进行实时查询，与收货客户电话联系送货情况，填写跟踪记录。有异常情况时，客服人员应及时与客户联系。

三、公路整车货物运输的到达作业

到达作业主要包括货运票据交接、货物卸车、货物保管和交付等内容。

装卸员卸货；驾驶员与收货员交接货物，填写交接记录；收货人收货。对包装货物要"件收件交"、点件清楚，散装货物要尽可能做到"磅收磅交"，计重准确；施封货物与集装箱凭铅封点交。卸车时，对卸下货物的品名、件数、包装和货物状态等应做必要的检查。整车货物一般直接卸在收货人仓库或货场内，并由收货人自理。卸车完毕，收货人应在运单的第四联或客户指定的签收单签收，由驾驶员交回公司，作为与客户结算运费的凭证。如卸货时发现货损、货差，收货人不得拒收，应及时通知托运单位、运输企业相关人员共同鉴定，做好现场记录，凭此处理。

卸车作业要求如下：

（1）检查车辆。检查车辆状态及施封情况，核对票据与现车，确定卸车及堆码方法。

（2）卸车作业。卸货员卸货时，要轻拿轻放，严禁扔、抛、拖、翻滚等行为，堆码要整齐稳固，防止倒塌，严禁倒置，注意安全作业。

（3）卸车后工作。填记卸货登记簿，详细记录入库数量、货损货差等异常情况。对受到污染的车辆，应及时通知驾驶员洗刷除污。清理车辆残存废弃物交由收货人负责处理。

收货人要检查货物是否与托运单上一致，是否有损坏、污染、变质等情况。

货物在到达地向收货人办完交付手续后，该批货物的全部运输过程完成。

职业能力训练

公路整车货物运输业务办理

一、训练任务

某食品厂委托迅达物流公司托运一批货物到外地某超市。该货物为黄桃罐头（三级普通货物），纸箱包装规格（长×宽×高）为460mm×260mm×180mm，重量7.5kg/箱，数量2400箱，单价180元/箱，基础运价率为0.52元/(t·km)，保价费为1‰，托运人自行装车。可供使用车辆：9.6m厢车，车厢内尺寸9.6m×2.3m×2.7m，最大载重量20t，车辆在高速公路上空驶平均油耗25L/100km，重驶平均油耗增加0.8L/100km，燃油价格8元/L，高速公路过路过桥费请查阅本地高速公路收费标准，其他费用忽略不计，运输里程为495km。

请根据客户要求组织本次货物运输，具体任务如下：

1. 画出作业流程图。
2. 小组成员进行角色分配并列出工作内容与工作职责。

涉及的人员主要有托运人、业务员、财务员、调度员、货车司机和收货人等。

3. 填写相应单据。

请模拟进行本次货物的运输操作。

二、训练要求

1. 分小组完成训练任务（建议3～4人一组）。
2. 认真阅读训练任务，根据所学知识画出作业流程图。
3. 小组进行成员角色分工，并写出各自工作内容与工作职责。
4. 小组组长按作业流程及各自工作职责组织任务实施。

三、训练评价

序号	评价内容	分值	自我评价（20%）	小组评议（30%）	教师评价（50%）	合计得分（100%）
1	作业流程图各环节齐全，作业步骤完整	20				
2	角色分工合理，工作内容明确，工作职责清晰	20				
3	单据填写完整、规范	20				
4	运杂费计算步骤齐全、计算结果正确	20				
5	小组成员高效合作	10				
6	提交成果内容全面、编排合理、结构清晰	10				
教师评语						

单元四　公路零担货物运输业务组织

一、公路零担货物运输的条件及优缺点

（一）公路零担货物运输的条件

《物流术语》（GB/T 18354—2021）对零担运输的定义是：一批货物的重量、体积、形状和性质不需要单独使用一辆货车装运，并据此办理承托手续和计费的运输活动。

适宜公路零担运输的货物具有明显的特点：货物数量小、批次多、品种多、包装不一、到站分散、价格较高。同时，企业经营零担货物运输需要更多的基本设施，如库房、货棚、货场等，还需要与之配套的装卸、搬运、堆码机具和苫垫设备等。

公路零担货物运输业务组织（上）

（二）公路零担货物运输的优缺点

1. 公路零担货物运输的优点

公路零担货物运输的优点主要包括以下几方面：

（1）适应性强。公路零担货物运输非常适合商品流通中品种繁多、小批量、多批次、价高贵重、时间紧迫、到站分散的货物，因此，它能满足社会不同层次商品流通的需求，方便大众物资生产和流动的实际需要。

（2）运输安全、迅速、方便。零担货物运输有细致的工作环节要求，零担班车一般都有固定的车厢，可承担一定行李、包裹的运输，所装货物不会受到日晒雨淋，体现出安全、迅速、方便的优越性。

（3）机动灵活。公路零担货物运输可以定线、定期、定点运行，业务人员和托运单位对运输情况都比较清楚，便于沿途各站点组织货源，往返实载率高，经济效益显著。可以做到上门取货、就地托运、送货到家、代办中转、手续简便，能有效地缩短货物的送达时间，加速资金周转，所以对于竞争性、时令性和急需的零星货物运输具有重要意义。

（4）运送方法多样。零担货物可采用专用零担班车、客车捎带等不同的运送方式，组织工作比较灵活、复杂。

2. 公路零担货物运输的缺点

公路零担货物运输也有明显的缺点，主要包括以下几方面：

（1）货源不确定。公路零担货物运输的货物流量、数量、流向具有一定的不确定性，并且运输需求随机性较强，难以预测。这就需要企业加强对零担货物运输流量、数量、流向的调查，尽可能掌握其变化的规律。

（2）计划性差。货物的特点决定了难以通过运输合同等方式将其纳入计划管理范围。企业需要在货源调查的基础上，灵活地制订货运计划。

（3）组织工作复杂。公路零担货物运输环节多，作业工艺细致，对货物配载和装载要求也相对较高，加上货源不确定、计划性差，所以组织工作较为复杂。

（4）单位运输成本较高。为了适应公路零担货物运输的要求，货运站要配备一定的仓库、货棚、站台，以及相应的装卸、搬运、堆置的机具和专用厢式车辆。此外，相对于整车货物运输而言，零担货物运输周转环节多，更易出现货损、货差，赔偿费用较高。因此，这导致公路零担货物运输成本较高。

二、公路零担货物运输的组织形式

公路零担货物运输的组织形式主要有固定式零担运输（零担班车）和非固定式零担运输两种。

（一）固定式零担运输

固定式零担运输也称汽车零担货运班车，即所谓的"四定运输"，是指车辆运行采取定线路、定班期、定车辆、定时间的一种组织形式。这种组织形式要求根据营运区内零担货物流量、流向等调查资料，结合历史统计资料和实际需要，在适宜的线路上开行定期零担货运班车。零担货运班车主要有以下几种运行方式：

1. 直达式

直达式是指在起运站将各发货人托运到统一到达站，而且性质适合配装的零担货物，同一车装运直接送至到达站，途中不发生装卸作业的一种组织形式。直达式零担货运的货物在途中无须倒装，因此具有较好的经济性：节约了中转装卸作业设备及劳动，节省了中转费用，有利于减少货损、货差；有利于提高运送速度，减少货物的在途时间；有利于降低运输成本，提高运输服务质量。直达式零担货运组织如图 3-16 所示。

图 3-16　直达式零担货运组织图

2. 中转式

中转式是指在起运站将各托运人发往同一去向，不同到达站，而且性质适合配装的零担货物，同车装运到规定的中转站，卸货后另行配装，重新组成新的零担班车运往各到达站的一种组织形式，如图 3-17 所示。图 3-17 只是最简单的中转形式，如运行线路较长，则会发生多次中转。

图 3-17　中转式零担货运组织图

中转式和直达式是互为补充的两种不同的组织形式。直达式效果较好，但它受到货源数量、货流及行政区域的限制，而中转式可使那些运量较小、流向分散的货物通过中转及时运送，所以它是一种不可或缺的组织形式。但中转式耗费的人力、物力较多，作业环节也比较复杂。

零担货物的中转作业方法有三种：落地法、坐车法和过车法。

（1）落地法，即将整车零担货物全部卸下交中转站入库，由中转站按货物的不同到站重新集结，另行安排零担货车装运，继续运到目的地。这种方法简便易行，车辆载重量和容积利用较好，但装卸作业量大，仓库和场地的占用面积大，中转时间长。

（2）坐车法，即核心货物不动，其余货物卸下，另行配装。使用这种方法，部分货物不用卸车，减少了装卸作业量，加快了中转作业速度，节约了装卸劳动力和货位，但对留在车上的货物的装载情况和数量不易检查清点。

（3）过车法，即直接换装中转。当几辆零担车同时到站进行中转作业时，将车内部分中转零担货物由一辆车向另一辆车上直接换装，而不到仓库货位上卸货。组织过车时，既可向空车上过，也可向留有核心货物的重车上过。这种方法在完成卸车作业时即完成了装车作业，提高了作业效率，加快了中转速度，但对到发车辆的时间等条件要求较高，容易受意外因素干扰而影响运输计划。

3. 沿途式

沿途式是指在起运站将各个托运人发往同一线路，不同到站，且性质适宜配装的各种零担货物，同车装运，按计划在沿途站点卸下或装上零担货物再继续前进，运往各到达站的一种组织形式。这种形式组织工作较为复杂，车辆在途中运行时间也较长，但它能更好地满足沿途各站点的需要，充分利用车辆的载重和容积，是一种不可或缺的组织形式，如图3-18所示。

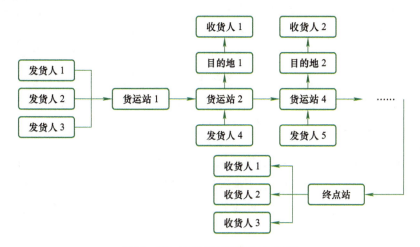

图3-18 沿途式零担货运组织图

（二）非固定式零担运输

非固定式零担运输是指按照零担货流的具体情况，根据实际需要，随时开行零担货车的一种组织形式。这种组织形式由于缺少计划性，必将给运输部门和客户带来一定不便，因此只适宜在季节性或新辟零担货运线路上作为一项临时性的措施。

三、公路零担货物运输业务流程

零担货运企业承托、仓储、配装、发送、交接零担货物，按照相关规定办理业务手续，统称为零担货物运输商务作业。零担货物运输是根据零担货运工作的特点，按照流水作业构成的一种作业程序，其业务流程如图3-19所示。

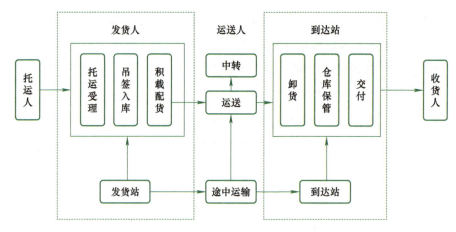

图 3-19　公路零担货物运输业务流程

（一）受理托运

受理托运是指零担货物承运人根据营运范围内的线路、站点、运距、中转范围、各车站的装卸能力、货物的性质及收运限制等业务规则和有关规定接受零担货物，办理托运手续。由于零担货运线路站点多，货物品类繁杂，包装形状各异，性质不一，因此受理人必须熟知营运范围内的线路、站点、运距、中转范围、车站的装卸能力、货物的理化性质及收运限制等一系列业务规则及有关规定。受理托运时，应公布零担货运的线路、站点（包括联运、中转站点）、班期及里程运价，张贴托运须知、包装要求和限运规定。

公路零担货物运输业务组织（下）

1. 受理托运的方法

在受理托运时，可根据受理零担货物数量、运距以及车站作业能力采用不同的受理制度和方法，如随时受理制、预先审批制、日历承运制等，或站点受理、上门受理、预约受理等。

（1）随时受理制。对托运日期无具体的规定，在营业时间内，发货人均可随时将货物送到货运站办理托运。

（2）预先审批制。发货人事先向货运站提出申请，车站根据各个发货方向及站别的运量，结合站内设备和作业能力加以平衡，分别指定日期进货集结，组成零担班车。

（3）日历承运制。日历承运制是指货运站根据零担货物流量和流向规律，编写承运日期表，事先公布，发货人则按规定日期来站办理托运手续。

2. 零担货物受理托运的范围

考虑到零担车厢的结构和装卸条件，为了便于拼装多个托运人交运的货物，使零担货车有限的容积得到充分利用，我国规定，按零担货物托运、承运的货物必须具备以下条件：

1）每批零担货物不得超过 300 件。

2）按件托运的零担货物，单件重量不得超过 200kg。

3）单件体积一般不得小于 $0.01m^3$（单件重量超过 10kg 的除外），不得大于 $1.5m^3$。

4）货物长度、宽度、高度分别不得超过 3.5m、1.5m 和 1.3m。

各类危险货物，易破损、易污染和鲜活易腐货物，在运输过程中对运输工具、仓储场所、运输时间和温度、装卸保管的条件都会有一些特殊的要求，不能与大多数普通货物配载在一起，一般不能作为普通零担货物办理托运。

不得按普通零担货物托运的主要有以下 6 类：

1）需要冷藏、保温或加温运输的货物。

2）规定限按整车办理的危险货物。

3）易于污染其他货物的污秽品（例如未经过消毒处理或未使用密封不漏包装的牲骨、湿毛皮、粪便、炭黑等）。

4）蜜蜂。

5）不易计算件数的货物。

6）未装容器的活动物。

在受理托运时，除了以上 6 类货物以外，还需要注意不能受理国家法律、行政法规明令禁止运输的禁运品，比如毒品、有价证券等，以及限运品，比如枪支、稀有动物的皮毛等。

3. 受理托运的内容

（1）托运单填制与审核。受理托运时，必须由托运人认真填写托运单，承运人审核无误后方可承运。零担货物托运单一般一式两联，第一联为承运人存根；第二联为托运人托运回执，也可以是一式多联。目前，国家没有对托运单内容和格式做统一要求，但主要包括 7 部分内容，如表 3-14 所示。

表 3-14 ××物流公司汽车零担运输货物托运单

起运日期： 年 月 日								编号：				
起运站		到达站		经由				全程			km	
托运人	单位					地址						
	姓名					联系电话						
收货人	单位					地址						
	姓名					联系电话						
货物名称及规格	包装形式	体积（长×宽×高）/cm³	件数	实际质量/kg	计费质量/kg	计费里程/km	运价率/[元/(kg·km)]	运费/元	站务费/元	装车费/元	中转费/元	其他费用/元	保险保价费/元	货位
保险、保价金额： 元			合计											
货物运单签订地				起运日期： 年 月 日			运杂费合计		万 仟 佰 拾 元整（¥ ）					
特约事项				承运人签章 年 月 日			托运人签章 年 月 日		货运站收货人签章 年 月 日					

说明：①托运货物必须按规定包装完好，捆扎牢固。

②不得捏报货物，不得在托运货物中夹带危险、禁运等物品。否则，一切损失由托运人负责。

③本运单一式五联：第一联存根，第二联托运人存查联，第三联提货联，第四联承运人存查联，第五联随货同行联。

1）托运人和收货人信息,包括姓名和地址、联系电话等。

2）货物信息,包括货物名称、性质、件数、质量、体积以及包装形式等。

3）可选择的增值服务信息,包括保价服务、上门提货和送货服务、代收货款以及场站外搬运等其他服务。

4）费用及付款方式。

5）时间信息,包括托运日期、提货日期、交货日期等。

6）货物的路由信息,包括托运点、始发站、中转站、目的地等。

7）相关说明,包括需要说明的特殊约定和要求、货物以及包装状态描述、特别提示等。

若是电子制单,可将相关信息录入系统后,打印托运单,客户在打印的运单上签字确认。若需要手工填单,则按规范填写,并要求书写工整、不得涂改。

审核托运单的要求如下:

1）检查核对托运单的各栏有无涂改,对涂改不清的应重新填写。

2）审核各栏目填写是否完整。

3）审核到站与收货人地址是否相符,以免误运。

4）对货物的品名和属性进行鉴别,注意区别普通和笨重零担货物(同时注意它们的长、宽、高能否适应零担货车的装卸及起运站、中转站、到达站的装卸能力等)、普通物品与危险品。

5）对一批货物多种包装的应认真核对,详细记载,以免错提、错交。

托运单填制后,还需要填写货物交接清单,如表3-15所示。

表3-15 零担货物交接清单

本次	起运站												No.	
	到达站													
	里程/km					车属单位_____车号(自编号)_____驾驶员(随车理货员)								
序号	受理站	中转站	中转站	运单号	货票号	托运单位	收货单位	货物名称	货物类别	包装	件数	质量/kg		备注
												实际质量	计费质量	
1														
2														
3														
4														
5														
6														
7														
8														
合计			票					件						

起运站发货人:　　　　　制单:　年　月　日　　　　到达站收货人:　　　年　月　日

说明:①发运前由起运站仓库理货员或发货员制单,按照一站一单、不同到达站不得合用一单的要求,分别逐项填写清楚。

②本单一式六联:第一联起运站存查;第二联报核,起运站财务结算核对依据;第三联随车同行,到达站签收后交随车理货员(驾驶员),作为车属单位制作结算汇总单的依据;第四联随车同行,到达站签收后交驾驶员,随行车路单作为车队统计的依据;第五联随车同行,到达站签收后凭以制作站务费用结算汇总单,并报公司运务统一结算;第六联到达站存查。

（2）货物验收。货运受理员按照托运单内容查验货物名称、规格、数量等是否与运单填写信息一致。

检查货物的包装，包装必须符合国家和交通运输部门的规定和要求。对不符合包装标准和要求的货物，应由托运人改善包装。对不会造成运输设备及其他货物污染和货损的货物，如托运人坚持原包装，托运人应在"特约事项"栏内注明自行承担由此可能造成的货损。货物包装检查的方法主要有以下四种：

1）看。检查包装是否符合相关规定，有无破损、异迹。笨重货物外包装上面是否用醒目标记标明重心点和机械装卸作业的起吊位置。检查外箱有无旧标签、旧地址，如有应先清除旧标签和旧地址，避免错运错发。

2）听。检查有无异声。

3）闻。检查有无不正常的气味。

4）摇。检查包装内的衬垫是否充实，包装内的货物是否晃动。

检查普通零担货物中是否夹带危险、禁运、限运和贵重物品。

（3）运费核算。货运受理人员在对货物检查、托运单的内容审核后，需要对货物运输的计费里程和货物的运杂费进行认定。

第一步：确定计费质量。

零担货物运输计费质量一般以千克为单位。起码计费质量为1kg，质量在1kg以上，尾数不足1kg的，四舍五入。一般货物的计费质量均按毛重（含货物包装、衬垫及运输需要的附属物品）计算；轻泡货物以货物包装最长、最宽、最高部位尺寸计算体积，按每立方米折合333kg计算其计费质量，也可按照立方米作为计量单位收取运费。

第二步：确定货物等级及运价。

普通货物分为一等货物、二等货物和三等货物3个等级，并实行分等计价。以一等货物为计价基础，二等货物加成15%，三等货物加成30%。

第三步：确定计费里程。

公路货物运输计费里程以km为单位，尾数不足1km的，以1km计费。计费里程以各地交通主管部门核定的营运里程为准，未核定的里程，由承托双方商定。同一运输区间有2条以上营运路线的，按最短路线计费。

第四步：确定运输的其他费用。

零担货物运输其他费用如表3-16所示。

表3-16 零担货物运输其他费用

序号	项目	定义
1	渡费	零担运输车辆如果需要过渡运行，由起运站代收渡费
2	联运服务费	通过两种以上运输工具的联合运输以及跨省（市）的公路联运，核收联运服务费
3	标签费	仓库经营者根据客户需求提供货物加贴标签或者刷唛头收取标签费或者刷唛头费

（续）

序号	项目	定义
4	中转包干费	联运中转换装所产生的装卸、搬运、仓储、整理包装劳务等费用，实行全程包干，起运站一次征收
5	退票费	受理承运后货主要求退货，按规定收取已发生的劳务费用及消耗票证的印制成本费用
6	保管费	对堆存在港口仓库、堆场的货物，按规定向货方计收的费用
7	快件费	应货主要求办理快件运输，收取快件费
8	保价（保险）费	对贵重物品实行保价运输，制定收费标准，按货物价值的百分比核收

第五步：计算运杂费。

零担货物运杂费（元）= 计费质量（kg）× 计费里程（km）× 零担货物运价 [元/（kg·km）] + 货物运输其他费用（元）

运杂费以元为单位，不足1元时，四舍五入。

1）货物运杂费可在货物托运、起运时一次结清，也可按合同采用预付费用的方式，随运随结或运后结清。

2）托运人或者收货人不支付运费、保管费以及按规定应收取的其他运杂费用的，承运人对运输货物享有留置权，但当事人另有约定的除外。

3）货物在运输过程中因不可抗力灭失，未收取运费的，承运人不得要求托运人支付运费；已收取运费的，托运人可以要求返还。

4）运杂费累计及核对。现场作业员每日工作完毕，必须将当天收取的运杂费及每日现收明细单交财务。

（二）过磅量方

货物重量是正确装载、核算运费和发生事故后正确处理赔偿费用的重要依据，因此必须随票过磅（量方），确保准确无误。货物重量分实际重量、计费重量和标定重量。

（1）实际重量。货物的实际重量是根据货物过磅后（包括包装在内）的毛重来确定的。

（2）计费重量。计费重量可分为不折算重量和折算重量，不折算重量就是货物的实际重量。关于折算重量的计算可参考相关规定。

（3）标定重量。标定重量是对特定的货物所规定的统一计费标准。同一托运人一次托运轻泡和实重两种货物至同一到站者，可以合并称重或合并量方折重计费（不能拼装者例外）。

过磅或量方后，应将重量或体积填入托运单内。一张托运单的货物分批过磅、量方时，应将重量和长、宽、高体积尺寸记录在托运单内，以备查考，然后将总重量和总体积填入托运单告知货主。零担货物过磅量方后，司磅、收货人员应在托运单上签字。

(三)吊签、入库与收费

1. 吊签

计重量方后的货物,在每件货物两端或正侧面明显处分别拴(贴)统一规定注有运输号码的零担货物标签,如图3-20所示。货物标签(简称货签)应使用坚韧的材质制作,货签内容、规格必须符合统一的格式。每件货物使用两枚货签,分别粘贴、钉固于包装的两端。不宜粘贴或钉固时可使用拴挂方法。为确保货物运输安全,针对货物性质的不同,货件应有不同要求的图式标志,标志图形必须符合《包装储运图示标志》(GB/T 191—2008)规定。另外,危险零担货物还须使用危险货物包装标志。

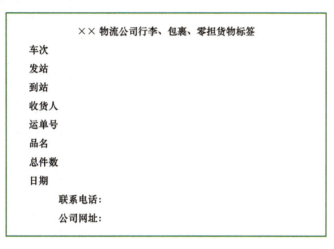

图3-20 零担货物标签

零担货物标签有白底黑字和白底红字两种形式,一般白底黑字是普通标签,白底红字是保价或有投保的标签,应根据不同情况粘贴不同标签。零担标签、标志是货物本身与运输票据的联系物,是标明货物性质和理货、装卸、中转、交付货物的重要识别凭证,所以标签的各栏必须详细填写,并按要求拴(贴)。当同一批货物有多件货物时,需要在标签上标注共几件,本件货物为第几件等信息,以免货物丢失。

2. 组织货物入库

将接收后的货物按到站或中转范围送入指定货位,堆码时要标签向外,箭头向上,同一票货物要在同一库位;检查验收后的货物是否全部进入货位;在货物运单上填写货位号、验收日期并签章;最后,签署装卸工作单。

零担货物仓库应严格划分货位,一般可为待运货位、急运货位、中转货位、到达待交货位。各个货位应标明发运方向或到达方向,以方便装货和客户提货。零担货物仓库要有良好的通风、防潮、防火和灯光设备,注意保持仓库整洁。露天堆放货物要有安全防护措施,要下垫上盖。注意把好仓库保管关,有效地杜绝货损、货差。

3. 开票收费

零担货物运输的开票收费作业是在零担货物托运收货后，根据司磅人员和仓库保管人员签字的零担货物托运单进行的开票收费环节，包括运费和杂费的收取。将货票连同整理后的有关票据交付托运人，如表 3-17 所示。

表 3-17　公路汽车零担货物货票

运输单号：										年　月　日	
起运站				到达站						运距	km
托运人				电话				收货人		电话	
货物名称	包装	件数	实际重量/kg	计费重量/kg	计费里程/km	类别	费率	计费项目		金额	
								运费			
								站务费			
								装车费			
								中转费			
								仓储费			
								其他费用			
合计金额（大写）		万　仟　佰　拾　元　角　分									
备注										收货人签章 年　月　日	
收款单位：			复核：				制票人：				

说明：①零担货票以一次托运为一票，起站时主要依据运单签收内容。

②本单一式五联：第一联受理站存单；第二联交托运人报销代收据；第三联上报审核；第四联交托运人作为提货凭证；第五联交随车理货员（驾驶员）随货同行，交到达站（中转站）核对，终点站存查。

（四）配载装车

1. 配载原则

配载是提高车辆载重量和容积利用率的关键，一般需要遵循以下原则：

（1）轻重搭配、大小搭配。在车辆配载过程中不仅要考虑车辆的装载量，还要考虑车辆的容积，尽可能实现车辆满载，降低运输成本。

（2）货物保持"三个一致"。拼装在一个车厢内的货物，要做到化学性质一致、物理属性一致、灭火方法一致，以保证运输安全。

（3）货物运输方向一致。拼装在一个车厢内的货物，其目的地方向应保持一致，并且同一到达地点、适合配载的货物应尽可能一次装车配载。

2. 装车原则

拼装在一起的货物在装车时，还要遵循以下原则：

（1）应坚持中转先运、急件先运、先托运先运、合同先运。

（2）一张托运单和一次中转的货物，需要一次运清，不得分批运送。

（3）先送后装，合理利用车辆载重量和容积，做到轻重搭配，重不压轻、大不压小。

（4）确定合理的堆码层次与方法等原则。

3. 装车作业

（1）装车准备。调度员需要按车辆容积和载重、货物的形状和性质进行合理配载，填制装车配载单和运输交接单。填单时应按货物先远后近、先重后轻、先大后小、先方后圆的顺序进行，以便按单顺次装车。对不同到达站和中转的货物要分单填制，并将整理后的各种随货单证分别附于运输交接单后面，移交给现场操作员，作为装车凭证和封箱记录依据。

现场操作员接到运输通知后，根据零担货物运输交接单的指示，按单核对货物堆放位置，做好装车标记。

（2）装车作业流程。

备货：货运仓库接到"货物装车交接清单"后，应逐批核对货物的台账、货位、货物品名、到站，点清件数，检查包装标志、票签和贴票。

点交：待运输车辆到达后，将交接单上的所有货物全部提取至发车区，与驾驶员或随车理货员一起点货复核，按运输交接单的顺序和要求点件装车。

监装：零担货物配运员或驾驶员根据零担货运配载计划监装，并以随货同行的托运单及附件为凭证按批点交。零担货物在具体装车时，还应注意如下几点：

1）检查零担车车体、车门、车窗是否良好，车厢内是否干净。

2）根据车辆容积和货物情况，将货物质量均衡地分布于车底板上，防止偏重；对某些集中货物和畸形偏重货物，下面应垫以一定厚度的木板或钢板，并使其重心尽可能位于车辆纵横中心线的交叉点上。

3）紧密地堆放货件，充分利用车辆载重量和车厢容积，巧装满载，防止车辆运行中因震动、冲击、颠簸等造成货物倒塌、破损。

4）同一批货物应堆放在一起，货件上的标签应向外，以便工作人员识别。

5）装车完毕后应清查货位，检查有无错装、漏装，还应及时检查车辆的关锁及货物的遮盖捆扎情况。

6）运送距离较短的货物，应堆放在车厢的上部或后端，以便卸货作业顺利进行。

7）笨重的或包装结实、不易受损的货物，宜堆放于车厢的下层。

施封：待货物装车完毕后，驾驶员或随车理货员对货物件数进行清点确认，确保实际装车件数与运输交接单数量一致，并上传扫描结果信息。现场操作员需要在驾驶员的监督下关闭车门，并在车门指定位置施加车辆封志。施封后，现场操作员和驾驶员共同检查封志，确认无误后，由现场操作员将施封枚数、封志号记录在货物运输交接单上；同时，两人在交接单上签字确认。

最后，现场操作员整理各种随货同行单据，包括运输交接单、提货单、托运单、零担货票及其他附送单据，按中转、直达分开，一并交给驾驶员，随车发运。

（五）货物中转

对于需要中转的货物，则以中转零担班车或沿途零担班车的形式运到规定的中转站进行中转。零担货物中转作业是按货物流向或到站进行分类整理的，先集中再分散的过程，将来自各个方向仍需要继续运输的零担货物卸车后重集结待运，继续运至终点站。

（六）到达交付

1. 到站卸货

（1）要认真办好承运车与车站的交接工作。班车到站时，车主货运人员应向随车理货员或驾驶员索阅货物交接清单以及随附的有关单证，两者要注意核对，如有不符，应在交接清单上注明不符情况。

（2）要检查车门、车窗及敞车的篷布覆盖、绳索捆扎有无松动、漏雨等情况，确认货物在运送过程中的状态和完整性，以便在发生货损、货差时分清责任并防止误卸。

（3）发现票货不符时，按下列原则处理：有票无货，原票退回；流向错运、越站错运，原车带回；货物短少、损坏以及有货无票，均不得拒收，应在交接清单上签注并做商务记录。有货无票的应确认货物到站，收货后签发收货清单，双方盖章，清单寄回起运站。

2. 到货通知

零担到货卸载验收完毕后，到达本站的货物，应登入"零担货物到货登记表"，并迅速以"到货布告"形式、"到货通知单"形式或电话发出通知，催促收货人提货，同时将通知的方式和日期记到货物登记簿内备查。对运输合同中的单位货物，应立即组织送货上门。

3. 收票交货

收票交货是零担货物运输的最后一道工序。货物交付完毕，收回货票提货联，公路汽车的责任运输才宣告结束。它包括内交付（随货同行单证交付）和外交付（现货交付）。为了防止误交，应注意以下事项：

（1）不得白条提货、信用交付。凭货票提货联交付者，由收件人在提货联上加盖与收货人名称相同的印章应提出有效身份证件交付。凭到货通知单交付的，由收货人在到货通知单上加盖与收货人名称相同的印章并验看提货经办人有效身份证件，在货票提取联上签字交付。

（2）凭电话通知交付的，凭收货单位提货介绍信经车站认可后由提货经办人在货票提货联上签字交付。委托其他单位代提的，应有收货人盖有相同印章向车站提出的委托书，经车站认可后，由代提单位在货票提货联上签章交付。零担货物交付时，应认真核对货物品名、件数和票签号码。如货件较多，要取货后集中点交，以免出差错。

到达站货运人员按托运单进行分货，将货主自提的货物放入到站仓库的暂存区，需要配送的货物移至相应的配送区域。分货结束后，货运人员应将托运单到达联按照发送日期装订成册，以备查验。

职业能力训练

公路零担货物运输业务办理

一、训练任务

近日,迅达公司零担业务受理部业务员收到甲市 A、B、C、D、E 食品厂各一份货物的运输需求信息,从甲市运到乙市,要求 1~2 天完成货物运输。请根据以下资料完成本次零担货物运输运单填写任务。

(一)运输货物信息

运输货物信息如表 3-18 所示。

表 3-18 运输货物信息

品名	重量/kg	包装形式	体积/m³	件数/件	单件价值/元	发货方	收货方
康师傅方便面	3	纸箱	0.012	300	48	甲市 A 食品厂	乙市 A 超市
心相印抽纸	3	纸箱	0.015	300	40	甲市 B 食品厂	
旺旺雪饼	2	纸箱	0.012	300	76	甲市 C 食品厂	
黄桃罐头	7.5	纸箱	0.022	300	180	甲市 D 食品厂	乙市 B 超市
统一方便面	3	纸箱	0.012	300	48	甲市 E 食品厂	

(二)托运人和收货人信息

托运人名称:甲市 A 食品厂　　　　地址:甲市小河区西街 21 号
联系人:王红 1559999××××

托运人名称:甲市 B 食品厂　　　　地址:甲市万林区南街 16 号
联系人:周明 1999999××××

托运人名称:甲市 C 食品厂　　　　地址:甲市杏花区北街 3 号
联系人:李三 1669999××××

托运人名称:甲市 D 食品厂　　　　地址:甲市丰源区东街 5 号
联系人:王五 1330000××××

托运人名称:甲市 E 食品厂　　　　地址:甲市迎水区南街 13 号
联系人:赵清 1779999××××

收货人名称:乙市 A 超市　　　　　地址:乙市朝阳区永乐街 27 号
联系人:李明 1367777××××

收货人名称:乙市 B 超市　　　　　地址:乙市朝阳区南湖街 8 号
联系人:张倩 1887777××××

卸货地点:乙市朝阳区××物流分公司

（三）路线、费用信息

1. 路线信息

甲市到乙市 503km。

2. 费用信息

零担货物基础运价 0.0015 元/（kg·km）。加价规则遵守相关管理规则，以上托运货物全部为三级普货，加价 30%。

货物保价费用：按照货物实际价格的 0.2% 核收。

请根据客户要求组织本次货物运输，具体要求如下：

1. 画出作业流程图。
2. 小组成员进行角色分配并列出工作内容与工作职责。涉及的人员主要有托运人、业务员、财务员、调度员、货车司机和收货人等。
3. 填写相应单据。

请模拟进行本次货物的运输操作。

二、训练要求

1. 分小组完成训练任务（建议 3～4 人一组）。
2. 认真阅读训练任务，根据所学知识画出作业流程图。
3. 小组进行成员角色分工，并写出各自工作内容与工作职责。
4. 小组组长按作业流程及各自工作职责组织任务实施。

三、训练评价

序号	评价内容	分值	自我评价（20%）	小组评议（30%）	教师评价（50%）	合计得分（100%）
1	作业流程各环节齐全，作业步骤完整	20				
2	角色分工合理，工作内容明确，工作职责清晰	20				
3	单据填写完整、规范	20				
4	运杂费计算步骤齐全、计算结果正确	20				
5	小组成员高效合作	10				
6	提交成果内容全面、编排合理、结构清晰	10				
教师评语						

知识巩固练习

一、不定项选择题

1. 公路运输主要承担的货运是（　　）。
   A. 远距离、大批量　　　　　　B. 近距离、大批量
   C. 近距离、小批量　　　　　　D. 远距离、小批量
2. 托运批量大小可分为整车运输、（　　）、集装箱运输和包车运输。
   A. 分散运输　　B. 零担运输　　C. 单边运输　　D. 短途运输
3. 在短距离的运输中，（　　）具有灵活、快捷、方便的绝对优势。
   A. 公路运输　　B. 水路运输　　C. 铁路运输　　D. 航空运输
4. 固定式零担车是指车辆运行采取（　　）的一种零担车。
   A. 定线路　　　B. 定班期　　　C. 定车辆　　　D. 定时间
5. 零担货物托运单由（　　）填写，承运方必须认真审核。
   A. 承运人　　　B. 发货人　　　C. 收货人　　　D. 运输经营人

二、计算题

1. 某公司欲将一批设备由北京发往上海，这批设备重 2 867.8kg。已知北京至上海营运里程 1 243km，当前零担货物基准指导价（一级）为 0.46 元/（t·km），机器设备属于三等普货。由于货物价值 2.5 万元，欲保价运输，保价费率为 3‰，另双方商定，按运价的 50% 收取返程空驶调车费，计算运费。

2. 一批货物（属于三级普货），重 2 000kg，长 2.5m，高 1m，宽 1.2m，从济南走公路运往青岛（375km），试计算其运费。[备注：零担货物基础运价为 0.65 元/（t·km）。]

三、简答题

1. 简述公路运输生产计划编制的内容。
2. 甩挂运输的组织形式有哪些？
3. 双班运输的组织形式有哪些？

素养案例

一锤一钎凿出的太行丰碑

在巍巍太行中，共凿有 7 条挂壁公路。其中工程量最大、历时最长，也最为壮观的，当属锡崖沟村人开凿的长约 7.5km 的挂壁公路。

锡崖沟地处太行山腹地，位于陵川县境最东端，地处晋豫两省交界，是三晋大地上一个非常普通的小山村，但它又是一个非同寻常的小山村。锡崖沟历来地势险恶，

壁立千仞的地形把锡崖沟人祖祖辈辈封闭在群山之中，许多人从生到死都没能走出大山一步。封闭的环境、贫穷的生活让他们几乎与世隔绝。穷则思变，困而不屈。从20世纪60年代起，锡崖沟人毅然决然地开始了艰难而漫长的修路历程。全村历经数代不屈不挠的凿路壮举，使得这个曾经名不见经传的偏僻山村，如今成为远近闻名的旅游景区。

　　锡崖沟人修路曾历经三起三落。虽然经历了三次筑路的失败，但锡崖沟人并没有放弃，改革开放的春风又一次点燃了锡崖沟人走出大山的希望。1982年1月1日，党支部又一次举起了筑路的旗帜。锡崖沟人腰绑麻绳，手持钢钎、锤子，在绝壁之上凿了起来。经过近十年的前赴后继，直至1991年，他们终于凿通这条约7 500米长的挂壁公路，用一锤一钎树立起了人类修路史上不朽的丰碑，创造了罕见的人间奇迹。

　　锡崖沟挂壁公路于2009年荣登《中国路谱》典型农村公路榜首，2010年入选"新中国60大地标"，2011年6月入选山西三晋十大新发现。如今的锡崖沟人端起了"旅游饭碗"，日子越过越红火。锡崖沟已经从穷山沟转变为知名旅游景点，吸引着无数游客前来拍照打卡。

　　思考： 几代锡崖沟人接续不断苦干修路已成历史，但锡崖沟精神会一直给我们激励与启发。你从锡崖沟挂壁公路的案例中得到了什么样的收获与体会呢？

模块四
铁路货物运输组织

学习目标

知识目标：

1. 理解整车运输与零担运输的概念
2. 了解铁路整车货物运输和铁路零担货物运输的基本条件及特点
3. 掌握铁路整车货物运输的受理、在途、到达与交付的作业程序
4. 掌握铁路零担货物运输作业组织的方法
5. 掌握铁路货物运输费用的构成及计算程序

技能目标：

1. 能正确选择铁路运输的种类
2. 能填制铁路货物运单
3. 能够办理铁路货物的装卸与交接业务
4. 能够计算铁路货物运输费用

素养目标：

1. 通过铁路货物运输的认知，明确交通强国背景下，铁路货物运输对国民经济、国防、国际地位的重要性及意义
2. 通过铁路整车、零担货物运输业务组织，培养管理理念、遵法守规意识
3. 通过铁路整车、零担货物运输业务实施，培养严谨细致、脚踏实地的工作态度

单元一　铁路整车货物运输组织

整车货物运量占铁路运量的 95% 以上，普通货物中的大宗货物和特殊货物中的鲜活、危险、阔大货物基本上都属于整车货物。因此，掌握整车货物运输过程是货物运输的基础。

铁路整车货物运输组织（上）

一、整车运输认知

整车运输是指一批货物的重量、体积、性质或形状需要使用一辆或一辆以上铁路货车装运（用集装箱装运除外）。其中，"一批"是指使用一张货物运单和一份货票，按照同一运输条件运送货物，按一批托运的货物，托运人、收货人、发站、到站和装卸地点必须一致（整车分卸货物除外）。"一批"是承运货物、计算运费和交付货物的一个基本单位。对于跨装（即一件货物的长度跨及两辆或三辆平车，并由两辆平车负重的装载方法）货物、爬装（主要针对汽车运输，后一辆车头骑在前一辆车厢里或平台上）货物、使用游车（因货物长度大于车辆长度而加挂的平车）的货物，每一车组为一批。整车货物一批通常使用一张运单、一张货票、一辆货车。当货物不能装满一辆货车，但由于货物的性质、形状或运送条件等原因，必须单独使用一辆货车时，都应按整车方式运输。

整车运输装载量大，运输速度快，运输费用较低，能承担的运量也较大，是铁路的主要运输形式，适用于大宗货物的运输。

二、铁路整车货物运输的条件及特点

（一）铁路整车货物运输的条件

铁路整车货物运输条件如表 4-1 所示。

表 4-1　铁路整车货物运输条件

分类	应符合的条件
货物重量或体积	标重为 50t 或 60t、棚车容积在 100m³ 以上的货物
货物性质或形状	需要冷藏、保温、加温运输的货物
	规定按整车运输的危险货物（装入铁路批准使用爆炸品保险箱运输的除外）
	易污染其他货物的污秽品（经过卫生处理不致污秽其他货物的除外）
	蜜蜂
	不易计算件数的货物
	未装容器的活动物（铁路局管内零担运输允许者除外）
	单件重量超过 2t 或体积超过 3m³ 或长度超过 9m 的货物（经发站确认不影响中转站和到站装卸作业的除外）

以上货物除按集装箱运输外,应按整车运输办理。在整车运输中,承运人原则上按件数和货物重量承运,但对于难以清点的也可以只按重量承运,如散堆装货物等。货物重量一般由托运人确定,如在货物运输途中有特殊需求,托运人可派人押运,且允许在铁路专线、专用铁路内装车或卸车。

(二)整车分卸运输的条件

整车分卸的目的是解决托运人运输的数量不足一车而又不能按零担办理的货物的运输。这类货物常是工农业生产中不可缺少的生产资料,为了方便货主,可按整车分卸运输,其条件如下:

(1)运输的货物必须是不能按零担运输的货物,但密封、使用冷藏车装运需要制冷或保温的货物以及不易计算件数的货物不能按整车分卸办理。

(2)到站必须是同一路径上两个或三个到站。

(3)必须在站内卸车。

(4)到达每一个分卸站的货物数量不够一车。

(5)在发站装车必须装在同一货车内作为一批运输。

按整车分卸办理的货物,除派有押运人外,托运人必须在每件货物上拴挂标记,分卸站卸车后,对车内货物必须整理,以防偏重或倒塌。

(三)准、米轨直通运输

准、米轨直通运输是指使用一份运输票据,跨及准轨(轨距1435mm)与米轨(轨距1000mm)铁路,将货物从发站直接运至到站。

以下货物不可以办理直通运输:

(1)鲜活货物及需要冷藏、保温或加温运输的货物。

(2)罐装运输的货物。

(3)每件重量超过5t(特别商定者除外)、长度超过16m或体积超过米轨装载限界的货物。

(4)一批重质货物重量为30t、50t、60t。

(5)一批轻浮货物体积为60m^3、95m^3、115m^3等。

(四)铁路整车货物运输的特点

铁路整车货物运输的突出特点是货运量大、货物种类较少,运输对象主要是大宗货物,如煤炭、矿石、石油、建筑材料、木材、粮食等,所以整车运输可以服务的市场覆盖面较小,通常采用直达运输方式,也就是组织不同类型的直达列车来运送整车货物,通过直达运输,可以减少编组站的改编作业量,压缩车辆中转时间,加快货物的送达速度,是经济效益最好的运输组织形式。但是大宗货物直达运输,其整个运输业务过程较简单,装卸作业多集中在专用线和专用铁道上办理,作业过程及办理手续简单;同时,出现差错的可能性较小,安全程度较高。

三、铁路整车货物运输业务受理

（一）货物的托运与受理

1. 货物运单

货物运单是托运人和承运人为运输货物签订的一种运输合同。运单的作用主要包括：确定运输过程中各方的权利、义务和责任；既是运输货物的申请书，也是承运人承运货物和核收运费、填制货票和编制记录的依据。

货物运单按照运输种类分为一般货物运单和专用货物运单两种。一般货物运单如表 4-2 所示。

铁路整车货物运输组织（下）

表 4-2 一般货物运单

需求号：											
托运人	发站（局）		专用线				货区				
	名称				经办人		货位				
					手机号码		车种车号				
	□上门取货	取货地址			联系电话		取货里程/km				
收货人	到站（局）		专用线				运到期限		标重		
	名称				经办人		施封号				
					手机号码		篷布号				
	□上门送货	送货地址			联系电话		送货里程/km				
付费方式		□现金 □支票 □仓储 □银行卡 □预付款		领货方式		□电子领货 □纸质领货	装车方			施封方	
货物名称	件数	包装	货物价格（元）	重量/kg	箱型箱类	箱号	集装箱施封号	承运人确定重量/kg	体积	运价号	计费重量/kg
合计											
选择服务	□上门装车 □上门卸车 □保价运输 □装载加固材料 □仓储 □冷藏（保温） 其他服务			费目	金额（元）	税额（元）	费目	金额（元）	税额（元）		
增值税发票类型 □普通票 □专用票	受票方名称： 纳税人识别号： 地址、电话： 开户行及账号：			费用合计			大写：				
托运人记事： 签章				承运人记事： 货运员					车站日期戳		
收货人签章		车站接（交）货人签章				制单人		制单日期			

专用货物运单包括集装箱货物专用运单、快运用的货物运单、危险货物中剧毒品专用货物运单等，票据上方名称分别冠以"中铁集装箱有限责任公司集装箱货物运单""快运货物运单""货物运单（剧毒品运输专用）"等字样。现付的运单使用白底黑色印刷，到付或

后付的使用白底红色印刷，剧毒品的运输单则使用黄色纸张印刷。

对于货物运单的填写，托运人应对单内所填内容负责，并按照《铁路货物运输规程》的要求，清楚、正确、翔实地填写运单。如果所填内容有改动，需要在改动处盖章证明，承运人对托运人所填内容一般不得更改。

（1）发站（局）、到站（局）的填写。"发站（局）""到站（局）"栏应分别按"里程表"规定的站名完整填记，不得简称。（局）名，填写到达站主管局名的一个字，即哈、沈、京、太、呼、郑、西、武、济、上、南、广、宁、成、兰、乌、昆、青等。

（2）"托运人"与"收货人"信息栏的填写。应填写托运人名称、收货人名称、经办人名称、手机号码。如果选择"上门取货""上门送货"服务，还应填写取货和送货地址和联系电话。

动画：铁路整车
货物运输流程

（3）如果在专用线发、到的货物，托运人应按"铁路专用线专用铁路名称表"规定的名称和代码在"专用线名称"栏准确填写内容。

（4）付费方式。在对应的付费方式前的"□"内打"√"。

（5）领货方式。选择对应的领货方式，在电子领货或纸质领货前的"□"内打"√"。

（6）"选择服务"栏的填写。此栏可供选择的服务方式有：上门装车、上门卸车、保价运输、装载加固材料、仓储、冷藏（保温）六项，托运人在对应服务方式前的"□"内打"√"。其中，选择"上门装车"或"上门卸车"时，应记明装车卸车地点；选择"保价运输"时，应在"货物价格"栏填写货物的实际价格；如果有其他服务要求，托运人可在"其他服务"栏注明即可。

（7）"货物名称"栏的填写。所运载的货物如果不是易腐品和危险品，则按照"铁路货物运输品名分类与代码表"或"铁路货物运输品名检查表"所列的货物名称填写即可。

如果是上述表中未列载的货物，则托运人应填写生产或贸易上通用的具体名称，但须用"铁路货物运输品名分类与代码表"相应类项的品名加以括号注明。不得以货物类别、概括名称、商品代号代替货物具体品名。按一批托运的货物，不能逐一将品名在运单内填记时，需要另填物品清单。

（8）"件数"栏的填写。应按货物名称及包装种类，分别记明件数。

（9）"包装"栏的填写。记明包装种类，如"木箱""铁桶""麻袋"等。按件数承运的货物无包装时，填记"无"；按重量承运的货物，可省略不填；如果使用集装箱运输，则需填写"集装箱"。

（10）"增值税发票类型"栏的填写。发票类型有普通票和专用票两种，选择需要的发票类型，并填写开具发票相关信息，包括受票方名称、纳税人识别号、地址、电话、开户行及账号等信息。

（11）"货物价格"栏的填写。填写货物的实际价格。全批货物的实际价格为确定货物保价运输保价金额或保险运输保险金额的依据。

（12）"重量"栏的填写。托运人应按货物名称及包装种类分别将货物实际重量（包括包装重量）用 kg 记明。

（13）"托运人记事"栏。填记需要由托运人声明的事项，如托运货物状态缺陷，应将其缺陷具体注明；对派押运人的货物，应记明押运人姓名、证件号码、总人数等；需要证明文件运输的货物，应记明证件名称及号码等。托运人对所填内容核对无误后，在托运人"签章"处盖章签字，确认所填内容的真实性。

2. 托运

托运人向承运人提出货物运单和运输要求，并向承运人交运货费，即为托运。在此环节需要完成的工作如下：

（1）提交运单。托运人向承运人交运货物，应向车站按批提出货物运单一份。一般情况下，对于一批货物提交一张运单；对于机械冷藏车组，同一到站、同一收货人的将数批合并提交一张运单；对于整车分卸，除提交一份基本运单外，每一分卸站另需分卸运单两份。

托运人可以通过以下方式提报需求：登录铁路货运 95306 平台，在线自助提报运输需求。登录铁路货运 95306 平台（https://ec.95306.cn），进入"发送业务—阶段运输需求—阶段需求提报"页面，选择"装车日期确定"或"装车日期未定"，再根据具体发运需求选择整车/集装箱/零散快运，提报相应需求。

（2）拨打电话提报运输需求。托运人可以直接拨打铁路客户服务电话 95306，根据语音提示，向铁路客服人员提出运输需求。

（3）到货运站现场提报运输需求。托运人直接到货源附近的货运站，向现场的铁路货运工作人员提出发货需求。

为了保证货物运输的安全，自 2017 年 9 月 1 日开始，我国铁路部门实行"托运安全承诺制度"。对于以混装货物品名制票的货物，在受理前，托运人除填写货物运单外，还需要按批提交"货物清单"，并签署"货物托运安全承诺书"。物品清单一式三份，一份由发站存查，一份随同运输票据递交到站，一份退还托运人。货物清单如表 4-3 所示。

表 4-3 货物清单

发站_____   货票第_____号

序号	物品名称	材质	包装	件数或尺寸	重量/kg	体积/m^3	价格/元	备注
合计								

托运人盖章或签字   年   月   日

按照运输要求，对货物进行包装并标记。

（4）备齐必要的证明文件，如公安证明、进出口许可证、动植物检疫证明等。证明文件的提供根据货物种类不同而不同。

3. 受理

托运人提出运单后,经承运人审核,符合运输条件,则在货物运单上签证货物搬入日期(零担)或装车日期(整车)的作业,即为受理。在此环节需要完成的工作如下:

(1)审核运单。托运人提出运输需求后,车站受理时,需要认真审核用户需求填记的事项是否符合铁路运输条件,审查的内容主要包括以下几方面:

1)整车、零担运输号码。

2)到站的营业办理限制、到站名、有无停限装令、起重能力。

3)货物运单中的各栏填写是否正确、清楚、齐全,包括托运人、收货人、地址、货物名称、件数、重量、体积、长度等。

4)需要的技术材料、证明文件是否齐全有效。

5)有无违反一批托运的限制。

6)易腐货物和危险品托运时,其容许运输期限是否符合要求。

(2)签证运单。如果在站内装车,需要在货运单上填写货物搬入日期及地点,并将货运单交还托运人,据此搬货装车;如果在专用线装车,需要在货运单上填写运输号码及装车日期,并将货运单交给指定的包线货运员,按时到装车地点检查货物。

(二)进货、验收与仓储

1. 进货

托运人根据签证的货运单,按照约定的搬入日期,将货物搬入车站,堆放在货场指定的位置,即为进货。

2. 验收

车站在接受托运人搬入车站的货物时,要进行有关事项的检查核对,确认符合运输要求并同意货物进入场库指定货位,即为验收。验收时,需要检查核对的内容,主要包括以下几项:

(1)货物名称、件数、重量是否与货运单所记载的一致。

(2)货物状态是否良好。货物状态有缺陷,但不致影响货物安全,可由托运人在货运单内备注后承运。

(3)货物的包装和标志是否符合规定。托运的货物,应按照国家包装标准或轻工业部包装标准(行业标准)进行包装。对没有统一规定包装标准的,车站应与托运人共同研究制定货物运输包装暂时标准,共同执行。对于某些在运输和装卸过程中需要特别注意的货物,托运人应根据货物的性质,按照国家标准,在货物包装上做好包装储运标志。

(4)装载整车货物所需的货车装备物品或加固材料是否齐全。装载整车货物所需的货车装备物品或加固材料都由托运人准备,并在货运单的托运人记事一栏标明其名称和数量,到站后连同货物一起交付收货人。

(5)货签是否齐全、正确,旧标记是否撤除或抹消。货签是一种指示标记,不得用铅笔填写,其记载的内容必须与运单记载对应栏目相符。一般货签采用坚韧材料制作,在每件货物两端各粘贴或钉固一个。如果包装不适宜粘贴或钉固,可用拴挂的方法解决。托运行李、搬家货物除使用布制、木制、金属等坚韧的货签或书写标记外,还应在货物包装内部放置标记,以便外部标签一旦丢失,能迅速判断货物的到站等信息。

3. 仓储

托运人将货物搬入车站并通过验收后,一般不会立即装车,还需要在货场存放,这时就有了货物的仓储。整车货物可根据协议进行仓储。

(三)货物的装车与承运

1. 货物的装车

装车是货物发送作业中十分重要的一个环节,货物运输的质量在很大程度上取决于装车作业组织的好坏。货物装载方法不当、使用的货车状态不良,往往是造成事故的主要原因。装车工作还直接影响货车载重量的利用效率。

(1)装(卸)车作业的责任范围。货物装车和卸车的组织工作,在车站公共装卸场所内由承运人负责;在其他场所,均由托运人或收货人负责。但罐车运输的货物、冻结易腐货物、未装容器的活动物、蜜蜂、鱼苗,一件重量超过1t的放射性同位素,以及用人力装卸带有动力的机械和车辆,均由托运人或收货人负责组织装车或卸车。其他货物由于性质特殊,经托运人或收货人要求,并经承运人同意,也可由托运人或收货人组织装车或卸车。

(2)车辆的选择。货车是铁路运输货物的主要工具,其使用是否正确、合理,对于保证货物安全、货运质量、货车完整和方便装卸作业都有较大影响。合理使用车辆的原则是车种要适合所装运货物的运输条件需要,具体有以下几方面:

1)承运人应调配合适车辆,货车代用时必须符合"货车使用限制表"的规定。

2)对保密物资、涉外物资、精密仪器、展览品,能用棚车装运的必须使用棚车装运,不得用其他货车代替。

3)装运活鱼、家禽、家畜时,不得使用无窗棚车,以防禽畜窒息。装运牛、马、驴、骡等大牲畜时,不得使用铁地板货车,以防牲畜打滑偏向车辆一侧,形成偏重而导致行车事故或牲畜碰伤。

4)装运特殊条件下运送的货物,如阔大货物、危险货物或易腐货物等,应使用规定要求的货车。

(3)装载要求。

1)对货物装载重量的要求。货车容许重量包括货车的标记载重量$P_{标}$、特殊情况可以多装的重量$P_{特}$与货车的增载量$P_{增}$三部分的重量。其中,$P_{特}$是指货物包装、防护物重量影响货物净重或机械装载不易计算件数的货物,装车后减吨有困难时可以多装,但不得超过货车标记载重量的2%。

$P_{增}$有以下规定:

①标重 60t 的平车装载军运特殊货物允许增载 10%。

②国际联运的中、朝、越铁路货车可增载 5%。

③涂打有"禁增"标记的货车和规定不允许增载的货车,严格按照车辆标记载重量装载,不准增载。

货车的允许载重量可用公式表示为

$$P_{容}=P_{标}+P_{特}+P_{增}$$

2)对货物装载高度和宽度的要求。货物的装载高度和宽度,除超限货物和有特殊规定者外,均不得超过机车车辆限界基本轮廓和特定区段的装载限制。

3)其他要求。货物装载应均匀分布于车地板上,堆码紧密、捆绑牢固,做到大不压小、重不压轻、不超重、不偏载、不偏重、在运输中不发生移动、滚动、倒塌或坠落等情况。如果使用敞车装载怕湿货物,应将货物堆码成屋脊形,苫盖好篷布,并将绳索捆绑牢固。如果使用棚车装载货物,装在车门口的货物,应与车门保持适当距离。如果使用罐车装运货物,应装到空气包底部或装到根据货物膨胀系数计算确定的高度,既不能超装,也不能欠装。如果用敞、平车装载需要加固的货物、轻浮货物、成件货物,已有定型方案的,必须按定型方案装载;无定型方案的,车站应会同托运人制定暂行方案,报上级批准后组织试运。

(4)装车前检查。为保证装车工作质量,使装车工作顺利进行,装车前应做好"三检"工作:

1)货物运单检查。核对运单记载的到站有无停装和限装命令;核对要求的车种、车吨与计划表上记载的车种、车吨是否相符;对轻重配装和整车分卸的货物,要检查其到站顺序是否合理;零担货物配装的中转站是否符合零担车组织计划的规定;货物运单内托运人有无特别记载事项。

2)货物检查。按照运单记载内容对待装货物进行检查。检查货物的品名、件数和堆码货位号码与运单记载是否相符;托运人记载事项与货物实际状况是否相符;加固材料、加固装置及装车备品是否齐全,符合要求;如同一货位或相邻货位上有易于混淆的货物时,应分别做出标记符号,防止误装。

3)车辆检查。检查车体(包括透光检查)、车门、车窗、盖阀是否完整良好;有无扣修通知、色票或货车洗刷的回送标签;货车使用上有无限制,有无装载(通行)限制;车内是否干净、是否被毒物污染。装载食品、药物、活动物或有押运人乘坐时,检查车内有无恶臭异味;冷藏车要检查车体设备是否完整良好,装运超限、集重货物要注意选择车型,跨装和使用游车时要选择车底板高度一致的车辆。

(5)货物的装车。装车时要做到巧装满装,不错装、不漏装,大不压小,重不压轻,长大货物不堵门,笨重货物不上高,防止偏载、超载、集重、亏吨、倒塌、坠落。对易磨损货件应采取防磨措施,对怕湿和易燃应采取防湿或防火措施,对以敞车、平车装载的需要加固的货物、轻浮货物和以平车装载的成件货物应按车站制定的定型装载加固方案装车。散堆装货物,货物顶面应平整。

（6）装车后的检查。装车后的检查内容如表4-4所示。

表4-4 装车后的检查内容

序号	检查内容	备注
1	车辆装载	检查棚车车门、车窗和罐车的盖、阀关闭状态；敞车要检查车门插销、底开门搭扣；有无超重、偏重、集重现象，装载是否稳固；篷布苫盖和施封是否符合要求，表示牌插挂是否正确
2	运单	检查车种、车号和运单记载是否相符；有关篷布和施封事项是否填记齐全、正确
3	货位	检查货位有无误装或漏装的情况

经检查合格后，即可将票据移交货运室，同时将装车完毕时间通知给运转室或货运调度员，以便后续取车与挂运。

2. 货车施封与篷布苫盖

（1）货车施封。货车施封是货物（车）交接、划分运输责任、保证货物运输安全的重要措施。使用罐车、棚车、冷藏车运输的货物都应施封，但派有押运人的货物、需要通风运输的货物和组织装车单位认为不需要施封的货物可以不施封。原则上是由组织装车单位在车上施封。施封的货车应使用粗铁线将两侧车门上部门扣和门鼻拧固并剪断燕尾，在每个车门下部门扣处各加施封锁一枚。施封后须对施封锁的锁闭状态进行检查，确认落锁有效，车门不能拉开。

发现施封锁有下列情况的按无效封处理：钢丝绳的任何一端可以自由拔出，锁芯可以从锁套中自由拔出；钢丝绳断开后再接，重新使用；锁套上无站名、号码，站名或号码不清、被破坏等情况时，按无效封处理。

（2）篷布苫盖。货物装车后，对敞车装运的怕湿、易燃货物或其他需要苫盖篷布的货物，按规定苫盖篷布。如果货物装载高度超过端侧墙1m以上或有押运人乘坐的敞车不得苫盖篷布。

使用篷布时装载堆码要成屋脊形，需要加固的货物必须在苫盖篷布前捆绑加固完毕。篷布苫盖要平坦，货不外露，两端包角密贴，各部位不超限，篷布捆绑牢固。注意不能遮盖车号、车牌和手闸。篷布绳应拴结在货车绳拴上，不得捆绑在其他部位，不得影响人力制动机及提钩杆使用，绳索余尾长度不能超过300mm。

3. 填写运输票据

货车施封后，货运员应将货车标重、车种车号、施封个数、使用篷布张数及特殊符号等记入货运单内。为了便于交接和保持运输票据的完整，国际联运货物和以车辆寄送单回送的外国铁路货车、整车分卸货物、一辆货车内装有两批以上的货物、附有证明文件或代递单据较多的货物，其运输票据使用货运票据封套封固后随车递送，封套上各栏应按实际情况填写，并加盖车站站名日期戳和带站名的经办人章，如图4-1所示。封套内运输票据的正确完整由封固单位负责，除卸车站或出口国境站外，不得拆开封套。

货运票据封套

车辆车号__________ 标记载重量__________

货物到站______ 到局______ 篷布号码______

运单号码____________________

货物品名__________ 货物实际重量__________

收货人及卸车地点____________________

施封锁个数__________ 施封锁号码__________

记　　事

发站戳记______

经办人章______

图 4-1　货运票据封套

4. 插挂表示牌

表示牌对车站调车人员起到提示作用，如图 4-2 所示。对车内所装货物按规定调车时，“禁止溜放”或“限速连挂”的车辆，需要插挂表示牌加以提示，以防违反规定发生事故。是否插挂或插挂哪一种表示牌需要根据车内所装货物的性质来决定。

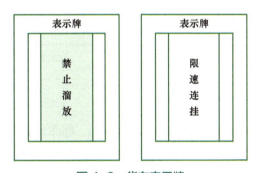

图 4-2　货车表示牌

5. 货物的承运

整车装车并托运人交付运费后，就可以办理制票和承运业务了。

（1）制票。所谓制票，是指根据货物运单填制货票。货票是铁路的运输凭证，是一种财务性质的货运票据，是清算运输费用和确定货物运到期限、铁路运输工作量、货运进款、运输里程等工作指标的依据。一般货票一式四联，分甲联、乙联、丙联、丁联。甲联由发站收存备查；乙联由发站送交发局，作为各项统计工作的依据；丙联作为承运证，由发站在收清运输费用后，交给托运人报销时使用；丁联是作为运输凭证，由发站随货物运输到站查存。制票后，发站向托运人收款，并在运单及货票上加盖发站承运日期戳，将领货凭证和货票丙联交给托运人。货票是有价证券，需要妥善保管。货票甲、乙、丙、丁四联的格式基本相同，丁联的格式如表 4-5 所示。

表 4-5 货票的格式

铁路局

计划号码或运输号码				货 票			丁 联
货物运到期限　　日				运输凭证：发站→到站存查			A00001

发站			到站(局)		车种车号		货车标重		承运人/托运人装车	
托运人	名称				施封号码				承运人/托运人施封	
	住址			电话	铁路货车篷布号码					
收货人	名称				集装箱号码					
	住址			电话	经由				运价里程	
货物名称	件数	包装	货物重量/kg		计费重量	运价号	运价率	现付		
			托运人确定	承运人确定				费别		金额
								运费		
								装费		
								取送车费		
								过秤费		
合计										
记事								合计		

卸货时间　月　日　时	收货人盖章或签字	到站交付期戳	发站承运日期戳
催领通知方法：			
催领通知时间　月　日　时			
到站收费的收据号码		经办人盖章	经办人盖章

（2）承运。承运作业是铁路负责运输货物的开始。整车货物装车完毕，并核收运费后，发站在货物运单上加盖站名日期戳，即开始承运。承运是铁路开始对托运人托运的货物承担运输义务，担负运输过程的一切责任，是承运人对托运人履行经济合同的一个重要标志。

四、铁路整车货物运输在途、到达与交付作业

（一）铁路整车货物运输在途作业

铁路整车货物运输在途作业是指途经区间和车站所进行的作业，主要包括货物运输的变更和运输阻碍的处理。

1. 货物运输变更

托运人或收货人由于特殊原因，对铁路承运后的货物，可按批向货物所在的中途站或到站提出变更到站、变更收货人等；发送前可向发站提出取消托运、解除运输合同等，因此，对于托运人与收货人来讲，这些都涉及货运合同的变更与解除，均称为货物运输变更。表 4-6 所示为货物运输变更要求书。

表4-6 货物运输变更要求书

提出变更单位名称和住址_____ 印章_____ ___年__月__日

变更事项						
原票据记载事项	运单号码	发站	到站	托运人	收货人	办理种别
	车种车号	货物名称		件数	重量	承运日期
	记事					
承运人记载事项						经办人

但下列情况承运人不予变更：违反国家法律、行政法规、物资流向、运输限制；变更后的货物运到期限大于容许运输期限；变更一批货物中的一部分；第二次变更到站。

托运人或收货人要求变更时，应提出领货凭证和货物运输变更要求书，提不出领货凭证时，应提出其他有效证明文件，并在货物运输变更要求书内注明。

解除合同，发站退还全部运费与押运人乘车费，但特种车使用费和冷藏车回送费不退。此外，还应按规定支付变更手续费、保管费等费用。

2. 运输阻碍的处理

因不可抗力的原因致使行车中断，货物运输发生阻碍时，铁路局对已承运的货物，可指示绕路运输，或者在必要时先将货物卸下妥善保管，待恢复运输时再行装车继续运输。因货物性质特殊（如危险货物发生燃烧、爆炸或动物死亡、易腐货物腐烂等）绕路运输或卸下再装，可造成货物损失时，车站应联系托运人或收货人请其在要求的时间内提出处理办法。超过要求时间未接到答复或因等候答复将使货物造成损失时，比照无法交付货物处理，所得剩余价款通知托运人领取。

（二）铁路整车货物运输到达与交付作业

1. 催领

货物到达到站后，如果是承运人组织卸车的货物，到站应不迟于卸车完毕次日内向收货人发出催领通知。催领的方式有电话、寄出信函、揭示公告等方式，收货人也可与车站商定其他通知方法。

收货人在到站查询所领取货物时，车站要认真确认货物是否到达，如果确实未到达，到站应在领货凭证背面加盖车站日期戳，证明"货物未到"。货物运抵到站，收货人应及时领取，如果拒绝领取，应出具书面说明，自拒领之日起5日内到站应及时通知托运人和发站，征求处理意见，托运人自接到通知次日起30日内提出处理意见答复到站。

为了加速车站货位的周转，同时给收货人一定的准备时间，铁路组织卸车的货物，收货人应于铁路发出催领通知的次日（不能实行催领通知或会同收货人卸车的货物为卸车的次日）起算，2日内将货物搬出。超过上述期间未将货物搬出，对超过的期间核收货物暂存费。

2. 货物的交付

货物的交付是铁路履行运输合同的最后一个程序，到站向货物运单内所记载的收货人交付货物完毕，即视为铁路履行合同的义务已经结束。铁路组织卸车和发站铁路组织装车，到站由收货人组织卸车的货物，在向收货人点交货物或办理交接手续后，即为交付完毕；发站由托运人组织装车，到站由收货人组织卸车的货物，在货车交接地点交接完毕，即为交付完毕。

（1）承运人组织卸车的货物，货物的交付分为票据交付和现货交付。

1）票据交付。收货人在铁路货场领取货物时，必须提出领货凭证，并在货票丁联上盖章或签字，车站应认真核对货物运单和领货凭证的骑缝戳记。收货人为个人的，须出具本人身份证，收货人为单位的，还须有该单位出具所领货物和领货人姓名的证明文件及领货人本人身份证。不能出具领货凭证的，可凭由经车站同意、有经济担保能力的企业出具担保书取货。对收货人在专用线或专用铁路内领取货物的，车站可与收货人商定票据交付办法。

到站在收货人办完领取手续和支付费用后，应将货物连同货物运单一并交给收货人。到站的货物，如已编有记录或发现有事故可疑痕迹，必须复查重量和现状。如已构成货运事故，到站在交付货物时，应将货运记录交给收货人。

2）现货交付。车站货运员在现场向收货人点交货物，并在运单上加盖"货物交讫"戳记。对装备物品和加固材料也应一并点交，同时在卸货簿或卸货卡片中对交付事项进行记载。

（2）收货人组织卸车的货物，除派有押运人的不办理交接外，承运人与收货人应按下列规定进行交接。

1）交接地点。在车站内或专用线内卸车的货物，在装卸地点交接。在特殊情况下，专用线内装车或卸车的，也可在商定的地点。专用铁路内装车或卸车的货物，在交接协议中指定的货车交接。

2）交接方法。到站与收货人使用货车调送单进行交接。施封的货车，凭封印交接；不施封的货车，凭货车门窗关闭状态交接。敞车、平车、砂石车不苫盖篷布的，凭货物装载状态或规定标记交接；苫盖篷布的，凭篷布现状交接。

职业能力训练

铁路整车货物业务办理

一、训练任务

某公司北京总部有一批货物需要通过铁路运输于下月运到迅达公司，这些货物包括坚果（40箱，10kg，0.3m×0.2m×0.4m）、茶叶（50盒，2kg，0.05m×0.3m×0.4m）、火腿肠（100箱，5kg，0.3m×0.2m×0.4m）、罐头（100箱，10kg，0.6m×0.4m×0.5m）。那么，

迅达公司该如何判断货物应该按什么运输种类运输？如何填写单据？假如你作为托运人，该如何办理托运？

二、训练要求

1. 判断货物运输基本条件，明确货物种类、货物运输种类并能依据规章规定，条理清晰地说明理由。

2. 分小组（建议3～5人一组）模拟货物作业过程，按照作业程序及作业标准完成货物运输任务，具体包括：

（1）办理发站发送各环节的作业。

（2）办理途中站途中各环节的作业。

（3）办理到达站到达各环节的作业。

3. 按训练任务要求提交解决方案，并模拟铁路货物作业过程。

三、训练评价

序号	评价内容	分值	自我评价（20%）	小组评议（30%）	教师评价（50%）	合计得分（100%）
1	正确判断货物运输基本条件，明确货物种类、货物运输种类并能依据规章规定，条理清晰地说明理由	30				
2	办理发站发送各环节的作业	10				
3	办理途中站途中各环节的作业	10				
4	办理到达站到达各环节的作业	10				
5	小组成员高效合作	20				
6	提交的解决方案内容全面正确、编排合理、结构清晰	20				
教师评语						

单元二　铁路零担货物运输组织

铁路货物运输主要通过整车运输，只有小部分通过零担运输。在铁路总运量中，零担货物所占比重很小，但铁路需要投入比整车运输更多的人力和物力才能完成运输任务。了解货运的范围，熟悉现行铁路零担货物运输组织方式，是本单元的主要内容。

一、零担运输认知

一批货物的重量、体积、性质或形状不需要一辆铁路货车装运（用集装箱装运除外）即属于零担运输，简称零担。零担货物以每张货物运单为一批。

为保证货物运输安全，规定下列运输条件不同或根据货物性质不能在一起混装的货物不得按一批托运，具体包括以下几方面：

（1）易腐货物与非易腐货物。
（2）危险货物与非危险货物。
（3）根据货物的性质不能混装运输的货物。
（4）按保价运输的货物与不按保价运输的货物。
（5）投保运输险的货物与未投保运输险的货物。
（6）运输条件不同的货物。

铁路零担货物运输组织

二、铁路零担货物运输的条件及特点

（一）铁路零担货物运输的条件

（1）单件货物的体积不小于 $0.02m^3$（单件货物重量在 10kg 以上的除外）。
（2）每批货物的件数不得超过 300 件。

为了保证货物拼装后的安全，便于装卸和仓库保管，铁路运输部门还规定了某些货物不得按照零担运输办理，这些货物具体包括：①需要冷藏、保温或加温运输的货物；②规定限按整车运输的危险货物；③易于污染其他货物的污秽品；④蜜蜂；⑤不易计算件数的货物；⑥未装容器的活动物；⑦一批货物重量超过 2t、体积超过 $3m^3$ 或长度超过 9m 的货物（经发站确认不影响中转站和到站装卸作业的除外）。

（二）铁路零担货物运输的特点

铁路零担货物运输突出的优点是：适合运输的货物种类多。城乡居民所需要的农副土特产品、农业机械、日用百货、轻工业品、化肥、农药以及个人物品等，除通过大宗的整车运输外，很多是通过零担运输运送到居民手中消费的。由于一次性托运量小，便于小批量货物的流通，流向比较分散，市场覆盖面大，送达率高，更能够满足多种不同的需求，可以有效满足城镇居民生活消费。但是零担货物一般批量小、货物品种多、到站比较分散、货物性质复杂，且包装情况各不相同等特点，使得铁路零担货物也具有一些缺点，具体如下：

（1）作业环节多，速度慢。相比于铁路整车运输，零担运输需要增加点件、检厅、贴标签、监装卸等繁杂的作业环节，不能全部配装成直达整零车的货物还需要在途中进行中转等一系列作业，因而零担运输的环节多、持续时间长且速度慢。

（2）单位运输成本高。由于铁路零担货物运输需要将几批甚至几十批的货物装在同一货车内运送，因此在"集零为整"的过程中，需要占用大量的仓库、雨棚、站台等货运设备进行站内储存，投入较多的人力、物力，使得成本增加。

（3）需要大量人力。零担货物运输环节多，如货物验收、组配、中转、监装卸、施封等环节都需要大量的工作人员。

（4）运输安全性低，且服务难以保证。货物自身的特点使得货物运输安全难以保证，货物在中转过程中发生事故的概率也比较高，货物的丢失和损坏比较多，也会直接影响服务质量和客户满意度。

三、铁路零担货物运输作业组织

（一）按零担货物分类组织运输

（1）普通零担货物，简称普零货物，即按照零担办理的普通货物，应该用篷车装运。

（2）危险零担货物，简称危零货物，即按照零担办理的危险货物，应该用篷车装运。

（3）笨重零担货物，简称笨零货物，即一件重量在1t以上、体积在2m^{3}以上或长度在5m以上，需要以敞车装运的货物，以及货物的性质事宜敞车装运和吊装吊卸的货物。

（4）零担易腐货物，简称鲜零货物或鲜零，即按照零担办理的鲜活易腐货物。

（二）按零担车分类组织运输

铁路零担货物运输组织主要是零担车，也就是装运零担货物的车辆，一般以整车形式运送。根据零担货物的装运方式，零担车可分为以下几类：

（1）直达整装零担车，也称直达整零车，就是将货物从始发站直接运到到达站，中间无须经过中转站中转的零担车。这类零担车的货物运达速度最快。

（2）中转整装零担车，也称中转整零车，就是按照零担车组织计划的要求，将同一去向的货物装运到规定的中转站进行中转作业的零担车。

（3）沿途零担车，也称沿零车，是指在指定区段内，装运发到沿途各站，不够条件组织整零车的货物的零担车。沿零车又可以分为直通沿零车和区段沿零车。直通沿零车是指通过几个沿零区段，但不进行货物中转（换装）作业，需要在途中经过几次列车改编的长距离沿零车；区段沿零车是指在两个技术站间运行的短距离沿途零担车。

坚持"多装直达、合理中转、巧装满载、安全迅速"是组织零担货物运输应遵循的原则。凡具备直达整零车条件的货物，应组织直达整零车装运；不够组织直达整零车条件的，可以组织中转整零车装运，且应尽可能装运到距离货物到站最近的中转站，以减少中转次数。

整零车按车内所装货物是否需要中转分为直达整零车和中转整零车两种，按其到站个数分为一站整零车、两站整零车和三站整零车三种。由上述两种方法的组合，则有一站（两站或三站）直达整零车和一站（两站或三站）中转整零车六种。危零货物只能直接运至到站，不得经中转站中转。整零车分类及组织条件如表4-7所示。其中，全车所装的货物到达一个站的，叫作一站整零车；全车所装的货物到达两个站的，叫作两站整零车；全车所装的货物到达三个站的，叫作三站整零车。

表4-7 整零车分类及组织条件

分类条件	类型	整零车组织条件
车内所装货物是否需要中转	直达整零车	—
	中转整零车	—
到站个数	一站整零车	车内所装货物不得少于货车标重的50%或容积的90%
	两站整零车	第一到站的货物不得少于货车标重的20%或容积的30%；第二到站的货物不得少于货车标重的40%或容积的60% 两个到站必须在同一路径上且距离不得超过250km，但符合下列条件之一的可以不受距离限制：第二到站的货物重量达到货车标重的50%或者容积的70%；两个到站为相邻中转站
	三站整零车	危零、笨零货物不够条件组织一站或两站整零车时可以组织同一路径上3个到站的整零车，但第一到站与第三到站的距离不得超过500km

四、铁路零担货物运输作业流程

铁路零担货物运输作业流程如图 4-3 所示。

（1）托运。发货人托运货物，从车站按批填制货运单，注明起运和到达时间要求。

动画：铁路零担货物运输流程

（2）受理。车站审核运单无误，接受托运要求签章称为受理。其流程为：通知发货人货物上站→双方货物交接→车站环节交接。

（3）保险。货物运输保险由发货人投保，险别一般投综合险。

（4）装车。车站安排车辆装货，残损和溢短情况由发货人处理。

（5）运送。中途运送由铁路行车部门完成。安全和准时到达是最重要的两个指标。

（6）到达。整车到达后，到站负责卸车并通知收货人提货，零担货再拼装车继续发运。

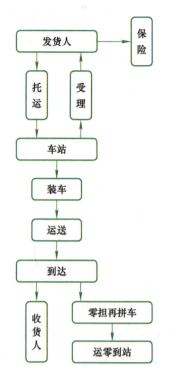

图 4-3 铁路零担货物运输作业流程

职业能力训练

铁路零担货物业务办理

一、训练任务

迅达公司欲通过铁路零担运输的方式托运如下货物：箱装水泵 1 件（重量 11kg，0.23m×0.18m×0.4m）、袋装大米（50 袋，5kg，0.5m×0.32m×0.12m）、桥梁（1 件，重量 30t，长度 16m）、服装（265 箱，35kg，0.85m×0.65m×0.4m）、活牛（10 头，每头 500kg）。假如你是迅达公司的一名货运员，该如何选择合适的运输方式？以上所托货物哪些可以按照铁路零担运输？如何组织零担货物运输？应该按照什么流程进行？

二、训练要求

1. 判断铁路零担货物运输的条件，按照训练任务，明确符合哪些条件的货物才可按零担运输办理。

2. 明确铁路零担货物运输的组织方法，包括零担货物的分类、零担运输的种类等。

3. 分小组（建议 3～5 人一组）模拟铁路零担货物作业过程组织货物，并按照作业程序及作业标准完成零担货物运输任务，具体包括托运、受理、保险、装车、运送及到达各环节的作业。

4. 按训练任务要求提交解决方案，并模拟铁路零担货物作业过程。

三、训练评价

序号	评价内容	分值	自我评价（20%）	小组评议（30%）	教师评价（50%）	合计得分（100%）
1	判断铁路零担货物运输的条件，按照训练任务，明确符合哪些条件的货物才可按零担运输办理，条理清晰地说明理由	20				
2	明确铁路零担货物运输的组织方法，包括零担货物的分类、零担运输的种类等，条理清晰地说明理由	20				
3	模拟铁路零担货物作业过程组织货物，并按照作业程序及作业标准完成零担货物运输任务，具体包括托运、受理、保险、装车、运送及到达各环节的作业	20				
4	小组成员高效合作	20				
5	提交的解决方案内容全面正确、编排合理、结构清晰	20				

教师评语

单元三　铁路货物运到期限计算与运输费用核算

铁路在完成货物的运送过程中，需要承担相应人员的劳务支出以及设备的消耗，根据合同，货主需要支付所发生的费用，即铁路运输费用。如何正确确定不同运输种类、不同运输条件下的货物运费和杂费，并计算和收取运输费用，即为本单元所要解决的问题。

铁路货物运到期限计算与运输费用核算（上）

一、铁路货物运到期限计算

（一）铁路货物运到期限的概念

铁路在现有技术设备条件和运输工作组织水平基础上，根据货物运输种类和运输条件将货物由发站运至到站而规定的最长运输限定天数，称为铁路货物运到期限。

（二）铁路货物运到期限的计算方法

铁路承运货物的期限从承运货物的次日起按下列规定计算：货物运到期限按日计算；起码日数为 3 天，即计算出的运到期限不足 3 天时，按 3 天计算。运到期限由如下三部分组成：

1. 货物发送期间（$T_发$）

货物发送期间（$T_发$）为 1 天。货物发送期间是指车站完成货物发送作业的时间，包括发站从货物承运到挂出的时间。

2. 货物运输期间（$T_运$）

运价里程每250km或其未满为1天；按快运办理的整车货物每500运价公里或其未满为1天。货物运输期间是货物在途中的运输天数。

3. 特殊作业时间（$T_特$）

特殊作业时间是为某些货物在运输途中进行作业所规定的时间，具体规定如下：

（1）需要中途加冰的货物，每加冰1次，另加1天。

（2）运价里程超过250km的零担货物和1t、5t型集装箱另加2天，超过1000km加3天。

（3）单件货物重量超过2t、体积超过3m³或长度超过9m的零担货物另加2天。

（4）整车分卸货物，每增加一个分卸站，另加1天。

（5）准、米轨间直通运输的货物另加1天。

对于上述五项特殊作业时间应分别计算，当一批货物同时具备几项时，应累计相加计算。若运到期限用T表示，则

$$T=T_发+T_运+T_特$$

例4-1 北京站承运到太原站零担货物一件，重2700kg，计算运到期限。已知运价里程为488km。

解：（1）$T_发=1$（天）。

（2）$T_运=488/250=1.952$，则$T_运=2$（天）。

（3）运价里程超过250km的零担货物另加2天，一件货物重量超过2t的零担货物另加2天，则$T_特=2+2=4$（天）。

所以这批货物的运到期限为：$T=T_发+T_运+T_特=1+2+4=7$（天）。

（三）货物运到逾期的处理

所谓货物运到逾期，是指货物的实际运到天数（用$T_实$表示）超过规定的运到期限。货物的实际运输天数是指从起算时间到终止时间的这段时间。

（1）起算时间：从承运人承运货物的次日（指定装车日期的，为指定装车日的次日）起算。

（2）终止时间：到站由承运人组织卸车的货物，到卸车完了时止；由收货人组织卸车的货物，货车调到卸车地点或货车交接地点时止。

若货物运到逾期，不论收货人是否因此受到损害，铁路均应向收货人支付违约金。违约金的支付是根据逾期天数和运到期限天数，按承运人所收运费的百分比（见表4-8）进行支付违约金。

表4-8 运到逾期违约金比例

逾期总天数占运到期限天数	违约金
不超过1/10时	运费的5%
超过1/10，但不超过3/10时	运费的10%
超过3/10，但不超过5/10时	运费的15%
超过5/10时	运费的20%

快运货物运到逾期，除按规定退还快运费外，货物运输期间按 250 运价公里或其未满为 1 天，计算运到期限仍超过时，还应按上述规定，向收货人支付违约金。

超限货物、限速运行的货物、免费运输的货物以及货物全部灭失时，若运到逾期，承运人不支付违约金。

二、铁路货物运输费用核算

（一）铁路货物运价的概念和分类

1. 铁路货物运价的概念

铁路运输货物要按照国家规定的运输指导价格以及铁路运输企业依法自主制定的市场价格收取运输费用，以补偿运输生产所消耗的社会劳动量，这个价格就是铁路货物运价。铁路货物运价是运输价值的货币形式表现。在制定铁路货物运价时，一般要在以下几个要素的基础上进行：有利于保证铁路企业正常生产；有利于促进工农业生产的发展；有利于促进各种运输方式间的分工协作；有利于高效率使用铁路运输工具；有利于促进人民生活水平的提升。我们可以把铁路货物运价理解为铁路运输产品的销售价格，也就是铁路向货主核收的运输费用。铁路货物运费是铁路货物运输企业所提供的各项生产服务消耗的补偿，包括运行费用、车站费用、服务费用和额外占用铁路设备的费用等。

铁路货物运到期限计算与运输费用核算（下）

2. 铁路货物运价的分类

铁路货物运价可按适用范围和货物运输种类进行分类。

（1）按适用范围分类：

1）普通运价。凡在路网上办理正式营业的铁路运输线上都适用统一运价（优待运价、国际联运运价及地方运价等除外）。现行铁路的整车货物、零担货物、集装箱货物、保温车货物运价都属于普通运价。普通运价是计算运费的基本依据。

2）优待运价。优待运价是对一定机关或企业运输的一切货物或对于不同的托运人运送给一定机关或企业的货物而规定的低于普通运价的一种运价。

3）国际联运运价。国际联运运价是指经铁路国际联运的货物所规定的运价，凡国际铁路联运货物国内段的运输费用按《铁路客运运价规则》（简称《价规》）的规定办理。

4）地方运价。地方运价是铁路局经铁道部批准对某些管内支线或地方铁路所规定的运价。

（2）按货物运输种类分类：

1）整车货物运价。整车运价是《价规》中规定的按整车运送的货物的运价，由按货种别的每吨的发到基价和每吨千米或每轴千米的运行基价组成。

2）零担货物运价。零担货物运价是铁路对按零担运送的货物所规定的运价，由按货种别的每 10kg 的发到基价和每 10kg·km 的运行基价组成。

3）集装箱货物运价。集装箱货物运价是铁路对按集装箱运送的货物所规定的运价，由每箱的发到基价和每箱千米的运行基价组成。

（二）运费计算的程序

托运人应在发站承运货物当日支付费用。当托运人或收货人迟交运输费用时，应收取运费迟交金。铁路货物运价计算程序如图4-4所示。

图4-4 铁路货物运价计算程序

1. 计算出发站至到达站的运价里程

计算货物运费时所采用的里程称为货物运价里程，运价里程是根据"货物运价里程表"按照发站至到站间国铁正式营业线最短径路计算，但"货物运价里程表"内或铁道部规定有计费经路的按规定的计费经路计算。使用"货物运价里程表"可以查到需要找的站名，确定运价里程。查找车站及里程的方法如下：

（1）首先从站名索引表（里程表上册）的"站名首字汉语拼音索引表"或"站名首字笔画索引表"查出车站首字在"站名索引表"中的页数，再从"站名索引表"中查出车站的站名和该站的营业办理限制。

（2）根据站名索引表查出发站和到站在里程表（里程表下册）的页数，就可从里程表中查出发站至到站的里程。

2. 确定适用的运价号

"铁路货物运输品名分类与代码表"（简称"分类表"）和"铁路货物运输品名检查表"（简称"检查表"），都是用来判定货物的类别代码和确定运价号的工具。

分类表由代码、货物品类、运价号（整车、零担）、说明等项组成，如表4-9所示。根据货物所属的类项，便可确定货物的运价号。代码由4位阿拉伯数字组成，是类别码（前2位表示货物品类的大类，第3位表示中类，第4位表示小类），对应运价号。铁路运输的货物共分26类，每一类都是按大类、中类、小类的顺序排列。货物品类名称如表4-10所示。

表 4-9　铁路货物运输品名分类与代码表（节选）

代码		货物品类	运价号		说明
			整车	零担	
01	1	O	煤 原煤	4	21	含未经入洗、筛选的无烟煤、炼焦烟煤、一般烟煤、褐煤
	2	O	洗精煤	5	21	含冶炼用炼焦精煤及其他洗精煤
	3	O	块煤	4	21	含各种粒度的洗块煤和筛选块煤
	4	O	洗、选煤	4	21	指洗精煤、洗块煤以外的其他洗煤（含洗混煤、洗中煤、洗末煤、洗粉煤、洗原煤、煤泥），及筛选块煤以外的其他筛选煤（含筛选混煤、筛选末煤、筛选粉煤）
	5	O	水煤浆	4	21	
	9	O	其他煤	4	21	含煤粉、煤球、煤砖、煤饼、蜂窝煤等煤制品，泥炭、风化煤及其他煤；不含煤矸石（列入 0897）
02	1	O	石油 原油	6	22	含天然原油、页岩原油、煤炼原油
	2	O	汽油	6	22	含各种用途的汽油
	3	O	煤油	6	22	含灯用煤油、喷气燃料及其他煤油
	4	O	柴油	6	22	含轻柴油、重柴油及其他柴油

表 4-10　货物品类名称

代码	货物品类	代码	货物品类	代码	货物品类
01	煤	10	木材	19	农业机具
02	石油	11	粮食	20	鲜活货物
03	焦炭	12	棉花	21	农副产品
04	金属矿石	13	化肥及农药	22	饮食品及烟草制品
05	钢铁及有色金属	14	盐	23	纺织品；皮革、毛皮及其制品
06	非金属矿石	15	化工品	24	纸及文教用品
07	磷矿石	16	金属制品	25	医药品
08	矿物性建筑材料	17	工业机械	99	其他货物
09	水泥	18	电子、电气机械		

　　检查表由品名、拼音码、代码、运价号（整车、零担）组成。根据货物的拼音码，便可确定货物的类别代码和运价号。拼音码由不超过 5 个汉语拼音字母、阿拉伯数字、英文字母构成。根据品名，由左向右，汉字一般取每字拼音的首码，构成拼音码。检查表中的品名是按由 A 到 Z 的顺序排列的。

　　（1）先查检查表。使用该表时，首先从品名首字汉语拼音索引表或品名首字笔画索引表中查出该品名在检查表中的页数，再根据检查表查出该品名的拼音码、代码和运价号。

　　（2）检查表中有具体名称时，按具体名称判定代码和运价号。不属于该具体名称的不能比照。但由于货物的别名、俗名、地方名称等不同，而实际属于该具体名称的，仍应按该具体名称适用类别和运价号。

　　（3）检查表中无该具体名称时，则按分类与代码表中概括名称判定类别和运价号。

　　（4）半成品除规定者外，均按制成品适用类别和运价号。

（5）在分类表和检查表中既无该货物的具体名称，又无概括名称时，按小类—中类—大类的顺序逐次判定其归属的收容类目。各类均不能归属的货物，则列入总收容类目9990未列名的其他货物。

3. 确定适用的运价率

铁路货物运价率是根据运价号相应制定出每一运价号的基价1和基价2。铁路货物运价率如表4-11所示。

表4-11 铁路货物运价率

办理类别	运价号	基价1		基价2	
		单位	标准	单位	标准
整车	1	元/t	8.50	元/(t·km)	0.071
	2	元/t	9.10	元/(t·km)	0.080
	3	元/t	11.80	元/(t·km)	0.084
	4	元/t	15.50	元/(t·km)	0.089
	5	元/t	17.30	元/(t·km)	0.096
	6	元/t	24.20	元/(t·km)	0.0129
	7	—	—	元/(轴·km)	0.483
	机械冷藏车	元/t	18.70	元/(t·km)	0.131
零担	21	元/10kg	0.188	元/(10kg·km)	0.0010
	22	元/10kg	0.263	元/(10kg·km)	0.0014
集装箱	20ft[①]箱	元/箱	449.00	元/(箱·km)	1.98
	40ft箱	元/箱	610.00	元/(箱·km)	2.70

① 1ft=0.3048m。

普通整车货物的运价号位1～6号，机械冷藏车，基价1的单位为元/t，基价2的单位为元/（t·km）；整车货物运价号中的7号为按轴计费的运价号，无基价1，基价2的单位为元/（轴·km）；零散货物的运价号21、22号，基价1的单位为元/10kg，基价2的单位为元/（10kg·km）；集装箱货物，分别按20ft箱、40ft箱制定基价1和基价2，基价1的单位为元/箱，基价2的单位为元/（箱·km）。

4. 确定计费重量

（1）整车货物以吨为单位，吨以下四舍五入。

1）使用矿石车、平车、砂行车，经铁路局批准装运"铁路货物运输品名分类与代码表""01、0310、04、06、081"和"14"类货物按40t计费，超过时按货物重量计费。

2）表4-12所列货车装运货物时，计费重量按表中规定计算；货物重量超过规定计费重量的，按货物重量计费；加冰冷藏车不加冰运输时，按冷藏车标重计费。

表 4-12 整车货物规定计费重量

车种车型	计费重量/t
B6 B6N B6A B7（加冰冷藏车）	38
BSY（冷板冷藏车）	40
B18（机械冷藏车）	32
B19（机械冷藏车）	38
B20 B21（机械冷藏车）	42
B10 B10A B22 B23（机械冷藏车）	48
SQ1（小汽车专用平车）	85
QD3（凹底平车）	70
GH95/22、GY95/22（石油液化气罐车）	65
GH40、GY40（石油液化气罐车）	70

3）使用自备冷藏车装运货物时按 60t 计费。使用标重低于 50t 的自备罐车（表 4-12 所列 GH95/22、GY95/22、GH40、GY40 型除外）装运货物时按 50t 计费。

4）标重不足 30t 的家畜车，计费重量按 30t 计算。

5）车辆长超过计划 1.5 倍的货车（D 型长大货物车除外）而未明定计费重量的，按其超过部分以每米（不足 1m 的部分不计）折合 5t 与 60t 相加之和计费。

（2）零担货物以 10kg 为单位，不足 10kg 进为 10kg；零担货物按货物重量或货物体积折合重量计费，即每立方米重量不足 500kg 的为轻浮货物，按每立方米体积折合重量 500kg 计算。凡不足 300kg/m³ 的轻浮零担货物均按其体积折合重量与货物重量择大确定计费重量。

$$折合重量（kg）= 500（kg/m^3）\times 体积（m^3）$$

货物长、宽、高的计算单位为 m，小数点后取两位小数（四舍五入）。体积的计算单位为 m³，保留两位小数，第三位小数四舍五入。

有规定计费重量的货物，按规定计费重量计费，如表 4-13 所示。

表 4-13 零担货物规定计费重量

序号	货物名称		计费单位	规定计费单位/kg
1	组成的摩托车	双轮	每辆	750
		三轮（正、侧带斗的，不包括三轮汽车）		1 500
2	组成的机动车辆、拖斗车（单轴的拖斗车除外）	车身长度 <3m	每辆	4 500
		3m≤车身长度 <5m		15 000
		5m≤车身长度 <7m		20 000
		车身长度≥7m		25 000
3	组成的自行车		每辆	100
4	轮椅、折叠式疗养车		每辆	60
5	牛、马、骡、驴、骆驼		每头	500
6	未装容器的猪、羊、狗		每头	100
7	灵柩、尸体		每具（个）	1 000

例如，某站发送一批零担货物，重 225kg，体积为 0.82m³，在确定计费重量时，其折合重量 =500×0.82=410（kg）。因折合重量大于实际重量，所以计费重量取折合重量，应为 410kg。

（3）集装箱货物以箱为单位。

5. 计算运费

货物适用的发到基价与按《价规》确定的计费重量（集装箱为箱数）相乘，计算出出发运费；运行基价与货物的运价里程的乘积再与按《价规》确定的计费重量（集装箱为箱数）相乘计算出运行运费。每项运价的尾数不足 0.10 元时，按四舍五入处理；每项杂费不满 1 个计算单位时，均按 1 个计算单位计算。计算公式分别为

整车货物运费 =（基价1+ 基价2× 运价里程）× 计费重量（t）

零担货物运费 =（基价1+ 基价2× 运价里程）× 计费重量（10kg）

集装箱货物运费 =（基价1+ 基价2× 运价里程）× 箱数

例4-2 兰州西站发银川站机器一台，重24t，用50t货车一辆装运，计算其运费。

解：从兰州西站至银川站运价里程为479km。通过货物检查表得知，机器的运价号为8号。再查运价率表，运价号为8号，发到基价为10.7元/t，运行基价为0.0490元/(t·km)。运费为

$$\left.\begin{array}{l}\text{运价里程} \quad 479 \\ \text{运价号 8} \longrightarrow 10.7+0.0490\end{array}\right\} \times = 34.171 \\ \text{货重} \longrightarrow \text{计费重量 50}\right\} \times = 1708.6$$

运费为 1 708.6 元。

例4-3 某托运人从包头站发石家庄南站双轮及三轮摩托车各两辆，每辆重分别为116kg 和166kg，按一批托运，分项填记重量，试计算其运费。

解：按一批托运，分项填记重量，应分项计算，但该批货物中两种货物的运价率相同，应先合并重量。摩托车为按规定计费重量计费的货物，该批货物的计费重量为

2×(116+166) → 2×(750+1 500)=4 500

所以运费计算为

$$\left.\begin{array}{l}\text{运价里程} \quad 1\,091 \\ \text{运价号 24} \longrightarrow 0.15+0.000\,631\end{array}\right\} \times = 0.8384 \\ \text{货重} \longrightarrow \text{计费重量 4 500/10}\right\} \times = 377.3$$

该批货物的运费为 377.3 元。

6. 计算杂费及其他费用

运输费用除运费外，还包括货物运送过程中实际发生的各种杂费。铁路货运杂费是以铁路运输的货物在从承运至交付的全过程中，铁路运输企业向托运人、收货人提供的辅助作业和劳务，以及托运人或者收货人额外占用铁路设备、使用用具和备品所发生的费用。杂费的核收按照《铁路货物运输杂费管理办法》的规定进行核收，计算公式为

杂费 = 杂费费率 × 杂费计算单位

各项杂费不满一个计算单位的,均按照一个单位计算(另有规定的除外)。杂费按照实际发生核收,未发生的项目不准核收。杂费的尾数不足 1 角时,按照四舍五入处理。

铁路货物其他费用包括铁路建设基金、电气化附加费、加价运费(在统一运价的基础上再加收一部分运价)和其他代收款(印花税)等费用。计算公式为

$$铁路建设基金 = 费率 \times 计费重量(箱数或轴数) \times 运价里程$$

$$电气化附加费 = 费率 \times 计费重量(箱数或轴数) \times 电化里程$$

印花税以每张货票计算,按运费的万分之五计收。不足 0.1 元(或运费不足 200 元)的免税,超过 0.1 元的按实际收缴,计算到分。杂费的尾数不足 0.1 元时按四舍五入处理。

例4-4 某站专用线里程为 5.3km,请计算 C64K 型一辆的取送车费。

解: 整车取送车费为 9.00 元/(车·km),专用线往返里程为 5.3×2=10.6(km),四舍五入取 11km,因此取送车费为 9.00×11=99.00(元)。

职业能力训练

铁路货物运费确定

一、训练任务

2023 年 10 月 18 日,王某在杭州站托运机器一台发往南昌站,机器重量为 24t,经车站调度命令 50t 货车一辆装运,那么王某需要缴纳多少运费?

二、训练要求

分小组(建议 3～5 人一组)讨论并分工完成训练任务,内容如下:

1. 计算运价里程。
2. 确定运价号及运价率。
3. 确定计费重量。
4. 计算运费。
5. 按训练任务要求提交解决方案。

三、训练评价

序号	评价内容	分值	自我评价(20%)	小组评议(30%)	教师评价(50%)	合计得分(100%)
1	计算步骤完整	30				
2	计算过程正确	30				
3	解决方案分析合理,观点明确	20				
4	小组成员高效合作	10				
5	提交的解决方案内容全面正确、编排合理、结构清晰	10				
教师评语						

知识巩固练习

一、单项选择题

1. 铁路零担运输中,单件托运货物的体积应( )0.02m³（一件重量10kg以上除外）。
   A. 小于　　　　　B. 大于或等于　　　C. 大于　　　　　D. 等于

2. 铁路运输主要承担的货运是( )。
   A. 远距离、大批量　　　　　　　　B. 近距离、大批量
   C. 近距离、小批量　　　　　　　　D. 远距离、小批量

二、简答题

1. 什么是一批？按一批办理托运有哪些条件？
2. 按整车分卸办理的货物运输应具备哪些条件？
3. 试阐述整车货物发送作业程序。
4. 铁路零担运输的条件是什么？
5. 简述铁路零担运输组织方法。

三、计算题

1. 按要求填制货物清单：呼伦贝尔市海拉尔区远一食品厂2023年8月21日在海拉尔站托运一批豆制品600件，重38 000kg，纸箱包装，到站郑州东站。收货人郑州市利泰食品公司，保价25万元。用$P_{61}31011234$装运，施封锁两枚（059207/059208）。请填写运单（运价里程2 578km，题中未给条件自拟）。

2. 某托运人欲托运一批鲜桃发往北京，鲜桃的容许运输期限为10日，运价里程为1 089km。如果你是承运人，该如何确定该批货物是否可承运？

3. 李某要从包头东站发石家庄南站毛线100kg，体积1m³；运动鞋700kg，体积1.2m³；运动帽191kg，体积1.35m³。如何分栏填记并计算运费？

素养提升：见证中国铁路发展，砥砺交通强国之志

素养案例

京津城际开通15周年！京津冀城市群连线成网

2014年，为落实习近平总书记京津冀一体化的建设精神，适应货运改革的需要，探索铁路零担货物运输的发展方向，贯彻"人民铁路为人民"的服务宗旨，北京铁路局推行了全国铁路首列货物快运列车——京津冀铁路快运专列。日均客流量7.3万人次，累计运送旅客3.4亿人次，日开行列车最多128对，常规运行时速350km……2023年8月1日，中国首条设计时速350km的高速铁路——京津城际铁路迎来了开通运营15周年的"生日"。京津城际将北京、天津两座直辖市之间的往来时间缩短到30min，

直接带动沿线地区的经济发展。随着京津城际铁路开通，数年间一条条高速铁路在京津冀迅速建成投用，让京津冀城市之间连线成网，实现了区域内所有地级市全覆盖，京津冀城市圈一小时通勤，主要城市间两小时通达交通圈基本形成。

京津两地在铁路线上的缘分，远远早于2008年。据中国铁路北京局相关负责人介绍，火车一直是北京、天津这两个直辖市的主要交通工具，铁路也成为连接这两个华北大都市的经济、文化纽带。京津间开行旅客列车始于20世纪50年代初，那时运行在京津间的旅客列车都是绿皮车，最高时速不过60km。京津间的铁路运行时间也成为中国铁路不断提速发展的一个缩影。

新中国成立之初，京津间开行的特快71/72次列车，全程需要3h；1975年起开行的312/313次旅客列车缩短至2h；1992年8月11日，京津"长城号"双层旅游列车开行，列车运行时间缩短至1h40min；1998年4月1日，京津间四趟"公交化"旅游列车开行，同年10月，在全路第二次大面积提速调图的背景下，京津间开行20对快速列车，运行时间压缩至1h14min，"城际快速列车"首次迅速走进了京津两地百姓生活；2000年10月18日，首列京津城际特快列车——"神州号"双层动车组开行；2007年4月18日时速200km"和谐号"动车组将京津城际列车运行时间压缩至1h9min；2008年，中国首条设计时速350km的高速铁路——京津城际铁路开通，京津两地通行时间缩短至1h内。

中国铁路北京局高级经济师侯立波介绍，这些年京雄城际、京哈高铁、京唐城际、京滨城际（宝坻至北辰段）等多条线路相继开通运营。京津冀区域内高铁总里程由2008年的118km增长到2023年的2 576km，实现了对区域内所有地级市的全覆盖，京津冀都市圈1h通勤，主要城市间2h通达交通圈基本形成。京津冀轨道交通建设脚步越走越快。2022年，雄商高铁、雄忻高铁、津潍高铁、太锡铁路纷纷开工建设。未来，轨道上的京津冀将越织越密。（资料来源：京津城际开通15周年！京津冀城市群连线成网 https://wap.bjd.com.cn/news/2023/08/08/10523576.shtml.）

思考：京津冀地区打造新的铁路网络，特别是城际铁路的建设运营，推进了京津冀协同发展的原因是什么？

模块五
航空货物运输组织

学习目标

知识目标：

1. 熟悉航空货物运输的相关组织和当事人
2. 掌握航空货物运输组织方法
3. 掌握航空货物出口、进口运输业务流程
4. 掌握航空货物运费的构成

技能目标：

1. 能填写货物托运单、航空运单
2. 能计算航空货物运费

素养目标：

1. 通过单据的填写，培养严谨细致的职业态度
2. 通过费用的核算，树立成本意识

单元一　航空货物运输业务组织

一、航空货物运输的相关组织

（一）国际民用航空组织

国际民用航空组织（International Civil Aviation Organization，ICAO）是联合国所属专门机构，是政府间的国际航空机构。其总部设在加拿大蒙特利尔。我国是该组织的成员国，也是理事国之一。该组织的宗旨是发展国际航空运输的原则和技术，促进国际民用航空的规划和发展。

航空货物运输业务组织

（二）国际航空运输协会

国际航空运输协会（International Air Transport Association，IATA）是各国航空运输企业之间的联合组织，其会员必须是国际民用航空组织成员国的空运企业。协会的主要任务是促进安全、正常且经济的航空运输，扶助发展航空运输业；提供各种方式，以促进直接或间接从事国际空运业务的空运企业之间的合作；促进与国际民用航空组织和其他国际组织的合作。国际航空运输协会是一个自愿参加、不排他的、非政府的民间国际组织。

（三）国际货运代理协会联合会

国际货运代理协会联合会（International Federation of Freight Forwarders Associations，FIATA）是一个非营利性的有关国际货运代理的行业组织。其会员不仅限于货运代理企业，还包括海关、船务代理和空运代理、仓库、卡车、集中托运等部门，宗旨是保障和提高国际货运代理在全球的利益。

二、航空货物运输当事人

在航空货物运输业务中，涉及的当事人主要有航空公司、航空货运公司、托运人、收货人等。

（一）航空公司

在货运业务中，航空公司一般只负责空中运输，即从一个机场到另一个机场的运输。

（二）航空货运公司

航空货运公司又称空运代理。航空货运公司的主要业务包括：出口货物在始发站机场交给航空公司之前的揽货、接货、订舱、制单、报关和交运等；进口货物在目的站机场从航空公司接货接单、制单、报关、送货或转运等。

（三）托运人

托运人是指为货物运输而与承运人订立合同，并在航空货单上署名的人。托运人对货运单上关于货物的各项说明和声明的正确性及由于延误、不符合规定、不完备，给承运人及其代理人造成的损失承担责任。

（四）收货人

收货人是指航空货运单上收货人栏内所列的人。

三、航空货物运输营运方式

（一）班机运输

班机运输是指固定开航时间、固定航线、固定始发站、固定目的站、固定途经站的运输方式。班机运输的特点如下：

（1）迅速准确。由于班机运输固定航线、固定停靠航站和定期开航，因此国际航空货物大多使用班机运输方式，以安全迅速地到达世界上各通航地点。

（2）方便货主。收发货人可以确切掌握货物起运和到达的时间，对于急需的商品、鲜活易腐货物以及贵重商品的运送非常有利。

（3）舱位有限。班机运输一般是客货混载，因此舱位有限，不能使大批量的货物及时出运，往往需要分期分批运输，这也是班机运输的不足之处。

（二）包机运输

由于班机运输形式下货物舱位常常有限，因此当货物批量较大时，包机运输就成为重要方式。包机运输通常可分为整机包机、部分包机。

（1）整机包机。整机包机是指航空公司或包机代理公司按照合同中双方事先约定的条件和运价将整架飞机租给租机人，从一个或几个航空港装运货物至指定目的地的运输方式。它适合运送大批量的货物，运费一次一议。

（2）部分包机。部分包机是指由几家航空货运代理公司或发货人联合包租一架飞机，或者由包机公司把一架飞机的舱位分别租给几家航空货运代理公司。部分包机适合运送货量不足整机的货物，在这种形式下，货物运费较班机运输低，但运送时间会增加。

四、航空货物运输组织方法

（一）集中托运

集中托运是指集中托运人（Consolidator）将若干批单独发运的货物组成一整批，向航空公司办理托运，采用一份航空总运单集中发运到同一目的站，由集中托运人在目的地指定的代理收货，再根据集中托运人签发的航空分运单分拨给各实际收货人的运输方式。集中托运既可采用班机运输的方式，又可采用包机运输的方式。这种托运方式可争取到较为低廉的运价，在国际航空运输中使用比较普遍，是目前航空货运代理的主要业务之一。

集中托运的具体做法如下:

(1)将每一票货物分别填制航空运输分运单(House Airway Bill,HAWB),即出具货运代理的运单。

(2)将所有货物区分方向,将目的地为同一国家、同一城市的货物集中,货运代理公司向航空公司托运并与其签订总运单(Master Airway Bill,MAWB)。总运单的发货人和收货人均为航空货运代理公司。

(3)打出该总运单项下的货运清单(Manifest),即此总运单有几个分运单,内容包括各分运单的号码、实际托运人与收货人、件数、重量等。

(4)把该总运单和货运清单作为一整票货物交给航空公司。一个总运单可视货物具体情况随附分运单(可以是一个分运单,也可以是多个分运单)。

(5)货物到达目的地站机场后,当地的货运代理公司作为总运单的收货人负责接货、分拨,按不同的分运单填制各自的报关单据并代为报关,为实际收货人办理有关接货报关事宜。

(6)实际收货人在分运单上签收以后,目的站货运代理公司以此向发货的货运代理公司反馈到货信息。

(二)航空快递

航空快递也称速递、快运、快递业务(Air Courier),是指航空快递企业利用航空运输,收取收件人托运的快件并按照向发件人承诺的时间将其送交指定地点或者收件人,掌握运送过程的全部情况并能将即时信息提供给有关人员查询的门到门速递服务。

航空快递的主要业务形式有如下几种:

1. 门/桌到门/桌

门/桌到门/桌的服务形式是航空快递公司最常用的一种服务形式。首先由发件人在需要时打电话通知快递公司,快递公司接到通知后派人上门取件,然后将所有收到的快件集中到一起,根据其目的地分拣、整理、制单、报关、发送,到达目的地后,再由当地的分公司办理清关、提货手续,并送至收件人手中。在这期间,客户还可通过快递公司的计算机网络随时查询快件(主要指包裹)的位置,快件送达之后,也可以及时通过计算机网络将信息反馈给发件人。

2. 门/桌到机场

与前一种服务方式相比,门/桌到机场的服务指快件到达目的地机场后不是由快递公司办理清关、提货手续并送达收件人的手中,而是由快递公司通知收件人自己去办理相关的手续。采用这种方式的多是价值较高的货物或海关当局有特殊规定的货物或物品。

3. 专人派送

专人派送是指由快递公司指派专人携带快件在最短时间内将其直接送到收件人手中,即由快递公司专人随机送货。这是一种特殊服务,费用昂贵,一般较少采用。

比较以上三种服务形式,第一种服务较为简便,收费较低,对于发运一般文件、成交样品等比较合适；第二种服务在时间上优于普通货运形式，又简化了发件人的手续，适合绝大多数快件的运送，但费用较高，收件人需要自行清关；第三种服务最可靠、最安全，免去了普通快件的出关与入关手续，但费用也最高。

五、航空货物出口运输业务流程

航空货物出口运输业务流程是指航空货运公司从发货人手中接货到将货物交给航空公司承运所需经过的环节、所需办理的手续及必备的单证。

动画：航空运输进出口作业流程

（一）托运受理

托运人（发货人）在货物出口地寻找合适的航空货运公司，为其代理空运订舱、报关、托运业务。航空货运公司根据自己的业务范围、服务项目等接受托运人委托，并要求其填制航空货物托运书，以此作为委托与接受委托的依据，同时提供相应的装箱单、发票。

货物托运书由发货人填写并由其签字盖章，该托运书需要用英文缮制两份交给航空货运公司，如表 5-1 所示。

表 5-1　国际货物托运书

托运人姓名及地址 SHIPPER'S NAME AND ADDRESS		托运人账号 SHIPPER'S ACCOUNT NUMBER	货运单号码 NO.OF AIR WAYBILL	
			供承运人用 FOR CARRIER ONLY	
			航班/日期 FLIGHT/DAY	航班/日期 FLIGHT/DAY
收货人姓名及地址 CONSIGNEE'S NAME AND ADDRESS		托运人账号 CONSIGNEE'S ACCOUNT NUMBER		
			已预留吨位 BOOKED	
代理人的名称和城市 ISSUING CARRIER'S AGENT NAME AND CITY			运费 CHARGES	
			另请通知 ALSO NOTIFY：	
始发站 AIRPORT OF DEPARTURE				
到达站 AIRPORT OF DESTINATION				
托运人声明价值 SHIPPER'S DECLARED VALUE		保险金额 AMOUNT OF INSURANCE	所附文件 DOCUMENTS TO ACCOMPANY AIR WAYBILL	
供运输用 FOR CARRIAGE	供海关用 FOR CUSTOMS			

（续）

处理情况（包括包装方式、货物标志及号码等） HANDLING INFORMATION（INCL.METHOD OF PACKING, IDENTIFYING MARKS AND NUMBERS ETC.）					
件数 NO.OF PACKAGES	实际毛重（千克） ACTUAL GROSS WEIGHT（kg）	运价类别 RATE CLASS	收费重量（千克） CHARGEABLE WEIGHT（kg）	费率 RATE CHARGE	货物品名及数量（包括体积或尺寸） NATURE AND QUANTITY OF GOODS（INCL.DIMENSIONS OR VOLUME）

托运人证实以上所填全部属实并愿遵守承运人的一切载运章程。
THE SHIPPER CERTIFIES THAT THE PARTICULARS ON THE FACE HEREOF ARE CORRECT AND AGREE TO THE CONDITIONS OF CARRIAGE OF THE CARRIER.

托运人签字	日期	经手人	日期
SIGNATURE OF SHIPPER	DATE	AGENT	DATE

货物托运人在托运货物时应做到以下几项：

（1）填写货物托运书，向承运人或其代理办理托运手续。

（2）货物托运单位的内容应填写清楚，如收发货人具体单位、姓名、地址、货物的名称、种类、包装、价值、件数、是否办理航空保险、运输要求等。

（3）如托运政府有关规定限制托运的货物，以及需要办理公安和检疫等各项手续的货物，均应附有效证明文件。

（4）托运的货物中不准夹带禁止运输和超过了限制运输的物品、危险品、贵重物品、现钞、证券等。

（5）对不同的运输条件，或根据货物性质不能同时运输的货物，则应分别填写货物托运书。

（二）订舱

航空货运公司根据发货人的要求及货物本身的特点（一般来说，非紧急的零散货物可以不预先订舱）填制民航部门要求填写的订舱单，注明货物的名称、体积、质量、件数、目的港、时间等，要求航空公司根据实际情况安排航班和舱位，也就是航空货运公司向航空公司申请运输并预订舱位。

（三）接单接货

接单就是航空货运公司在订妥舱位后，从发货人手中接过货物出口所需的一切单证，其中主要是报关单证。接货是指航空货运代理公司把即将发运的货物从发货人手中接过来并运送到机场。接货与接单同时进行，接货时应根据发票和装箱单清点货物，核对货物的数量、品名、合同号是否与货运单据一致，检查货物外包装是否符合运输要求，有无残损，然后与发货人办理交接手续。货物接到机场后，或者先入货运公司仓库，或者直接进入航空公司或地面服务公司的仓库。

（四）缮制单证

航空货运公司审核托运人提供的单证，缮制报关单，报海关初审。航空货运单如表 5-2 所示，要注明发货人名称、地址、联系方式、货物始发站及目的港，以及货物的名称、件数、质量、体积、包装方式等，并将发货人提供的货物随行单据附在运单后面。如果是集中托运的货物，要制作集中托运清单、航空分运单，将它们一并装入信袋，附在运单后面。将制作好的运单标签粘贴或拴挂在每一件货物上。

表 5-2　航空货运单

Shipper's Name and Address		Shipper's Account Number				Not Negotiable AIR WAYBILL ISSUED BY					
						Copies 1, 2 and 3 of this Air Waybill are originals and have the same validity.					
Consignee's Name and Address		Consignee's Account Number				It is agreed that the goods described herein are accepted in apparent good order and condition（except as noted）for carriage subject to the conditions of contract on the reverse hereof. All goods may be carried by and other means including road or any other carrier unless specific contrary instructions are given hereon by the shipper. The shipper's attention is drawn to the notice concerning carrier's limitation of liability. Shipper may increase such limitation of liability by declaring a higher value for carriage and paying a supplemental charge if required.					
Issuing Carrier's Agent Name and City						Accounting Information					
Agent's IATA Code		Account No.									
Airport of Departure（Addr. of First Carrier）and Requested Routing											
To	By First Carrier Routing and Destination	to	by	to	by	Currency	CHGS Code	WT/VAL		Other		Declared Value for Carriage	Declared Value for Customs
								PPD	COLL	PPD	COLL		
Airport of Destination		Flight/Date		For Carrier Use Only		Flight/Date		Amount of Insurance		INSURANCE - If Carrier offers insurance, and such insurance is requested in accordance with the conditions thereof, indicate amount to be insured in figures in box marked 'Amount of Insurance'.	
Handling Information											
（For USA only）These commodities licensed by U.S. for ultimate destination ……………………………………………Diversion contrary to U.S. law is prohibited											
No. of Pieces RCP	Gross Weight	kg/lb	Rate Class		Chargeable Weight		Rate/Charge		Total		Nature and Quantity of Goods（incl. Dimensions or Volume）
			Commodity Item No.								

（续）

Prepaid Weight Charge Collect		Other Charges
Valuation Charge		
Tax		
Total other Charges Due Agent		Shipper certifies that the particulars on the face hereof are correct and that insofar as any part of the consignment contains dangerous goods, such part is properly described by name and is in proper condition for carriage by air according to the applicable Dangerous Goods Regulations.
Total other Charges Due Carrier		
		……………………………………………………………………………………… Signature of Shipper or his Agent
Total Prepaid	Total Collect	
Currency Conversion Rates	CC Charges in Dest. Currency	
For Carrier's Use only at Destination	Charges at Destination	Total Collect Charges ……………………………………………………………………………………… Executed on（date） at（place） Signature of Issuing Carrier or its Agent

1. 航空货运单的性质和作用

航空货运单（Air Waybill）是承运人和托运人双方的运输合同，是由承运人或其代理人签发的一份重要的货物单据。它有别于海运提单，不是代表货物所有权的物权凭证，因此是不可议付的单据。航空货运单必须做成记名抬头，同时不能背书转让。其性质和作用如下：

（1）承运合同。航空货运单是发货人与承运人之间的运输合同，一旦签发，便成为签署承运合同的书面证据，该承运合同必须由发货人或其代理与承运人或其代理签署后方能生效。

（2）货物收据。当发货人将其货物发运后，承运人或其代理将一份航空货运单正本交给发货人，作为已接受其货物的证明，也就是一份货物收据。

（3）运费账单。航空货运单上分别记载着属于收货人应负担的费用和属于代理的费用，因此可以作为运费账单和发票，承运人可将一份运单正本作为记账凭证。

2. 航空货运单的种类

（1）航空主运单（Master Air Waybill，MAWB）。凡由航空公司签发的航空运单均称为航空主运单。它是航空公司据以办理货物运输和交付的依据，是航空公司和托运人之间签订的运输合同。每一批航空运输货物都应有相应的航空主运单。

（2）航空分运单（House Air Waybill，HAWB）。航空分运单是由航空货运公司在办理集中托运业务时签发给每一发货人的运单。在集中托运的情况下，除了航空公司要签发给集中托运人航空主运单之外，集中托运人还必须签发航空分运单给每一托运人。

3. 航空货运单的填写

（1）托运人名称和地址（Shipper's Name and Address）。详细填写托运人全名，地址应详细填明国家、城市、门牌号码及电话号码。

（2）托运人账号（Shipper's Account Number）。有必要时填写。

（3）收货人名称和地址（Consignee's Name and Address）。详细填写收货人全名，地址应详细填明国家、城市、门牌号码及电话号码。此栏不得出现"To Order"字样。

动画：航空货运单填制

（4）收货人账号（Consignee's Account Number）。有必要时，填写收货人账号。

（5）始发站、第一承运人地址及所要求的线路（Airport of Departure and Requested Routing）。填写始发站城市的英文全称。

（6）货币（Currency）。填写运单上所用货币代码。

（7）运费/声明价值费（Weight Charge/Valuation Charge）和其他费用（Other Charges）。选择预付或到付，并在选择付费方式栏内做"*"记号。预付费用包括预付的运费总额、声明价值附加费、税金、代理人需要产生的其他费用、承运人需要产生的其他费用。到付费用包括需到付运费总额、声明价值附加费、税金、分别属于代理人与承运人需要产生的其他到付费用。其他费用主要包括容器费（包括集装箱费）、中转费、地面运输费、保管费与制单费等。

（8）托运人向承运人声明的货物价值（Declared Value for Carriage）。填写托运人在运输货物时声明货物的价值总数。如托运人不需要办理声明价值，则填写"NVD（No Value Declared）"。

（9）托运人向目的站海关声明的货物价值（Declared Value for Customs）。填写托运人向海关申报的货物价值。托运人未声明价值时，必须填写"NCV（No Customs Valuation）"。

（10）目的站（Airport of Destination）。填写目的站城市的英文全称，必要时注明机场和国家名称。

（11）航班/日期（Flight/Date）。填写已订妥的航班日期。

（12）保险金额（Amount of Insurance）。托运人委托航空公司代办保险时填写。

（13）处理情况（Handling Information）。本栏填写以下内容：货物上的唛头标记、号码和包装等；通知人的名称、地址、电话号码；货物在托运途中需要注意的特殊事项；其他需要说明的特殊事项；运往国商品的规定。

（14）件数（No. of Pieces RCP）。当各种货物运价不同时，要分别填写，总件数另行填写。

（15）毛重（Gross Weight）。重量单位为 kg（千克）或 lb（磅），分别填写时，另行填写总重量。

（16）运价类别（Rate Class）。用 M、N、Q、C、R、S 分别代表起码运费、45kg 以下普通货物运价、45kg 以上普通货物运价、指定商品运价、附减运价（45kg 以下普通货物运价的等级运价）、附加运价（45kg 以上普通货物运价的等级运价）。

（17）品名编号（Commodity Item No.）。指定商品运价则填写其商品编号。按45kg以下普通货物运价的百分比收费的，则分别填写具体比例。

（18）货物品名及体积（Nature and Quantity of Goods）。货物体积按长、宽、高的顺序以厘米（cm）为单位填写最大的长、宽、高度。

（19）托运人或其代理人签字（Signature of Shipper or his Agent）。表示托运人同意承运人的装运条款。

（20）运单签发日期 [Executed on (date)]。签发日期应为飞行日期，如货运单在飞行日期前签发，则应以飞行日期为货物装运期。

（21）承运人或其代理人签字（Signature of Issuing Carrier or its Agent）。只有承运人或其代理人签字后，航空货物运单才能生效。

航空货运单是承运人在办理该运单项下货物的发货、转运、交付的依据，承运人根据运单上所记载的有关内容办理这些有关事项。

每份航空货运单有三份正本和六份以上的副本。正本背面印有承运条款，其中第一份交发货人，是承运人或其代理收到货物后出具的收据；第二份由承运人留存作为记账凭证；第三份随货同行，到目的地后交给收货人作为接收货物的依据。

（五）报关

持缮制完的航空货运单、报关单、装箱单、发票等相关单证到海关报关放行。海关将在报关单、运单正本、出口收汇核销单上盖章放行，并在出口产品返税的单据上盖验讫章。

（六）交货

将盖有海关放行章的航空货运单与货物一起交给航空公司，由其安排航空运输，随附航空货运单正本、发票、装箱单、产地证明、品质鉴定书等。航空公司验收单货无误后，在交接单上签字。

（七）信息传递

货物发出后，航空货运公司及时通知货主或代理人收货。通知内容包括航班号、运号、品名、数量、质量、收货人的有关资料等。

（八）费用结算

费用结算主要涉及发货人、承运人和国外代理人三方，即航空货运公司向发货人收取航空运费、地面运费及各种手续费、服务费，向承运人支付航空运费并向其收取佣金，可按协议与国外代理人结算到付运费及利润分成。

六、航空货物进口运输业务流程

航空货物进口运输业务流程是指航空货物从入境到提取或转运所需经过的环节、所需办理的手续及必备的单证。航空货物入境后，要经过各个环节才能从海关监管场所提出，每经过一道环节都要办理一定的手续，同时出具相关的单证，如商业单据、运输单据及所需的各种批文和证明等。

（一）到货

航空货物入境后，即存在海关监管仓库内。同时，航空公司根据货运单上的收货人发出到货通知。若货运单上的第一收货人为航空货运公司，则航空公司会把有关货物运输的单据交给航空货运公司。

（二）分类整理

航空货运公司取得航空运单后，根据自己的习惯进行分类整理，并区分集中托运货物和单票货物、运费预付和运费到付货物。集中托运货物需要对总运单项下的货物进行分拨，对每一份运单的货物进行分别处理。分类整理后，航空货运公司可为每票货物编上公司内部的编号，以便于用户查询和内部统计。

（三）到货通知

航空货运公司根据收货人资料寄发到货通知，告知收货人货物已到港，催促其速办报关、提货手续。

（四）缮制单证

根据运单、发票及证明货物合法进口的有关批文缮制报关单，并在报关单的右下角加盖报关单位的报关专用章。

（五）报关

将制作好的报关单连同正本的货物装箱单、发票、运单等递交海关，向海关提出办理进口货物报关手续。海关在经过初审、审单、征税等环节后放行货物。只有经过海关放行的货物，才能从海关监管场所提出。

（六）提货

凭借盖有海关放行章的正本运单到海关监管场所提取货物，并送货给收货人，收货人也可自行提货。

（七）费用结算

货主或委托人在收货时应结清各种费用，如到付运费、报关费、仓储费、装卸费、劳务费等。

职业能力训练

航空货物运输流程绘制

一、训练任务

2023年10月30日，一件汽车零配件从北京运到荷兰阿姆斯特丹，毛重39kg，体积100cm×58cm×32cm，货物声明价值200 000元。

发货人信息：北京某汽车配件公司　　　地址：北京市朝阳区×街×号

收货人信息：荷兰某汽车公司　　　　地址：阿姆斯特丹×街×号
航空货运代理人：迅达公司北京分公司
航空公司：中国某航空公司
航班信息：ZG888 首都国际机场—史基浦机场

二、训练要求

1. 建议个人独立完成。
2. 认真阅读训练任务，根据所学知识画出运单使用流程图。
3. 认真阅读训练任务，填写货物托运书和航空货运单（运费部分不填）。

三、训练评价

序号	评价内容	分值	自我评价（20%）	小组评议（30%）	教师评价（50%）	合计得分（100%）
1	运单流程图各环节完整、流转正确	50				
2	单据填写完整、规范	50				
教师评语						

单元二　航空货物运输费用核算

一、航空货物运费的构成

航空货物运费是指根据适用运价计算得出的发货人或收货人应当支付的每批货物运输费用，由航空基本运费、声明价值附加费及其他费用构成。

航空货物运输费用核算

航空基本运费是指航空公司将一票货物自始发地机场运至目的地机场所应收取的航空运输费用。

声明价值附加费是指货主向承运人声明货物价值，以减免运输风险而需要支付的费用。

其他费用是指由承运人、代理或其他部门收取的与航空货物运输有关的费用。

航空运费的核算流程为：确定运价种类，确定计费重量，确定基本运费，确定声明价值附加费及其他费用，计算运费。

二、确定运价种类

航空货物运价按指定途径可分为协议运价和国际航协运价。

协议运价是指航空公司与托运人签订协议，托运人保证每年向航空公司交运一定数量的货物。航空公司则向托运人提供一定数量的运价折扣。

国际航协运价是指 IATA 在 TACT 运价手册上公布的运价。国际货物运价使用 IATA 的运价手册，同时结合并遵循国际货物运输规则确定。

按照 IATA 货物运价公布的形式划分，国际航协运价可分为公布直达运价和非公布直达运价。

（一）公布直达运价

公布直达运价是指承运人在运价手册上对外公布的运价，包括普通货物运价、指定货物运价、等级货物运价、集装箱货物运价、起码运费等。

1. 普通货物运价

普通货物运价（General Cargo Rate，GCR）又称一般货物运价，是为没有特殊规定的普通货物制定的运价，是应用最为广泛的一种运价。当一批货物不能适用等级货物运价，也不属于指定商品时，就必须使用普通货物运价。普通货物运价的数额随运输量的增加而降低。

普通货物运价分类如下：

（1）45kg 以下，运价类别代号为 N。

（2）45kg 以上（含 45kg），运价类别代号为 Q。

（3）45kg 以上可分为 100kg、300kg、500kg、1 000kg、2 000kg 等多个计费重量分界点，但运价类别代号仍以 Q 表示。

由于对大运量货物提供较低的运价，航空公司规定在计算运费时除了要比较其实际重量和体积重量并以较高者为计费重量外，如果用较高的计费重量分界点，计算出的运费更低，则可选用较高的计费重量分界点的费率。此时，货物的计费重量为较高的计费重量分界点的最低运量。

2. 指定货物运价

指定货物运价又称特种货物运价（Specific Cargo Rate，SCR），运价代号为"C"，适用于在特定的始发站和到达站的航线上运输的特种货物。指定货物运价低于普通货物运价。

在具体使用指定货物运价时，应注意以下事项：

（1）判断货物属于哪一种。

（2）查阅在所要求的航线上有哪些指定货物运价。

（3）查阅"航空货物运价表"上的"货物明细表"，选择与货物一致的号码，如果该货物号码有更详细的内容，则选择最合适的细目。

（4）根据适用该货物的起码质量，选择合适的指定货物运价。

3. 等级货物运价

等级货物运价（Commodity Classification Rate，CCR）是指适用于规定地区或地区间指定等级的货物的运价。通常是在普通货物运价的基础上增加或减少一定的百分比。当某种货物没有指定商品运价适用时，才可以选择合适的等级运价。

（1）等级运价加价（Surcharged Class Rate），运价代号"S"。适用货物包括活动物、贵重物品、尸体、骨灰等。这类货物运价按照 45kg 以下普通货物运价的 150%～200% 计收。

（2）等级运价减价（Reduced Class Rate），运价代号"R"。适用货物包括报纸、杂志、书籍等出版物、作为货物托运的行李等。该类货物按照 45kg 以下普通货物运价的 50% 计收。

4. 集装箱货物运价

集装箱货物运价（Unitized Consignments Rate，UCR）适用于采用集装箱运输的货物。由于集装箱运输可以减少包装费和搬运费，因此其运价大大低于普通货物运价。

5. 起码运费

运价代号为"M"。起码运费是航空公司承运一批货物所能接受的最低运费。当货物运价少于起码运费时，就按起码运费计收。

运价分类代号如表 5-3 所示。

表 5-3　运价分类代号

运价代号	英文名称	具体分类
M	Minimum Charge	最低运费
N	Normal Rate	45kg 以下普通货物运价
Q	Quantity Rate	45kg 以上普通货物运价
C	Specific Commodity Rate	指定货物运价
R	Class Rate Reduction	等级运价附减
S	Class Rate Surcharge	等级运价附加

（二）非公布直达运价

当甲地至乙地没有可适用的公布直达运价时，可采用非公布直达运价。非公布直达运价包括比例运价和分段相加运价。

1. 比例运价

在运价手册上除公布的直达运价外，还公布一种不能单独使用的附加数。当货物的始发地或目的地无公布直达运价时，可采用比例运价与已知的公布直达运价相加，构成非公布直达运价。

2. 分段相加运价

分段相加运价是指当两地间既没有公布直达运价，也无法利用比例运价时，可以在始发地与目的地之间选择合适的计算点，分别找到始发地至该点、该点至目的地的运价，两段运价相加。

无论比例运价还是分段相加运价，承运人允许发货人在正确使用的前提下，以不同计算结果中的最低值作为该批货物适用的航空货物运价。

（三）航空货物运价的使用顺序

（1）优先使用协议运价。

（2）公布直达运价优先于分段相加运价。

（3）指定货物运价优先于等级货物运价和普通货物运价。

（4）等级货物运价优先于普通货物运价。

（5）无公布直达运价时，比例运价优先于分段相加运价。

当使用等级货物运价或普通货物运价计算出的运费低于按指定货物运价计算出的运费时，可使用等级货物运价或普通货物运价。

三、确定计费重量

计费重量是指用以计算货物航空运费的重量。

一架飞机所能装载的货物是受飞机的载重量和舱容限制的。为达到满载，就需要载货达到载重量标准和舱容尽量全部用足，即充分使用飞机的运载能力。航空运输与其他运输方式的计费标准相同，航空货物也是按货物的实际毛重与体积重量二者较高者作为计费重量。集中托运时，按整批货物的总毛重与总体积的较高项为计费重量。

航空公司规定，在货物体积小、重量大时，按实际重量计算；在货物体积大、重量小时，按体积重量计算。

（一）实际重量

实际重量是指一批货物包括包装在内的实际总重量。用实际重量作为计费重量，在具体计算时，重量不足 0.5kg 的按 0.5kg 计算，0.5kg 以上不足 1kg 的按 1kg 计算。

（二）体积重量

体积大、重量相对小的货物为轻泡货物。

轻泡货物以体积重量作为计费重量，计算步骤和方法如下：

（1）分别量出货物的最长、最宽、最高的部分，单位为厘米（cm），测量数值四舍五入。

（2）计算货物的体积。

（3）将体积折合成千克（kg），即根据所使用的度量单位用体积值除以 6 000，结果即为该货物的体积重量。

体积重量的计算公式为

$$体积重量（kg） = \frac{货物体积（cm^3）}{6\,000（cm^3/kg）}$$

（三）计费重量

计费重量是按货物的实际重量和体积重量两者之中较高的计算。

例如，一批货物体积为 25 000cm³，实际重量为 2kg。按 6 000cm³ 折合为 1kg 为计算标准，则该货物体积重量为 25 000/6 000=4.17（kg）。体积重量大于实际重量，所以该货物计费重量为 4.5kg。

四、确定基本运费

运价率和计费重量确定后，就可以得出货物的基本运费。计算公式为

$$基本运费 = 运价率 \times 计费重量$$

货物运费以元为单位，元以下四舍五入。

（一）普通货物的运费计算

普通货物的运费计算步骤如下：

（1）计算体积重量。

（2）体积重量与实际毛重比较，取其高者作为暂时的计费重量，计算出一个运费。

（3）若有重量分界点运价，且货物的计费重量接近于较高重量分界点，则采用较高重量分界点的较低运价计算出一个运费。

（4）两次计算出的运费进行比较，取低者作为最终的航空运费，其对应的重量为计费重量。

（5）填制航空货运单的运费计算栏。

例5-1 A地到B地运价分类如下：N类为20元/kg；Q类中，45kg的为15元/kg，300kg的为14.5元/kg，500kg的为12.4元/kg。有一件普通货物为40kg，从A地运往B地，计算其运费。

解：N级运费为40×20=800（元），Q级运费为45×15=675（元）。

二者比较取其低者，故该件货物应按45kg以上运价计算的675元收取运费。

（二）指定货物的运费计算

1. 指定货物运价的使用规则

只有所运输的货物满足下述三个条件，才可使用指定货物运价：

（1）运输始发地至目的地之间有公布的指定商品运价。

（2）托运人所交运的货物，其品名与有关指定货物运价的货物品名相吻合。

（3）货物的计费重量满足指定货物运价使用时的最低重量要求，即货物的计费重量必须达到承运人所规定的起码运量才可适用指定货物运价。

2. 计算步骤

（1）查询运价表中由始发地至目的地的运价，如有指定货物代号，则考虑使用指定货物运价。

（2）查找TACT运价手册的品名表，确定该货物属于哪一大组和哪一小组，找出与其品名相对应的指定货物编号。

（3）检查货物的计费重量，如果达到了指定货物运价的最低重量，则使用指定货物运价计算。

（4）如果货物的计费重量没有达到指定货物运价的最低重量要求，则需要与普通货

运价进行比较,取低者。

(5)比较第四步计算出的航空运费与最低运费(M),取高者。

例5-2 路线(Routing):BEIJING,CHINA(BJS)to OSAKA,JAPAN(OSA)

货物(Commodity):FRESH APPLES

毛重(Gross Weight):EACH 65kg,TOTAL 6 PIECES

尺寸(Dimensions):100cm×42cm×25cm×6

计算航空运费。公布直达运价如表5-4所示。

表5-4 航空公司公布直达运价表

BEIJING		CN	BJS
Y. RENMINBI		CNY	kg
OSAKA	JP	M	230
		N	37.51
		45	28.13
	0008	300	18.80
	0300	500	20.61
	1093	100	18.43
	2195	500	18.80

解:查找品名表,品名编号"0008"所对应的货物名称为"FRUIT, VEGETABLES(FRESH)",现在承运的货物是FRESH APPLES,符合指定货物代码"0008",由于货主交运的货物重量符合"0008"指定货物运价使用时的最低重量要求。运费计算如下:

体积(Volume):100cm×42cm×25cm×6=630 000(cm^3)

体积重量(Volume Weight):630 000÷6 000=105(kg)

毛重(Gross Weight):65×6=390(kg)

计费重量(Chargeable Weight):390kg

适用运价(Applicable Rate):SCR0008/Q300 18.80元/kg

航空运费(Weight Charge):390×18.80=7 332(元)

(三)等级货物的运费计算

1. 计算步骤

(1)根据货物品名判断是否适用于等级货物运价。

(2)用适用的等级货物运价乘百分比,并将计得的运价进位。

(3)适用的货物运价乘计费重量。

2. 计费时的注意事项

(1)自运输始发地至目的地两点之间公布有SCR时,且托运货物满足其规定时,可直接使用SCR。

（2）尽管运输始发地没有至目的地的SCR，但该运输始发地在满足以下三个条件的情况下，该运输始发地可以适用其他地点已公布的SCR计收运费：①在该国内其他地点有公布的SCR；②始发地的N运价不高于公布SCR地点的N运价；③托运数量、运输期限符合公布的SCR。

（3）当托运的货物在运价手册上可同时适用"确指品名"时，则应优先使用"确指品名"运价。二者中选择运价较低的。

（4）当按SCR计算所得运费高于按GCR计算所得运费时，则应按GCR计费。

（5）如无特别说明，机器零件可按适用于主机的SCR运价计算运费，但附属品、供应品除非特别说明，否则不许采用主机的SCR运价。

（四）起码运费的计算

例5-3 A点至B点，一普通货物为4kg，M级运费为38元人民币，而N级运价为8.5元/kg，应收运费为多少？

解：N级运费为4×8.5=34（元），M级运费为38元。

N级运费 < M级运费，故此批货物应收运费为38元。

五、航空货物运输中的其他费用

（一）声明价值附加费

《华沙公约》规定，对由承运人的失职而造成的货物损坏、丢失或延误等所承担的责任，其最高赔偿限额为每千克20美元或其他等值货币。如果货物的价值超过了上述值，就增加了承运人的责任。在这种情况下，托运人在交运货物时，可向承运人或其代理人声明货物的价值，称为货物的声明价值。该声明价值为承运人正式赔偿承担责任的限额，承运人或其代理人根据货物的声明价值向托运人收取一定的费用，该费用称为声明价值附加费（Valuation Charge）。声明价值附加费的收取依据货物的实际毛重，计算公式为

声明价值附加费 =（整批货物声明价值 − 货物毛重×20美元/kg）× 声明价值附加费费率

大多数的航空公司在规定声明价值附加费率的同时还要规定声明价值附加费的最低收费标准。如果根据上述公式计算出来的声明价值附加费低于航空公司的最低标准，则托运人要按照航空公司的最低标准缴纳声明价值附加费。

（二）其他附加费

除声明价值附加费外，航空公司还可能收取运费到付服务费、制单费、中转手续费和地面运输费等。

由上述各项费用即可得出航空运费总额，即

航空运费总额 = 基本运费 + 声明价值附加费 + 其他费用

职业能力训练

航空货物运输运费栏填制

一、训练任务

一件汽车零配件从北京运到荷兰阿姆斯特丹，毛重39kg，体积100cm×58cm×32cm，计算其航空运费，公布直达运价如表5-5所示。

表5-5 公布直达运价

BEIJING	CN		PEK
Y.RENMINBI	CNY		KGS
AMSTERDAM	NL	M	320
		N	50.22
		45	41.53

二、训练要求

1. 建议个人独立完成。
2. 认真阅读训练任务，完成运费计算。
3. 根据运费计算结果填制国际货物托运书、航空货运单（见表5-1、表5-2）运费栏。

三、训练评价

序号	评价内容	分值	自我评价（20%）	小组评议（30%）	教师评价（50%）	合计得分（100%）
1	运费计算步骤齐全	40				
2	运费计算结果正确	20				
3	运费栏内容填制规范、正确	40				
教师评语						

知识巩固练习

一、不定项选择题

1. 航空货物运输中集中托运的特点是（　　）。
   A. 节省运费　　B. 提供方便　　C. 最迅速　　D. 早结汇
2. 航空货物运输的计费重量是（　　）。
   A. 按外观形状　　　　　　B. 实际重量
   C. 体积重量　　　　　　　D. 按货物的价值

3. 由航空公司签发的航空运单称为（　　）。
   A. 航空分运单　　　　　　　　B. 航空主运单
   C. 航空货运单　　　　　　　　D. 国内航空分运单
4. 由航空货运公司在办理集中托运业务时签发给每一发货人的运单称为（　　）。
   A. 航空分运单　　　　　　　　B. 航空主运单
   C. 航空货运单　　　　　　　　D. 国内航空分运单
5. 航空公司规定计费重量按（　　）统计。
   A. 实际重量
   B. 实际重量和体积重量两者之中较高的一种
   C. 体积重量
   D. 实际重量和体积重量两者之中较低的一种

二、计算题

由北京运往美国波士顿一箱金表，重 32.0kg，货物体积尺寸为 61cm×51cm×42cm，适用运价为普通货物运价的 200%，公布直达运价如表 5-6 所示。请问计费重量如何确定？航空运费是多少？

表 5-6　公布直达运价

BEIJING		CN	BJS
Y.RENMINGBI		CNY	
BOSTON	US	M	670.00
		N	29.90
		45	29.90
		100	24.90
		300	23.90

三、实操题

根据上题内容填写运单计算栏。

No. of Pieces RCP	Gross Weight	kg/ lb	Rate Class		Chargeable Weight	Rate/ Charge	Total	Nature and Quantity of Goods (incl. Dimensions or Volume)
			Commodity Item No.					

四、简答题

1. 简述航空货物进出口运输业务流程。
2. 航空运价种类有哪些？
3. 简述航空运费计算步骤。

素养案例

素养提升：疫情之下，航空物流人的责任与担当

东航物流助力国产新能源汽车整车出口运输

在"碳达峰、碳中和"目标的推动下，新能源汽车正成为我国汽车出口的生力军。2023年8月6日上午8:50，两台新能源汽车搭乘CK289航班，从上海浦东国际机场顺利出发飞往新加坡樟宜机场。两台新能源汽车总重量超5t，具有相当大的操作难度，东航物流努力打通运输中各个环节的堵点，高效完成了保障任务。

近年来，东航物流充分利用航空运输、机场服务方面的独特优势，携手产业链上下游企业共同探索，不断提升服务质量。此次保障的新能源汽车是车展展示样车，对运输时效要求较高，吉利汽车摒弃了传统汽车运输采用的船舶与铁路方式，选择了航空运输。东航物流敏锐洞悉客户需求，主动寻求机遇，为顺利完成新能源汽车整车首次出口保障任务，东航物流特别成立专项运输保障小组，从始发站提货、报关、包装、整车鉴定、交货等一系列货物操作流程和运输环节进行实时优化，全力满足新能源汽车航空运输需求。

思考： 航空物流企业结合行业形势，不断求新求变、开拓发展，给你什么样的启发？

模块六
水路货物运输组织

学习目标

知识目标：

1. 掌握班轮运输的概念及特点
2. 掌握班轮运输货物交付方式
3. 掌握租船运输的概念、特点及作用
4. 掌握租船运输方式

技能目标：

1. 能组织班轮运输
2. 能组织租船运输
3. 能准确核算班轮运费、集装箱运费及租船运费

素养目标：

1. 通过班轮货物运输组织，培养组织协调能力
2. 通过租船货物运输组织，培养计划制订和执行能力
3. 通过水路运输费用核算，培养严谨认真的工作作风
4. 通过职业能力训练，提升团队合作意识

单元一　班轮货物运输组织

一、班轮运输的概念

班轮运输又称定期船运输，是指固定船舶按照公布的船期表在固定航线和固定港口间运行的运输组织形式。

从事班轮运输的船舶称为班轮。所谓班轮（Liner），是指按预定的时间、在固定的航线上以既定的港口顺序经常地从事航线上各港口之间往返载货的船舶。

班轮货物运输组织

随着经济的发展，班轮运输由最初的杂货船运输发展到现在的以集装箱船为主、杂货船运输为辅，其经营方式和货运程序也有所变化，但仍然保持了原有的优点和特点。

二、班轮运输的特点

（1）"四固定"。班轮运输的"四固定"即航线固定、港口固定、船期固定和费率的相对固定。这是班轮运输的基本特点。

（2）运价内已包括装卸费用。货物由承运人负责配载、装卸，承运人和托运人双方不计算滞期费和速遣费。

（3）承托双方的权利、义务、责任、豁免以船公司签发的提单条款为依据。

三、班轮运输业务流程

班轮运输业务流程如图 6-1 所示。

动画：班轮货物运输作业流程

图 6-1　班轮运输业务流程

1. 揽货和订舱

揽货是指从事班轮运输经营的船公司为使自己所经营的班轮运输船舶能在载重量和舱容上得到充分利用，力争做到"满舱满载"，以期获得最好的经营效益而从货主那里争取货源的行为。揽货的实际成绩如何，直接影响班轮船公司的经营效益并关系着班轮经营的成败。为了揽货，班轮公司首先要为自己所经营的班轮航线、船舶挂靠的港口及其到发时间制定船期表并分送给已经建立起业务关系的原有客户,并在有关的航运期刊上刊载,使客户了解公司经营的班轮运输航线及船期情况,以便联系安排货运,争得货源。

订舱是指托运人或其代理人向承运人,即班轮公司或它的营业所或代理机构等申请货物运输,承运人对这种申请给予承诺的行为。承运人与托运人之间不需要签订运输合同,而是以口头或订舱函电进行预约,只要船公司对这种预约给予承诺,并在舱位登记簿上登记,即表明承托双方已建立有关货物运输的关系。

杂货班轮通常会在多个挂靠港进行装卸作业,因此船公司在承揽货载或接受订舱时应注意以下问题:

(1)船舶舱位的分配。船公司首先会参考过去的实际情况,预先就各装货港分别对在该航线上各航船舶的舱位进行适当分配,定出限额。各装货港的营业所、代理机构只能在所分配的船舶舱位范围内承揽货载。特殊情况下发生所分配的舱位不够或者过剩,要根据各港代理的舱位报告进行调整,以多补少,以使船舶舱位得到充分利用。

(2)订舱货物的性质、包装和重量。承运人承揽货载时,必须考虑各票货物的性质、包装和每件货物的重量及尺码等因素,因为不同种类的货物对运输和保管有不同的要求。例如:重大件货物可能会受到船舶及装卸港口的起重机械能力影响和船舶舱口尺寸的限制;忌装货物的积载问题;各港口对载运危险货物船舶所做的限制。

(3)装卸港及过境港的法规。国际贸易货物的装货港、卸货港或过境港往往分属于不同的国家,所适用的法律或港口当局的规章和管理办法等也常不相同。例如,可能根据装货港的法规允许装船的货物,根据卸货港的法规却禁止卸货,或者对于装运某种货物的船舶禁止或限制入港。所以,在承揽货载时,应对有关国家法律和港口规章或管理办法进行充分了解。

2. 接受托运申请

货主或其代理向船公司提出订舱申请后,船公司首先考虑其航线、港口、船舶、运输条件等能否满足托运人的要求,然后再决定是否接受托运申请。

3. 接货

传统的件杂货不仅种类繁多,性质各异,包装形态多样,而且货物又分属不同的货主,如果每个货主都将自己的货物送到船边,势必造成装货现场的混乱。为提高装货效率,加速船舶周转,减少货损,在杂货班轮运输中,对于普通货物的交接装船,通常采用由船公司在各装货港指定装船代理人,由装船代理人在各装货港的指定地点(通常是码头仓库)接受托运人送来的货物,办理交接手续后,将货物集中整理,并按货物的性质、包装、目的港及卸货次序进行适当分类后进行装船,即所谓的"仓库收货,集中装船"。对于特殊货物如危险品、冷冻货、贵重货、重大件货等,通常采取由托运人将货物直接送至船边,交接装船的方式,即采取现装或直接装船的方式。

仓库在收到托运人的货物后,应注意认真检查货物的包装和质量,核对货物的数量,无误后即可签署场站收据给托运人。至此,承运人与托运人之间的货物交接即已结束。

4. 换取提单

托运人可凭经过签署的场站收据，向船公司或其代理换取提单，然后去银行结汇。

5. 装船

船舶到港前，船公司和码头计划室对本航次需要装运的货物制订装船计划，待船舶到港后，将货物从仓库运至船边，按照装船计划装船。

如果船舶系靠在浮筒或锚地作业，船公司或其代理人则用自己的或租用的驳船将货物从仓库驳运至船边再装船。

6. 海上运输

海上承运人对装船的货物负有安全运输、保管、照料的责任，并依据货物运输提单条款划分与托运人之间的责任、权利、义务。

7. 卸船

船公司在卸货港的代理人根据船舶发来的到港电报，一方面编制有关单证，约定装卸公司，等待船舶进港后卸货；另一方面还要把船舶预定到港的时间通知收货人，以便收货人做好接收货物的准备工作。与装船时一样，如果各个收货人都同时到船边接收货物，同样会使卸货现场十分混乱，所以卸货一般也采用"集中卸货，仓库交付"的方式。

8. 交付货物

在实际业务中，交付货物的过程是，收货人将注明已经接收了船公司交付的货物并将签章的提交单交给船公司在卸货港的代理人，经代理人审核无误后，签发提货单交给收货人，然后收货人凭提货单前往码头仓库提取货物，并与卸货代理人办理交接手续。

交付货物时，除了要求收货人必须交出提单外，还要求收货人必须付清运费和其他应付的费用，如船公司或其代理人垫付的保管费、搬运费等费用及共同海损分摊和海滩救助费等。如果收货人没有付清上述费用，船公司有权根据提单上的留置权条款的规定暂不交付货物，直到收货人付清各项应付的费用后才交付货物。如果收货人拒绝支付应付的各项费用而使货物无法交付时，船公司还可以经卸货港所在地法院批准，对卸下的货物进行拍卖，以卖得的货款抵偿应向收货人收取的费用。

四、班轮运输货物交付方式

班轮运输交付货物的方式有仓库交付货物、船边交付货物、货主选港交付货物、凭保证书交付货物、变更卸货港交付货物等。

1. 仓库交付货物

先将从船舷上集中卸下的货物运至班轮公司或其卸货代理人的仓库，然后由卸货代理人向收货人交付货物，并在码头仓库与卸货代理人办理货物的交接手续。这是班轮运输中最基本的交付货物方式。

2. 船边交付货物

船边交付货物又称"现提"。收货人到班轮公司在船公司卸货港的代理人处办理提货手续，获得提货单，然后凭提货单直接到码头船边提取货物，并办理交接手续。收货人要求船边提货必须事先征得船公司或其代理人的同意。这种方式适合尽快提取的货物，如贵重货物、冷冻货物等。

3. 货主选港交付货物

货主选港交付货物是指货物在装船时尚未确定具体的卸货港，船舶开航后再由货主选择对自己最方便或最有利的卸货港，并在此卸货和交付货物。在这种情况下，提单上的卸货港一栏内必须注明两个或两个以上卸货港的名称，货物的卸货港也只能在提单上所写明的港口中选择。在船舶自装货港开船后，到达第一个选卸港前的一定时间之内（通常为24h或48h），把已决定的卸货港通知船公司及被选定卸货港船公司的代理人，否则，船长有权选择在任何一个卸货港将货物卸下，并认为已履行了对货物的运送责任。

4. 凭保证书交付货物

在班轮运输中，有时因提单邮寄延误或提单丢失等原因而出现船舶已经到港，但提单迟到、致使收货人得不到提单的情况。此时，收货人可以开具保证书，以保证书交换提货单，然后持提货单提取货物。

在使用保证书交付货物时，船公司或其代理人须谨慎。国际航运中的诈骗活动时有发生，船公司或其代理人必须弄清楚提取货物的人确实是有权支配货物的人和要求提取货物的人，提供可靠的银行担保或相应数额的保证金，并承担船公司不凭提单交货可能产生的一切损失，否则，船方不要轻易凭保证书交付货物。

5. 变更卸货港交付货物

变更卸货港交付货物是指在提单上所记载的卸货港以外的其他港口卸货和交付货物。如果收货人认为，将货物改在提单上所载明的卸货港以外的其他港口卸货并交付对其更为方便有利时，可以向船公司提出变更卸货港的申请。船公司收到收货人提出变更卸货港的申请后，必须根据船舶的积载情况，考虑在装卸上能否实现这种变更，如是否会发生严重的翻船、倒载情况，在变更的卸货港所规定的停泊时间能否来得及将货物卸下，是否会延误船舶的开航时间等，之后才能决定是否同意收货人的这种变更申请。

五、单据管理

1. 主要海运货运单证

（1）托运单（Booking Note，B/N）。托运单俗称"下货纸"，是托运人根据贸易合同和信用证条款内容填制的，向承运人或其代理办理货物托运的单证。接到托运申请后，承运人根据托运单内容，结合船舶的航线、挂靠港、船期和舱位等条件，认为合适后，即接受托运。托运单样本如表6-1所示。

表 6-1 托运单样本

代运编号：				制表日期：	年 月 日
装运港	目的港	合同号		国别	委托单位编号
唛头标记及号码	件数及包装式样	产品规格及型号（中英文）	重量/kg		尺码/m³
			毛重		总体积：
			净重		
托运人（英文） SHIPPER					单件（尺码不一时需另附表） 长 宽 高
收货人（提单抬头）（英文） CONSIGNEE					成交价格
通知人（英文）　　　　正本 NOTIFY　　　　　　　　副本					需要提单正本 份， 副本 份
					信用证号：
代发装船电报的电挂、地址（英文）：					装期： 有效期：
					可否转船：
					可否分批：
					运费支付：
特约事项：1. 信用证要求 　　　　　2. 委托人要求				随附单证	出口货物报关单三份 商业发票两份 装箱（重量）单两份 尺码单两份 信用证副本一份 商检证 份 出口许可证 份
装船情况	船名　　航次　　提单号　　装船日期				
填表说明	1. 本表填写四份，加盖公章后连同有关单证寄回。 2. 危险品须附危险品性能说明书 13 份。				货物情况
委托单位：		复核：			制表：

（2）装货单（Shipping Order，S/O）。装货单是接受了托运人提出装运申请的船公司签发给托运人，命令船长将承运的货物装船的单据。装货单既可用作装船依据，又是货主向海关办理出口货物申报手续的主要单据之一，所以装货单又称"关单"。对托运人而言，装货单是办妥货物托运的证明。对船公司或其代理而言，装货单是通知船方接受装运该批货物的指示文件。

（3）收货单（Mate's Receipt，M/R）。收货单又称大副收据，是船舶收到货物的收据及货物已经装船的凭证。船上大副据理货人员在理货单上所签注的日期、件数及舱位，并与装货单进行核对后，签署大副收据。托运人凭大副签署过的大副收据，向承运人或其代理人换取已装船提单。

（4）海运提单（Bill of Lading，B/L）。海运提单是指证明海上运输合同成立，承运人已经接管货物或已经将货物装船并保证在目的地交付货物的单证。提单是一种货物所有权凭证。提单持有人可据以提取货物，也可凭此向银行押汇，还可在载货船舶到达目的港交货之前进行转让。

（5）装货清单（Loading List，L/L）。装货清单是承运人根据装货单留底，将全船待装货物按目的港和货物性质归类，依航次、靠港顺序排列编制的装货单汇总清单，其内容包括装货单编号、货名、件数、包装形式、毛重、估计尺码及特种货物对装运的要求或注意事项的说明等。装货清单是船上大副编制配载计划的主要依据，也是现场理货人员进行理货、港方安排驳运、进出库场，以及承运人掌握情况的业务单据。

（6）舱单（Manifest，M/F）。舱单是逐票罗列全船载运货物的汇总清单。它是在货物装船完毕之后，由船公司根据收货单或提单编制的。其主要内容包括货物详细情况、装卸港、提单号、船名、托运人和收货人姓名、标记号码等。此单是船舶运载所列货物的证明。

（7）货物积载图。货物积载图是按货物实际装舱情况编制的舱图。它是船方进行货物运输、保管和卸货工作的参考资料，也是卸货港据以理货、安排泊位、货物进舱的文件。

（8）运费清单（Freight Manifest，F/M）。这是根据海运提单副本、收货单而编制的出口载货运费清单，一般由船代公司编制。

（9）提货单（Delivery Order，D/O）。提货单是收货人凭正本提单或副本提单随同有效的担保向承运人或其代理人换取的，可向港口装卸部门提取货物的凭证。

2. 海运货运单证流转程序

海运货运单证流转程序如图 6-2 所示。

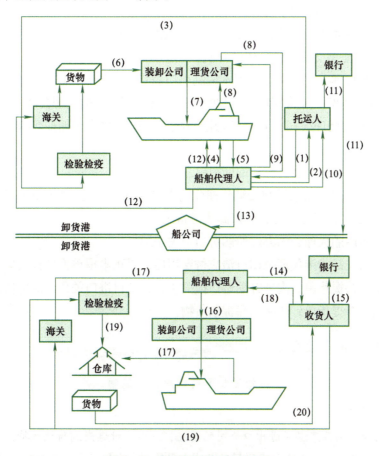

图 6-2　海运货运单证流转程序

（1）托运人向船公司在装运港的代理人（也可直接向船公司或其营业所）提出货物装运申请，递交托运单，填写装货单。

（2）船公司同意承运后，其代理人指定船名，对装货单与托运单上有关内容核对无误后，签发装货单，将留底联留下后退还给托运人，要求托运人将货物及时送至指定的码头仓库。

（3）托运人持装货单及有关单证向海关办理货物出口报关、验货放行手续，海关在装货单上加盖放行章后，货物准予装船出口。

（4）船公司在装货港的代理人根据留底联编制装货清单送船舶及理货公司、装卸公司。

（5）大副根据装货清单编制货物积载计划，交船舶代理人分送理货公司、装卸公司等，按计划装船。

（6）托运人将经过检验的货物送至指定的码头仓库准备装船。

（7）货物装船后，理货长将装货单交大副，大副核实无误后留下装货单并签发收货单。

（8）理货长将大副签发的收货单转交给托运人。

（9）托运人持收货单到船公司在装货港的代理人处付清运费（在预付运费情况下）换取正本已装船提单。

（10）船公司在装货港的代理人审核无误后，留下收货单，签发提单给托运人。

（11）托运人持提单及有关单证到议付银行结汇（在信用证支付方式下），取得货款，议付行将提单及有关单证邮寄开证银行。

（12）货物装船完毕后，船公司在港口的代理人编妥舱单，送船长签字后向海关办理船舶出口手续，并将舱单交船随带，船舶开航。

（13）装货港代理公司根据提单副本编制出口载货运费清单，连同提单副本、收货单送交船公司结算代收运费，并将卸货港所需的单证邮寄给卸货港的代理公司。

（14）卸货港的代理公司接到船舶抵港电报后，通知收货人船舶到港日期，做好提货准备。

（15）收货人到银行付清货款，取回提单。

（16）卸货港代理公司根据装货港代理公司寄来的货运单证，编制进口载货清单等卸货单据，约定装卸公司，联系泊位，做好卸货准备工作。

（17）卸货港船舶代理公司办理船舶进口报关手续。

（18）收货人向卸货港代理公司付清应付费用后，以正本提单换取提货单。

（19）收货人持提货单到海关办理进口报关手续，支付进口关税，海关核准后放行。

（20）收货人持提货单到码头仓库提取货物。

职业能力训练

班轮货物运输组织方案编制

一、训练任务

迅达公司接受山西某煤炭进出口公司的委托，发运一批煤炭到荷兰鹿特丹。山西某煤炭进出口公司要求采用班轮运输，请你帮助迅达公司编制一个这批货物的班轮运输组织方案。

二、训练要求

1. 以小组为单位完成训练任务。
2. 画出班轮运输组织流程图。
3. 详细写出每个步骤的具体实施方案。
4. 小组分角色扮演，模拟班轮运输组织方案情景。

三、训练评价

序号	评价内容	分值	自我评价（20%）	小组评议（30%）	教师评价（50%）	合计得分（100%）
1	能合理编制班轮货物运输计划	30				
2	流程全面	30				
3	运输组织方案详细，图文结合且有条理	20				
4	情景模拟形象生动	20				
教师评语						

单元二 租船货物运输组织

一、租船运输的概念

租船运输（Shipping by Chartering）又称不定期船（Tramp）运输。它与班轮运输不同，船舶没有预定的船期、航线和港口。船期、航线及港口均按租船人（Charterer）和船东（Shipowner）双方签订的租船合同（Charter Party）规定的条款行事。也就是说，根据租船合同，船东将船舶出租给租船人使用，以完成特定的货运任务，并按商定运价收取运费。

租船货物运输组织

二、租船运输的特点和作用

（一）租船运输的特点

（1）租船运输没有固定的航线、固定的装卸港口和固定的船期。它根据租船人的需要和船东的可能，由双方洽商租船运输条件，并以租船合同形式加以肯定，作为双方权利与义务的依据。

（2）租船运输没有固定的运价。租船运价受租船市场供求关系的制约，船多货少时运价低，反之则高。

（3）租船运输一般是整船洽租并以装运货值较低、成交数量较多的大宗货物为主。

（二）租船运输的作用

（1）租船一般是通过租船市场，由船租双方根据自己的需要选择适当的船舶，满足不同的需要，为开展国际贸易提供便利。

（2）国际大宗货物主要是采用租船运输，由于运量大，单位运输成本较低。

（3）租船运价是竞争价格，所以租船运价一般比班轮运价低，有利于低值大宗货物的运输。

（4）只要是船舶能安全出入的港口，租船都可以进行直达运输。

（5）当贸易增加、船位不足，而造船、买船又难以应急时，租船运输可起到弥补需要的作用。另外，如一时舱位有余，为避免停船损失，可借租船揽货或转租。

三、租船运输方式

国际上使用较广泛的租船运输方式主要有以下四种：

（一）定程租船

定程租船（Voyage Charter）又称航次租船，是以航程为基础的租船方式。在这种租船方式下，船方必须按租船合同规定的航程完成货物运输任务，并负责船舶的经营管理以及船舶在航行中的一切费用开支，租船人按约定支付运费。

定程租船有以下特点：①船舶的经营管理由船方负责；②规定一定的航线和装运的货物种类、名称、数量以及装卸港口；③船方除对船舶航行、驾驶、管理负责外，还应对货物运输负责；④在多数情况下，运费按所运货物数量计算；⑤规定一定的装卸期限或装卸率，并计算滞期费、速遣费；⑥船租双方的权利与义务以定程租船合同为准。

定程租船按运输形式又可分为以下几种：①单程租船。它也称单航次租船（Single Voyage Charter），即所租船舶只装运一个航次，航程结束时租船合同即告终止。②来回程租船（Round Trip Charter）。这是租船合同规定在完成一个航次任务后接着再装运一个回程货载的运输形式。③连续单程租船（Consecutive Trip Charter）。这一运输形式要求在同一去向的航线上连续完成多个单航次运输。它的特点是完成若干个连续的航次，不能中断；船舶必须是一程运货，一程空放，船东不能利用空船揽载其他货物，一般航程较近。

（二）定期租船

定期租船（Time Charter）简称期租船，由船舶出租人将船舶租给租船人使用一定期限，并在规定的期限内由租船人自行调度和经营管理，租金按月（或30天）、每载重吨（DWT）若干金额计算。

定期租船有以下特点：①租赁期间，船舶的经营管理由租船人负责；②不规定船舶航线和装卸港口，只规定船舶航行区域；③除特别规定外，可以装运各种合法货物；④船方负责船舶的维护、修理和机器的正常运转；⑤不规定装卸期限或装卸率，不计算滞期费、速遣费;⑥租金按租期每月每吨若干金额计算;⑦船租双方的权利与义务以期租船合同为准。

(三) 光船租船

光船租船 (Bare Boat Charter) 实际上也是定期租船的一种,与一般定期租船不同的是,船东不负责提供船员,只是将船交给租方使用,由租方自行配备船员,负责船舶的经营管理和航行各项事宜,但是,把船交给租船人支配,船东往往心存疑虑。另外,由于雇用和管理船员工作繁重复杂,租船人对这种方式也缺乏兴趣,因此光船租船方式在租船市场上较少采用。

(四) 包运租船

包运租船 (Contract of Affreightment) 是指船舶所有人提供给租船人一定吨位(运力),在确定的港口之间,以事先约定的年数、航次周期和每航次较均等的货运量,完成运输合同规定的全部货运量的租船方式。包运租船的特点有以下几个:①包运租船合同中不指定某一船舶及其国籍,仅规定租用船舶的船级、船龄及其技术规范等。船舶所有人必须根据这些要求提供能够完成合同规定每个航次货运量的运力。这给船舶所有人在调度和安排船舶方面提供了方便。②由船舶所有人负责船舶的营运调度,并负责有关的营运费用。③运费按船舶实际装运货物的数量及商定的费率计算,按航次结算。④租期的长短取决于运输货物的总运量及船舶的航次周期所需要的时间。⑤运输的货物主要是运量较大的干散货或液体散装货物。承租人通常是货物贸易量较大的工矿企业。⑥航次费用的负担责任划分一般与航次租船方式相同。

四、租船运输的作业程序

船舶所有人是租船市场上的船舶供给方,而承租人则是船舶的需求方。借助于当今的通信技术条件,船舶所有人和承租人在开展租船业务时,绝大多数是通过电话、电传、电子邮件、传真等通信手段洽谈的。从发出询盘到签订租船合同的租船业务全过程称为"租船程序"(Chartering Procedure or Chartering Process)。租船程序与国际贸易的商品交易一样,也有询盘、发盘、还盘、受盘和签约五个环节。在租船市场上,由需求船舶的租船人和提供船舶运力的船东通过租船经纪人互通情况,讨价和还价,最后成交签订合同。

(一) 询盘

询盘 (Inquiry) 的目的和作用是让对方知道发盘人的意向和需求的概况。承租人发出询盘的目的是以适当的洽租条件,直接或通过租船经纪人寻求合适的船舶来运输货物;船舶所有人发出询盘的目的是承揽货物运输业务。询盘的内容一般包括必须让对方知道的项目,简明扼要。

承租人询盘的主要内容项目一般包括:①承租人的名称,即营业地点;②货物种类、名称、数量、包装形式;③装卸港口或地点、装卸费用条件;④受载期及解约期;⑤租船方式和期限船舶类型、载重吨、船龄、船级;⑥交船和还船地点、航行范围;⑦希望采用的租船合同范本等。

船舶所有人询盘的主要内容项目一般包括：①出租船舶的类型、船名、船籍、吨位、航行范围；②船舶的各种包装状态下的积载容积；③受载日期、船舶供租方式、供租期限；④适载货物等。

上述内容只是一般情况，询盘人可根据实际需要、不同的租船方式及内容等做出改变。询盘阶段一般不进行具体的租船业务洽谈，主要目的是收集运输市场对询盘内容的反映。所以，询盘又分为一般询盘和特别询盘。一般询盘具有了解市场情况的优势，多方发出询盘，以得到更多的报盘，从而获取最佳选择。特别询盘则是看准一个合适对象具体进行洽询，不向市场公开。

询盘可以向船舶经纪人或租船代理人发出，通过他们在租船市场上寻找合适的租船对象，也可以直接向船舶所有人或承租人发出。

（二）发盘

发盘（Offer）又称报价，承租人或船舶所有人围绕询盘中的内容，就租船涉及的主要条件答复询盘方。向对方发盘也就意味着对询盘内容存在兴趣，所以在发盘时，应考虑对方接受发盘内容的可能性。

发盘的内容包括租船业务的主要条件，也构成租船合同的基础内容。这些主要内容包括：①对船舶技术规范和船舶状况的要求；②租船洽谈的方式及期限；③受载期及解约日；④滞期和速遣条件；⑤运费、租金及支付条件；⑥货物种类、数量、要求的包装形式；⑦装卸港口及航线；⑧交还船地点、航行范围；⑨采用的租船合同范本以及要增添或删减的条款。

由于租船合同项目很多，不可能在发盘中开列很多条款，上述主要条件也是可变的。为了解决洽租过程中的困难，租船业务中的一方一般会事先拟制一个租船合同样本，等正式发盘时使用。在租船合同样本中，特定的可变项目，如船东名称、船名、货物名称、数量、装卸港口、受载期和运价等，均留待洽租时具体商定。每次洽租，首先开列上述主要租船条件，而将次要条件在主要条件达成协议后，再进行商议。

不同的发盘形式具有不同的约束力和不同的法律效力。现行的发盘形式有绝对发盘和条件发盘，习惯上也分别称为实盘（Firm Offer）和虚盘（Offer without Engagement）。绝对发盘（Absolute Offer）在一项发盘中写有"firm"字样的均可视为绝对发盘。绝对发盘是指具有绝对成交的意图，主要条款明确肯定、完整而无保留，具有法律效力。发盘方不能撤回或更改发盘中的任何条件，接受发盘的一方也不能试图让发盘方改变条件。绝对发盘时，发盘人会规定对方接受并答复的期限，即时限（Time Limit for Reply）。发盘人在时限内不得再向第二方做出相同内容发盘；接受绝对发盘方要在时限结束前，就发盘中的条件给予明确答复，否则无效。时限的长短在租船业务中没有统一标准，是由发盘人决定的，主要取决于发盘方的意愿和市场的行情，长则几天，短则只有十几分钟，乃至立即答复。

条件发盘是指发盘方在发盘中对其内容附带某些"保留条件"（Subjects），所列各项条件仅供双方进行磋商，接受发盘方可对发盘中的条件提出更改建议的发盘方式。在条件发盘中，没有"firm"字样，也不规定答复时限，对发盘中的各项条件达成协议之前，条件发盘对双方不具约束力。因此，内容相同的条件发盘可向几个不同的接受方同时发出，就其内容进行反复的探讨和修改。按照国际航运惯例，发盘方应遵循"先复先交易"（First Come，First Service）的原则，与第一答复方洽谈。

（三）还盘

还盘（Counter Offer）是指接受发盘的一方对发盘中的一些条件提出修改，或提出自己的新条件，并向发盘人提出的工作过程。

还盘的目的在于要求对方更改对自己不利的，或合同执行上不可行的洽租条件。这时，要仔细审查对方发盘的内容，决定哪些可以接受，哪些不能接受，要进行修改和补充并逐一提出。还盘中没有涉及的对方发盘中的条件，都被认为是可以接受的条件。

还盘也有虚实之分。还实盘时，对方一经接受，合同即告成立；还虚盘时，必有附带条件，这时还盘会反复多次，直到双方达成协议或终止洽谈。

在租船过程中，并非对所有的发盘予以还盘。如果对方的发盘完全不能接受或者可以接受的条件很少，另一方也可以采用发盘形式要求对方还盘。这表明接受最初发盘的一方不予接受对方的绝大多数条件，但仍有继续洽谈的意愿。

（四）受盘

受盘（Acceptance）即为明确接受或确认对方所报的各项租船条件。这是租船程序的最后阶段。最后一次还实盘的全部内容被双方接受就是租船业务成交的标志，各种洽租条件对双方都具有法律约束力。

有效的受盘必须在发盘或还盘规定的时限内，且不能有保留条件，若时限已过，则欲接受的一方必须要求另一方再次确认才能生效。当发盘方放弃"保留条件"而要求对方受盘时，受盘方应确认收到的是一项不附带任何保留条件的实盘；而在发盘方要求对方先予以受盘，而后再取消保留条件的情况下，受盘方为保护自己的利益，避免不必要的法律纠纷，必须规定发盘方在受盘后取消保留条件的时间限制。如果发盘方没有在该时间限制内正式放弃保留条件，受盘方的受盘仍不具备任何约束力。

（五）签约

正式的租船合同是在合同主要条款被双方接受后开始拟制的。受盘后，双方共同承诺的实盘中的条款已产生约束双方的效力。按照国际惯例，在条件允许的情况下，双方应签署一份"确认备忘书"（Fixture Note），作为简式的租船合同（参见下列样本）。

FIXTURE NOTE

31st Jan., 2023

M/V. "..."

(or Suitable Substitute Vessel)

It is mutually agreed between Messrs（船舶所有人的名称及详细地址）as owners and Messrs（承租人的名称及详细地址）as charterers that:

1. Cargo 20 000t wheat in bags 5% more or less at owners' option (owners to declare quantity to be shipped 2 days before vessel arriving at loading port).

2. Loading at one safe port Shanghai.

3. Discharging at one safe port Oakland.

4. Lay days and Canceling Date: 15th to 30th March, 2023.

5. Freight rate USD 10.00 per Metric ton F.I.O.S CQD both ends.

6. 100% Freight prepaid by 2T to owners' account in US Dollar at Shanghai after completion of loading before releasing Bill of Loading.

7. Any dues/taxes on vessel and/or freight to be for Owners' account. Any dues/taxes on cargo to be for Charterers' account.

8. If charterers fail to ship as agreed quantity, they are liable to pay the deadfreight at the freight rate as agreed.

9. Otherwise details as per'94 GENCON C/P.

  For and on Behalf of   For and on Behalf of

  （Owners）   （Charterers）

确认备忘书没有固定统一的格式，一般包括以下内容：①确认备忘书签订日期；②船名，或可替代船舶；③签约双方的名称和地址；④货物名称和数量；⑤装卸港名称及受载期；⑥装卸费用负担责任；⑦运费或租金率、支付方法；⑧有关费用的分担（港口使用费、税收等）；⑨所采用标准租船合同的名称；⑩其他约定特殊事项；⑪双方当事人或其代表的签字。

签约可由承租人或船舶所有人自己签约；也可以授权租船代理人签约。租船代理人签约时要说明由谁授权代表当事人（承租人或船舶所有人）签约以及代理人的身份。若代理人不表明自己的身份，在发生法律问题时，则被认为是当事人，从而负有履行租船合同的法律责任。租船合同通常制作正本两份，签署后由船舶所有人和承租人双方各持一份存档备用。

职业能力训练

租船货物运输组织方案编制

一、训练任务

迅达公司接受山西某煤炭进出口公司的委托，发运一批煤炭到荷兰鹿特丹。山西某煤炭进出口公司要求采用租船运输，请你帮助迅达公司编制一个这批货物的租船运输组织作业方案。

二、训练要求

1. 以小组为单位完成训练任务。
2. 画出租船运输组织流程图。

3. 详细写出每个步骤的具体实施方案。
4. 小组分角色扮演,模拟租船运输组织方案情景。

三、训练评价

序号	评价内容	分值	自我评价 (20%)	小组评议 (30%)	教师评价 (50%)	合计得分 (100%)
1	能合理编制租船货物运输计划	30				
2	流程全面	30				
3	运输组织方案详细,图文结合且有条理	20				
4	角色扮演形象生动	20				
教师评语						

单元三　水路货物运输费用核算

一、班轮运价与班轮运费

(一) 班轮运价

班轮运价是班轮公司向货主收取的运费价格,包括航运成本和利润。班轮公司制定运价时,除了考虑航运成本外,还要关注以下几个主要因素:

(1) 货物价值和商品特性。
(2) 运量大小和港口装卸效率的高低。
(3) 航程的远近。
(4) 航运市场的供求变化和同业竞争的程度。

水路货物运输费用核算

(二) 班轮运费

班轮运费包括基本运费和附加费两部分。基本运费是指货物从装运港到卸货港所应收取的基本费用,它是构成全程运费的主要部分。附加费是指对一些需要特殊处理的货物,或者突然事件的发生或客观情况变化等原因而需要另外加收的费用。

二、班轮运价表

班轮公司运输货物的费用是按照班轮运价表(费率本)的规定计收的。

(一) 班轮运价表的含义

班轮运价表又称费率本,是指由船公司或班轮公司等编制的载有各种有关费率,作为计算收取运费依据的册子。班轮运价表是船公司承运货物向托运人收取运费的费率表的汇总。

（二）班轮运价表的内容

班轮运价表一般包括说明及有关规定、货物分级表、航线费率表、附加费表、冷藏货及活牲畜费率表等。

（三）班轮运价表的分类

根据费率的形式不同，班轮运价表可分为等级费率本、单项费率本、航线费率本。

等级费率本是按照对全部货物划分的若干不同等级以及不同运送航线而制定的基本费率的费率本。属于同一等级的货物，均按该等级的费率计收运费。使用等级费率本时需要先根据货物名称在货物分级表中查出该货物所属的等级，再从航线费率表中查出该航线上运输该货物的费率后才能计算运费。

单项费率本是指依据对不同货物在不同班轮航线上分别制定的不同基本费率而制成的费率本。单项费率本罗列了各种不同货物在不同航线上的费率，根据货物名称及所属航线，即可直接查出该货物费率以计收运费，使用起来非常方便，省去了查找货物所属等级等环节。

航线费率本是不分运输距离的长短，只按航线、商品名称或等级制定的费率本。对于某一商品，只要其起运港、目的港是同一航线上规定挂靠的基本港口，就不论运输距离的远近，都按同一运价计收运费。通常，采用等级费率本的班轮公司都同时采用航线费率本。

三、班轮运费的计收标准

根据货物的重量、体积和价值，班轮运费主要有两种计算方法，船公司往往选择对其最有利、可收运费最高的一种计收。

（一）基本运费

基本运费的计收标准有如下几种：

（1）按重量吨计收。运价表上用"W"表示。按货物毛重（t）计算，吨以下取小数三位。它适用于价值不高、体积小、重量大的货物。

（2）按尺码吨计收。运价表上用"M"表示。按货物体积（m^3）计算，立方米以下取三位小数。它适用于价值不高、重量轻、体积大的货物。

（3）按价格计收。这俗称从价运费，运价表上用"Ad、Val"或"A.V."表示。以货物价值作为运费计收标准，一般按FOB价收百分之零点几到百分之五的运费。它适用于黄金、白银、精密仪器、手工艺品等贵重商品。

（4）按重量吨或尺码吨计收。运价表上用"W/M"表示。这是常见的一种计收标准，由船公司选择其中数值较高的计收。

（5）按重量吨、尺码吨或从价运费计收。运价表上用"W/M or A.V."表示。这是由船公司从三种计收标准中选择收费最高的一种计收。

（6）按重量吨或尺码吨中收费较高的作为标准再另行加收一定百分比从价运费。运价表上用"W/M plus A.V."表示。

（7）按货物的件数计收。如卡车按辆，活牲畜按头计收。

（8）按议价计收。临时商定运价，如粮食、矿石、煤炭等大宗货物。

（9）按起码运费计收。不足1运费吨（1重量吨或1尺码吨）的货物均按一级货收取运费。

（二）附加费

为了保持在一定时期内基本费率的稳定，又能正确反映出各港的各种货物的航运成本，班轮公司在基本费率之外，又规定了各种附加费。附加费在基本运费的基础上，加收一定百分比，或者按每运费吨加收一个固定值计算。常见的附加费有以下几种：

（1）超重附加费、超长附加费和超大附加费。这是指当一件货物的毛重、长度或体积达到或超过运价本规定的数值时加收的附加费。

（2）变更卸货港附加费。这是指货主要求改变货物原来规定的卸货港，在有关当局（如海关）准许、船方又同意的情况下加收的附加费。

（3）选港附加费。这是指装货时尚不能确定卸货港，要求在预先提出的两个或两个以上港口中选择一个港卸货，船方因此而加收的附加费。所选港口限定为该航次规定的挂靠港，并按所选港中收费最高者计算运费及各种附加费。

（4）转船附加费。这是指凡运往非基本港的货物，需要转船运往目的港，船舶所收取的附加费，包括转船费（包括换装费、仓储费）和二程运费。

（5）直航附加费。这是指运往非基本港的货物达到一定的数量，船公司可安排直航该港而加收的附加费。一般直航附加费比转船附加费低。

（6）港口附加费。这是指船舶需要进入港口条件较差、装卸效率较低或港口船舶费用较高的港口及其他原因而向货方增收的附加费。

注意：基本港是指港口设备较好、货运量大、班轮公司按期挂靠的港口。运往基本港的货物，均按基本费率收取运费。非基本港指班轮公司不常挂靠的港口，运往该港的货物要加收附加费。

（7）港口拥挤附加费。这是指有些港口由于拥挤致使船舶停泊时间增加而加收的附加费。该项附加费随港口条件改善或恶化而变化。

（8）燃油附加费。这是指因燃油价格上涨而加收一固定值或按基本运价的一定百分比加收的附加费。

（9）货币贬值附加费。这是指在货币贬值时，船方为保证其实际收入不致减少，按基本运价的一定百分比加收的附加费。

（10）绕航附加费。这是指因战争、运河关闭、航道阻塞等造成正常航道受阻，必须临时绕航才能将货物送达目的港而加收的附加费。

除以上各种附加费外，还有一些附加费需要船、货双方议定，如洗舱费、熏舱费、冰冻附加费、加温费和苏伊士运河附加费等。附加费是对基本运价的调节和补充，可灵活地对各种外界不确定因素的变化做出反应，是班轮运费的重要组成部分。

四、班轮运费的计算

（一）班轮运费的计算步骤

（1）选择相关的运价本。

（2）根据货物的英文名称，在货物分级表中查到运费计收标准和等级。

（3）在等级费率表的基本费率部分，找到相应的航线、启运港、目的港，按等级查到基本运价。

（4）再从附加费部分查出所有应收（付）的附加费项目和数额（或百分比）及货币种类。

（5）根据基本运价和附加费算出实际运价。

（6）根据公式"运费 = 运价 × 运费吨"，计算运费。

如果是从价运费，则按规定的百分比乘以 FOB 货值。

（二）班轮运费的计算公式

班轮运费的计算公式为

$$F = F_b + \sum S$$

式中，F 表示运费总额；F_b 表示基本运费；S 表示某一项附加费。

基本运费是所运输货物的数量（重量或体积）与规定的基本费率的乘积，即

$$F_b = fQ$$

式中，f 表示基本费率；Q 表示货运量（运费吨）。

在多数情况下，附加费按基本运费的一定百分比计算，其计算公式为

$$\sum S = (S_1 + S_2 + \cdots + S_n) F_b$$
$$= (S_1 + S_2 + \cdots + S_n) fQ$$

式中，$S_1, S_2, \cdots, S_n$ 为各项附加费费率。

代入班轮运费计算公式，可得

$$F = fQ + (S_1 + S_2 + \cdots + S_n) fQ$$
$$F = (1 + S_1 + S_2 + \cdots + S_n) fQ$$

如附加费以固定值表示，则附加费总额为

$$\sum S = (G_1 + G_2 + \cdots + G_n) Q$$

式中，$G_1, G_2, \cdots, G_n$ 为各项附加费数额。

代入班轮运费计算公式为

$$F = fQ + (G_1 + G_2 + \cdots + G_n) Q$$

例6-1 青岛运往荷兰鹿特丹港口棉布一批计 100 箱。每箱体积为 20cm×30cm×40cm；每箱重量为 25kg；燃油附加费费率为 40%。鹿特丹港口拥挤附加费费率为 10%。青岛运往荷兰鹿特丹港口的 100 箱棉布应付运费多少？（中国—欧洲航线等级费率表如表 6-2 所示。）

表 6-2　中国—欧洲航线等级费率表

货名	计收标准	等级	费率（港元）
农业机械	W/M	9	404.00
棉布及棉织品	M	10	443.00
小五金及文具	W/M	10	443.00
玩具	M	20	1 120.00

基本港口：汉堡（德国）、安特卫普（比利时）、鹿特丹（荷兰）等

解：（1）根据货物的英文名称，在"中国—欧洲航线等级费率表"中查到运费计收标准为 W/M 和棉布属于 10 级货，计算货物的体积和重量。

100 箱的体积为

$$0.2 \times 0.3 \times 0.4 \times 100 = 2.4 \text{（m}^3\text{）}$$

100 箱的重量为

$$0.025 \times 100 = 2.5 \text{（t）}$$

由于 2.4m³ 的计费吨小于 2.5t，因此计收标准为重量。

（2）查阅"中国—欧洲航线等级费率表"，10 级货的费率为 443.00 港元，则基本运费为 443.00×2.5=1 107.5（港元）。

（3）从附加费部分查出燃油附加费费率为 40%，鹿特丹港口拥挤附加费费率为 10%。

（4）根据基本运价和附加费算出实际运费为（1+40%+10%）×443×2.5=1 661.25（港元）。

五、集装箱班轮运费的计算

目前，集装箱货物海上运价体系较内陆运价体系成熟。集装箱班轮运费的计算方法有两种：一种是采用件杂货运费的计算方法，即以每运费吨为单位（俗称散货价）；另一种是以每个集装箱为计费单位（俗称包箱价）。

（一）件杂货基本运费和附加费

基本运费参照传统件杂货运价，以运费吨为计算单位，多数航线上采用等级费率。附加费方面，除传统件杂货所收的常规附加费外，还要加收一些与集装箱货物运输有关的附加费。

（二）包箱费率

包箱费率（Box Rate）以每个集装箱为计费单位，常用于集装箱交货的情况，即 CFS-CY 或 CY-CY 条款。常见的包箱费率有以下三种表现形式：

（1）FAK（Freight for All Kinds）包箱费率，即对每一个集装箱不细分箱内货类、不计货量（在重量限额之内），统一收取运价的费率。

（2）FCS（Freight for Class）包箱费率，即按不同货物等级制定的包箱费率。集装箱普通货物的等级划分与件杂货的等级划分方法一样，仍是 1～20 级，但级差较小。

（3）FCB（Freight for Class and Basis）包箱费率，即既按不同货物等级或货类，又按计算标准制定的包箱费率。

例6-2 某外运集装箱运输有限公司班轮直挂以 CY-CY 为交货条件,按 1~7 级、8~10 级、11~15 级、16~20 级四个级别计收包箱费。有一批罐头合计 1 500 箱,毛重 180 000kg,尺码 255m³,共装 20ft 集装箱 10 只,需要从中国上海港运往阿联酋迪拜港,某外运集装箱运输有限公司从上海港到迪拜港的运价为 20ft 集装箱每箱 1 960 美元。试计算该批货物的运费。

解:上述货物的运费为 1 960×10=19 600(美元)。

六、租船运费的计算

租船运费主要包括基本运费、装卸费,以及滞期费和速遣费等。

(一)基本运费

它是指货物从装运港至目的港的海上基本运费。计算方法一般采用按运费率和整船包价两种方式。

(二)装卸费

装卸费需要区分是由租船人来承担还是由船东来承担,一般分为以下几种情况:船方负担装卸费用(Gross/Liner/Berth Terms)、船方管装不管卸(FO)、船方管卸不管装(FI)、船方不管装卸(FIO),以及船方不管装卸、理舱和平舱(FIOST)。此外,装卸时间(装卸期限)是指租船人承诺在一定期限内完成装卸作业,一般可按日、连续日、时、工作日(通常节假日除外)、晴天工作日、连续 24 小时晴天工作日等情况计算。

(三)滞期费和速遣费

滞期费(Demurrage)是指在规定的装卸期间内,租船人未能完成装卸作业,为了弥补船方的损失,租船人针对超过的时间向船方支付的一定量的罚款。速遣费(Dispatch Money)是指租船人在规定的装卸期限内,提前完成装卸作业,船方针对租船人所节省的时间向租船人支付的一定量的奖金。进出口商与船方订立租船合同时,必须注意租船合同与进出口合同中有关装运时间的一致性。

职业能力训练

水路货物运输运费确定

一、训练任务

从我国上海港运往德国汉堡港拖拉机发动机一批,共计 20 箱。每箱体积为 150cm×80cm×120cm;每箱重量为 1.5t。当时的燃油附加费的费率为 40%。汉堡港口拥挤附加费的费率为 10%,计算该批货物的运费。中国—欧洲航线等级费率表如表 6-3 所示。

表 6-3　中国—欧洲航线等级费率表

货名	计收标准	等级	费率（港元）
农业机械	W/M	9	450.00
棉布及棉织品	M	10	480.00
小五金及文具	W/M	10	480.00
玩具	M	20	1 400.00

基本港口：汉堡（德国）、安特卫普（比利时）、鹿特丹（荷兰）等

二、训练要求

1. 个人完成训练任务。
2. 判定属于哪种类型运费计算。
3. 查出货物等级和计费标准。
4. 根据班轮运费计算公式准确核算出货物运费。

三、训练评价

序号	评价内容	分值	自我评价（20%）	小组评议（30%）	教师评价（50%）	合计得分（100%）
1	能合理编制班轮货物运输计划	30				
2	流程全面	30				
3	运输组织方案详细	20				
4	方案图文结合且有条理	20				
教师评语						

知识巩固练习

一、不定项选择题

1. 班轮运输的货物交付方式是（　　）。
   A. 仓库交付　　　　　　　　B. 船边交付
   C. 货主选港交付　　　　　　D. 变更卸货港交付
2. 以下哪种租船运输方式的期限是固定的？（　　）
   A. 定程租船　　B. 定期租船　　C. 包运租船　　D. 光船租船
3. 以下哪种班轮运费的计费标准是按重量吨或尺码吨计收的？（　　）
   A. W　　　　　B. M　　　　　C. W/M　　　　D. A.V.
4. 以下哪种集装箱包箱费率是按照货物等级制定的？（　　）
   A. FAK　　　　B. FCS　　　　C. FCB　　　　D. FCL
5. 以下哪项是船方不管装卸的代码？（　　）
   A. FIO　　　　B. FI　　　　　C. FO　　　　　D. FIOST

二、简答题

1. 班轮运输的特点是什么？
2. 班轮运输的作业程序是什么？
3. 班轮运输的主要海运单证有哪些？
4. 租船运输的特点和作用是什么？

三、计算题

出口某商品 10t，400 箱装，每箱毛重 25kg，体积 20cm×30cm×40cm，单价 CFR 伦敦每箱 55 美元，查表知该货为 8 级，计费标准 W/M，每运费吨 80 美元，另收转船附加费 20%，燃油附加费 10%，求该批货物的运费。

素养提升：技能成才，技能报国——长兴岛造船基地

素养案例

跨越山海，牵手世界
——"一带一路"之广州港

"一带一路"是"丝绸之路经济带"和"21世纪海上丝绸之路"的简称。"一带一路"倡议在过去十年间取得了丰硕的成果，推动了全球互联互通。

广州是千年商都。1 000 多年前，这里就是海上丝绸之路的一个起点。广州不仅拥有南沙港及多个珠江内河港口，还有白云国际机场空港等。其中，南沙港是"21世纪海上丝绸之路"的重要链接枢纽，与全球 100 多个国家、400 多个港口互联互通。

广州南沙地处珠江出海口和粤港澳大湾区地理几何中心。南沙港作为广州唯一的天然深水港，畅通了珠三角地区货物的国际远航之路，打开了中国对外贸易的重要航道。2013 年年底，广州港共有"一带一路"方向航线 39 条，10 年间猛增 100 多条。截至 2023 年 9 月，广州南沙港已开通外贸班轮航线 152 条，其中到"一带一路"共建国家有 126 条航线。

航线数量增长，外贸吞吐量不断攀升。2013 年"一带一路"方向的集装箱吞吐量为 165.26 万标准箱，2022 年较 2013 年增长超过一倍。2022 年，广州港南沙港区外贸吞吐量八成来自共建"一带一路"国家方向。南沙港"朋友圈"不断扩大，与共建"一带一路"国家的友好港达到 23 个。

如今，广州港既可接卸雄伟如山的巨轮，也可接卸灵活穿梭的小船，拥有内外贸齐全的集装箱、滚装、散货业务。港口货如轮转，既出口汽车、中央空调等工业产品，也载来粮食、车厘子等农产品。广州港成为物流"大枢纽"、能源"大动脉"、粮食"大通道"，是大湾区中唯一的综合性港口。（资料来源：跨越山海"牵手"世界 "一带一路"进口生鲜"1 小时达"设想照进现实 https://news.cctv.com/2023/10/09/ARTIU6FkJ1S9u1TRHBw9pmvJ231009.shtml.）

思考： "一带一路"带给你的启示是什么？

模块七
特殊货物运输管理

学习目标

知识目标：

1. 掌握超限货物运输要求及管理规定
2. 掌握超限货物运输作业流程
3. 掌握危险货物的特性及运输相关规定
4. 掌握危险货物运输作业流程
5. 掌握鲜活货物运输要求及作业组织

技能目标：

1. 能正确编制超限货物运输方案
2. 能正确识别危险货物
3. 能完成常见鲜活货物运输作业

素养目标：

1. 通过特殊货物作业流程学习，培养规则意识
2. 通过危险货物运输管理规定学习，培养安全意识
3. 通过鲜活货物运输需求学习，培养责任意识和提供优质服务的理念

单元一　超限货物运输管理

运输企业所承运的某些不可解体的大型货物，其体积和重量超过了普通运载工具的作业能力，此类货物被称为超限品或超限货物、大件货物，对这类货物的运输称为超限货物运输。

一、超限货物认知

（一）超限货物的定义

超限货物是指货物的外形尺寸和重量超过常规（如超长、超宽、超重、超高）车辆、船舶装载规定的大型货物。

超限货物有时也称作大件货物，根据其外形尺寸和货物质量分为超限货物和超重货物。

超限货物运输管理（上）

1. 超限货物

超限货物是指装载轮廓尺寸超过车辆界限标准的货物。按照货物本身的外形尺寸，超限货物又可以分为超长货物、超宽货物和超高货物。

长度在 14m 以上的货物称为超长货物。此类货物多为钢材、毛竹、原木、水泥、电杆等制品，一般需要采用加长、大型货物或半挂货车等车辆来运输。

宽度在 3.5m 以上的货物称为超宽货物。此类货物多为钢铁制品，如超宽的机械设备、变压器、大型锅炉等，通常采用大型平板汽车列车运输。

高度在 3m 以上的货物称为超高货物。此类货物多为钢铁制品，如立式车床、锻压机、化工合成塔以及桥梁、工程设备构建等。

2. 超重货物

重量在 20t 以上的单体货物，或不可解体的成组（捆）货物，称为超重货物。常见的有建筑和施工机械，如推土机、挖掘机、压路机等，以及大型金属铸件和机器设备等，通常采用半挂货车或大型平板汽车列车运输。

（二）超限货物的判别标准

不同运输方式对超限货物的判别标准也有所不同。公路超限货物是指符合下列条件之一的货物：

（1）外形尺寸长度在 14m 以上或宽度在 3.5m 以上或高度在 3m 以上的货物。

（2）重量在 20t 以上的单体货物或不可解体的成组（捆）货物。

（三）超限货物的特点

（1）装载后车与货的总重量超过所经过路线桥涵、地下通道的限载标准。

（2）货物宽度超过车辆界限。

（3）载货车辆最小转弯半径大于所经路线设计弯道半径。

（4）装载总高度超过 5m；通过电气化铁路平交道口时，装载总高度超过 4.2m；通过无轨电车线路时，装载总高度超过 4m；通过立交桥和人行过街天桥时，装载总高度超过桥下净空限制高度。

（四）超限货物的分类

公路超限货物分级如表 7-1 所示。

表 7-1 公路超限货物分级

超限货物级别	重量/t	长度/m	宽度/m	高度/m
一级	40～（100）	14～（20）	3.5～（4.0）	3.0～（3.5）
二级	100～（180）	20～（25）	4.0～（4.5）	3.5～（4.0）
三级	180～（300）	25～（40）	4.5～（5.5）	4.0～（5.0）
四级	300 以上	40 以上	5.5 以上	5.0 以上

注：①"括号数"表示该项参数不包括括号内的数值。

②货物的重量和外廓尺寸中，有一项达到表列参数，即为该级别的超限货物；货物同时在外廓尺寸和重量达到两种以上等级时，按高限级别确定超限等级。

（五）超限货物运输的特殊性

超限货物运输与一般货物运输相比，具有以下特殊性：

1. 特殊装载要求

超限货物要用超重型挂车作为载体，用超重型牵引车牵引和顶推。超重型挂车和牵引车都是用高强度钢材和大负荷轮胎制成的，价格昂贵，而且要求行驶平稳，安全可靠。

2. 特殊运输条件

运载超限货物的超重型车组要求通行的道路有足够的宽度和净空，具备良好的道路线形，桥涵要有足够的承载能力，有时还要分段封闭交通。这就涉及公路管理、公安交通、电信电力、绿化环保等专管部门，只有在这些部门的通力合作下，超限货物运输才能顺利进行。

3. 特殊安全要求

超限货物中的许多大型设备都涉及国家经济建设的关键设备，稍有闪失，后果不堪设想。为此，其运输必须有严密的质量保证体系，任何一个环节都要有专职人员检查，未经检查合格，不得运送。

二、超限货物运输作业组织

（一）超限货物运输管理规定

2016 年 8 月，我国发布了《超限运输车辆行驶公路管理规定》（以下简称《规定》）。该《规定》是针对超限运输车辆进行管理的法规，

超限货物运输管理（下）

统一了超限认定标准，优化了超限运输许可流程，加强了对超限运输车辆行驶公路的管理，规范了对违法超限运输行为的处罚措施等。

（二）超限货物运输作业组织的注意事项

由于超限货物在体积、重量上超过普通车辆允许的容积或载重量，甚至可能超过公路、桥涵的净空界及通过能力，因此在实际作业组织中，要特别注意以下问题：

1. 对托运人的要求

超限运输的托运人应当委托具有大型物件运输经营资质的公路运输经营者承运，并在运单上如实填写托运货物的名称、规格、质量等相关信息，并提交货物说明书，以及装卸、加固等具体要求，在特殊情况下，还须向有关部门办理准运证。凡未按规定办理大件托运或运单填写不明确，由此发生运输事故的，由托运人承担全部责任。因运输大型特型笨重物件发生的公路改造、桥涵加固、清障、护送、装卸等费用，由托运人负担。

2. 对承运人的要求

承运人应根据超限货物的外形尺寸和车货质量，在起运前会同托运人勘察作业现场和运行路线，了解沿途道路环境及气候情况，勘察运输沿线全部道路的路面、路基、横向坡度、纵向坡度及弯道半径等，查验沿线桥梁涵洞、高空障碍，查看装卸货现场、转运现场，并制定运输组织方案。在具备安全运输条件和能力的情况下，才可办理承运手续。注意，承运超限货物的级别必须与批准经营的类别相符，不能受理经营类别范围以外的大型物件。

3. 对装载的要求

制定货物装卸、加固等技术方案和操作规程，并严格执行，确保合理装载、加固牢靠、安全装卸。装卸作业由承运人负责的，应根据托运人的要求、货物的特点和装卸操作规程进行作业。由托运人负责的，承运人应按约定的时间将车开到装卸地点，并监装、监卸。

4. 对运输的要求

运输超限货物，应按规定向公路管理机构申请办理"超限运输车辆通行证"，按照指定的路线行车。在市区运送大件货物时，要经公安机关和市政工程部门审查并发给准运证方可运送。按指定的线路和时间运行，并在货物最长、最宽、最高部位悬挂明显的安全标志。白天行车时，悬挂标志旗；夜间行车和停车休息时装设标志灯，以警示来往车辆。特殊的货物，要有专门车辆引路，及时排除障碍。

（三）超限货物运输作业流程

超限货物的运输涉及面广，是一项复杂的系统工程。

依据超限货物运输的特殊性，公路超限货物作业流程主要包括办理托运、理货、验道、制定运输技术方案、运输报价、签订运输合同、制定线路运输组织方案、货物装车和加固作业、车辆运行作业，以及运输统计与结算等。

动画：超限货物运输作业流程

1. 办理托运

由超限货物托运人向已取得大型物件运输经营资格的运输业户或代理人办理托运，托运人必须在货单上如实填写大型物件的名称、规格、件数、起运日期、收发货人详细地址及其运输过程中的注意事项。凡未按上述要求办理托运或运单填写不明确，并由此产生运输事故的，由托运人承担全部责任。

2. 理货

理货工作可为确定超限货物级别及运输形式、查验道路，以及制定运输方案提供依据。理货工作的主要内容包括：①调查大型物件的几何形状和重量；②调查大型物件的重心位置和重量分布情况；③查明货物承载位置及装卸方式；④查看特殊大型物件的有关技术经济资料，以及完成书面形式的理货报告单。超限（大件）货物理货报告单如表 7-2 所示。

表 7-2 超限（大件）货物理货报告单

年　月　日

货主			货名		
运输起止点			用途		
预计起运日期			价值		包装	
长度 /m		宽度 /m		高度 /m	
货重 /t		重心高 /m		重心位置	
货件是否均质	长度方向		质量是否对称	长度方向	
	宽度方向			宽度方向	
对承载方式有无特殊要求					
有无承载架（非短货件）					
起重装卸方式					
货件简图					

理货人员：（签字）

注：①货件简图必须标出最外廓尺寸、重心位置、承载架尺寸。
　　②如内容较多，可另外用纸填写。

结合理货报告，进行车辆初步选配；计算货物装车后的车组转弯半径、通道宽度、扫空半径及各轴轴荷等；确定车组行驶速度等技术参数，绘制装载三视图。对货物扫空、弯道超高或横坡较大等特殊情况，必要时进行图上作业，实地放样或精确测量后带回分析。

3. 验道

验道工作的主要内容包括：①查验运输沿线全部道路的路面、路基、纵向坡度、横向坡度及弯道超高处的横坡坡度、道路的竖曲线半径、通道宽度和弯道半径；②查验沿线桥梁涵洞、高空障碍；③查看装卸货现场、倒载转运现场；④了解沿线地理环境及气候情况。

根据上述查验结果预测作业时间，编制运行路线图，并完成验道报告单（见表7-3）。

表 7-3 验道报告单

年　月　日

货主				货名		
运输路线						
车辆选配						
桥梁情况	存在问题			桥梁总数		
涵洞						
最大纵坡	1	坡度	宽度	路面	弯道半径	地点
	2	坡度	宽度	路面	弯道半径	地点
	3	坡度	宽度	路面	弯道半径	地点
最大横坡	1					
	2					
	3					
道路竖曲线（或路面障碍）	1					
	2					
	3					
最大横坡	1	弯道半径		通道宽度		地点
	2					
	3					
空中障碍	1					
	2					
装卸地点						
地理环境及气候情况	1					
	2					
其他注意情况						
运营路线简图						
运输前需要解决的问题						
道路情况能否承运的意见						

验收人员：（签字）

4．制定运输技术方案

在充分研究、分析理货报告单及验道报告单的基础上，制定安全可靠、可行的运输技术方案。其主要内容包括：①配备牵引车、挂车组及附件；②配备动力机组及压载块；③确定限定最高车速；④制定运行技术措施；⑤配备辅助车辆（生产指挥车、生活服务车、起重工具运载车、汽车吊等）；⑥制定货物装卸与捆扎加固方案；⑦制定加固、改造措施方案；⑧制定护送措施方案；⑨制定和验算运输技术方案；⑩完成运输技术方案书面文件。

5. 运输报价

超限货物运输在理货、验道工序完成的同时或以后就进入了谈判、报价阶段。这是个重要环节，要讲科学性，既不能要价太高，把货主要跑，又不能价格过低，企业没有了盈利空间。一般的大件运输企业都有统一的对外谈判、报价原则，依照企业的超限运输收费标准，根据运输市场形势，结合货物的实际情况，经相关部门论证，确定最终的运输项目报价方案。

6. 签订运输合同

根据托运方填写的委托运输文件及承运方进行理货分析、验道、制定运输方案的结果，承托双方签订书面形式的运输合同。其主要内容包括：①明确托运与承运双方、超限货物数据及运输车辆数据、运输起讫地点、运距与运输时间；②明确合同生效时间、承托双方应负责任、有关法律手续及运费结算方式、付款方式等。

7. 制定线路运输组织方案

线路运输组织工作包括：建立临时性（针对本次超限运输项目）的超限运输工作领导小组，具体负责实施运输技术方案、执行运输合同和相应对外联系（行业申报）。领导小组下设行车、机务、后勤生活、安全、材料供应等工作小组及工作岗位，并制定相关工作岗位责任制。组织大型物件运输工作所需牵引车驾驶员、挂车操作员、装卸工、修理工、工具材料员、技术人员、质保员及安全员等，依照运输工作岗位责任制及整体要求认真操作、协调工作，保证大件运输工作全面、准确完成。

8. 货物装车和加固作业

货物的装卸应尽可能选用适宜的装卸机械，装车时应使货物的全部支承面均匀、平衡地放置在车辆底板上，以免损坏车辆大梁。除有特殊规定外，装载货物的质量不得超过车辆的核定吨位，其装载的长度、高度、宽度不得超过规定的装载界限。

运送大件货物时，除应考虑它们合理装载的技术条件外，还应重视货物质量、形状、大小、重心刻度、车辆和道路条件、运送速度等具体情况，采取相应的加固捆绑措施，使之足以承受车组在起步、制动、运行中所产生的各种力的作用，确保大件货物在运输过程中不发生移动、滚动、倾覆等情况。

9. 车辆运行作业

车辆运行作业主要包括重车运行、途中货载的检查及异常情况的处理。异常情况的处理主要指货物装载移位、运输阻碍等的处理。车辆行驶过程中，承运人应按照超限运输车辆通行证上指定的时间、路线和速度行驶。按照有关要求在车辆上悬挂明显标志，以警示来往车辆，保证运输安全。沿途每隔 50km，安全技术人员须对行驶车辆进行检查，发现问题及时处理。

10. 运输统计与结算

运输统计指完成大型物件运输工作各项技术经济指标统计。运输结算指完成运输工作后按运输合同的有关规定结算运费及相关费用。运输费用由承托双方协商确定。因运输大型特型笨重物件发生的道路改造、桥涵加固、清障、护送、装卸等费用，由托运人负担。

三、超限货物运输方案编制

超限货物具有超重、超长、超大、形状不规则等特点，部分设备的精密性和科技含量较高，运输过程出现风险的可能性也会更大，所以对运输过程组织也提出了更高的要求。为了保证运输的安全性，运输企业必须编制详细、完善的超限运输方案。

1. 超限运输方案编制原则

（1）要重视超限货物的特性。超限货物可能具有超重或长宽高超限的特征，在运输过程中会受到桥、涵、路、洞等影响，导致最经济省时的路线不能满足超限货物的运输条件。一般来说，运输线路的选择排序是满足货物通行空间需求、费用最低、改造和排障难度最小、公路里程最短、运输危险性最小、运输时间最短。

（2）要减少货物的装卸次数。当多条线路均可满足超限货物的运输要求时，要尽可能选择货物装卸作业环节少的运输路线。这是因为超限货物的装卸作业复杂，减少装卸次数不仅可以节省大量的费用，还能节省运输时间，降低运输过程中的操作风险。

（3）要尽可能节省运输成本。运输企业应在保证货物通过能力的情况下，尽可能选择运输距离短、中间环节少、交通路况好的运输线路，并对不确定的运输线路进行实际勘察，减少不确定因素对超限运输组织的影响，减少线路不明确造成的经济损失。

（4）要准确判断超限运输的潜在风险。由于超限货物的形状、规格、质量、重心距地高度等条件各不相同，因此在进行超限货物运输时，即便承运设备的车辆相同，但是货物的加固、装载方式、桥梁状况、运输线路也不尽相同。所以，在编制具体方案前，一定要准确分析这些不确定性，判断存在的可能风险，编制合理的方案。

2. 超限运输方案主要内容

一个安全、可靠、可行的超限运输方案，主要包括以下七个方面的内容：

（1）运输任务概况，主要包括运输货品的体积尺寸、质量参数、货品的交货状态、货品的起运点和交付点、运输期限、运输路线说明等。

（2）沿途的改造和排障方案。提出作业现场通道要求；识别并实施清理通道与排除路障作业；提前检查，不符合者须再次清理。

（3）货品装卸运输方案，包括：①运输车辆状态，如车辆高度和宽度、轴载等；②相关指标计算，如对地压力、转弯半径、扫空半径、牵引力等指标的具体计算；③装卸设备的校核、封车方案。

（4）组织体系。明确具体的组织体系架构和岗位职责。

（5）运输的 HSE 方案。针对运输过程中可能出现的各种紧急情况，如机械故障、交通事故天气情况、自然灾害等，进行风险评估，制定应急预案、事故报告及处理方案等。

（6）运输计划、人力资源计划、工具机具使用计划、材料计划。

（7）方案附图，如运输路线图、设备装卸封车图、车辆配载图、清障处理图、加固图、工机具制作图等。

3. 超限运输组织安全方案编制

在实际工作中，一个完整的超限运输方案还应当包括翔实的运输组织安全方案，如交通管制要求、运行时间和速度要求、运行过程中的检查要求，以及运输保障控制等，真正做到大件运输的安全、快捷。

（1）交通管制要求。说明设备在运输过程中是否需要进行交通管制，如分段封闭道路全程进行监控等。

（2）运行时间和速度要求。说明设备运输是否必须在白天进行；正常的运输速度必须控制在每小时多少千米，道路不平整的路段速度必须控制在每小时多少千米，通过障碍的速度必须控制在每小时多少千米等。

（3）车辆启动前的检查要求。说明车辆启动前需要检查的重点项目，确保有问题排除在启动前。

（4）运行过程中的检查要求。说明在车辆运行过程中需要检查的重点项目，包括以下两项：

1）横坡检查：通过横坡大于 3% 的道路，必须进行平板车的横坡校正，确保设备处于相对水平的状态。

2）纵坡检查：通过较大的纵坡时，对平板车进行纵坡校正，确保设备处于相对水平状态。

（5）车辆停放要求。运输车辆夜间停放或中途停车必须选择道路坚实平整、路面宽阔、视线良好的地段停放，设置警戒线、警示标志，并派人守护。

（6）运输保障控制。对准备运输的设备需要进行适当的保管和包装以防损伤。制定捆扎和加固方案，正确选用运输工具，对运输工具进行维护，正确选取运输路线，并在运输前再次对路线进行勘察，确保运输条件与实际情况相符等。

（7）技术安全措施。对参加该项目的工作人员进行质量、安全和作业的技术要求进行培训，对运输人员进行技术沟通。针对项目进行科学、合理的风险评估，确定实际需要的运输设备工具，装卸过程中严格执行配载方案，并安排专业技术人员监装、监卸。

（8）组织保障方案。建立超限运输项目工作领导小组，下设行车机务、安全、材料供应等工作小组，负责实施运输方案，执行运输合同和对外协调。针对影响超限运输正常运行潜在风险因素，应采取措施予以防控。

职业能力训练

大件货物运输方案编制

一、训练任务

迅达公司拥有一支高素质的员工队伍和一批资深的物流专家,并拥有雄厚的运力资源和仓储资源优势;服务质量获得认可,通过ISO9002质量认证;拥有机电产品大件运输资质,曾经先后圆满地完成该类项目的运输任务。

某变压器集团有限公司现有变压器产品的运输需求:从北京运送到郑州,变压器规格为 6.8m×3.3m×5.26m,重量为247t。

通过本单元内容的学习,完成变压器大件运输项目运输方案的编制。

二、训练要求

1. 以小组为单位完成训练任务(建议3～5人一组)。
2. 认真阅读训练任务,应用所学知识编制大件运输项目的运输方案。
3. 小组进行成员角色分工,并写出各自工作内容与工作职责。
4. 小组组长按运输方案主要内容及各自工作职责组织任务实施。

三、训练评价

序号	评价内容	分值	自我评价(20%)	小组评议(30%)	教师评价(50%)	合计得分(100%)
1	运输任务概况介绍全面、准确	15				
2	沿途的改造和排障方案内容全面、合理、可行	15				
3	运输技术方案内容(采用车辆、装卸方案、捆绑方案等)全面、合理、可行	20				
4	运输质量保障措施具体、可靠	15				
5	组织保障方案全面、合理、可行	15				
6	小组成员高效合作,工作职责清晰	10				
7	提交的成果内容全面,编排合理,结构清晰	10				

教师评语	

单元二 危险货物运输管理

危险品被广泛用于许多行业的生产及人们的日常生活中,危险品运输在运输行业中占有较大的比重,危险品及其运输在国民经济和社会生活中起着重要作用。危险货物运输一旦发生事故，可能危害公共安全或造成巨大的经济损失。

一、危险货物认知

（一）危险货物的定义

危险货物运输管理（上）

根据我国 2012 年 12 月 1 日实施的国家标准《危险货物分类和品名编号》（GB 6944—2012）的规定，危险货物是指具有易爆炸、易燃、毒害、感染、腐蚀、放射性等危险特性，在运输、储存、生产、经营、使用和处置中，容易造成人身伤亡、财产损毁或环境污染而需要特别防护的物质和物品。比如，我们熟知的烟花爆竹、天然气、汽油、柴油等易爆物品，硫酸、盐酸、氢氧化钠等腐蚀性物品，氰化物、砷化物、剧毒农药等剧毒化学品等。

危险货物具有以下三个特征：

（1）不稳定的物理化学性质。危险货物具有爆炸、易燃、毒害、腐蚀、放射性等性质，易造成火灾、中毒、灼伤、辐射伤害与污染等事故。

（2）潜在性的危害大。危险货物在运输、装卸和储存保管过程中，在一定外界因素作用下，如受热、明火、摩擦、振动、撞击、洒漏以及与性质相抵触物品接触等，易发生化学变化引发危险事故，不仅使危险品本身遭受到损失，而且会危及人身安全、破坏周围环境，从而造成财产损失。

（3）特殊的防护措施。为保证危险货物的安全运输，除一般所说的轻拿轻放、谨防明火等普通货物运输需要注意的事项以外，还必须有针对各类危险品本身的物理化学特性所采取的特别防护措施。例如，有的有机过氧化物需要控制环境温度，有的爆炸品需要添加抑制剂，有的危险品需要特殊包装等。

（二）危险货物的分类及特性

按照国家标准《危险货物分类和品名编号》（GB 6944—2012），危险货物按其主要特征和运输要求分为以下九类：

1. 爆炸品

爆炸品指在外界作用下，如受热、受压、撞击等，能发生剧烈的化学反应，瞬时产生大量的气体和热量，使周围压力急骤上升而发生爆炸，对周围环境造成破坏的物品，也包括无整体爆炸危险，但具有燃烧、迸射及较小爆炸危险的物品。常见的爆炸品有火药、炸药、起爆药、弹类、烟花爆竹等，具体可以分为以下六类：

（1）具有整体爆炸危险的物质或物品，如黑火药。

（2）具有迸射危险，无整体爆炸危险的物质或物品，如照明弹、枪弹、火箭发动机等。

（3）具有燃烧危险并有局部爆炸危险或局部迸射危险或这两种危险都有，无整体爆炸危险的物质或物品，如烟幕弹药、C 型烟火等。

（4）不呈现重大危险的物质或物品，如演习手榴弹、礼花弹、烟火、爆竹等。

（5）有整体爆炸危险的非常不敏感物质或物品，如 E 型或 B 型引爆器、炸药等。

（6）无整体爆炸危险的极端不敏感物质或物品。

其特征主要包括以下三点：

（1）爆炸性。这是爆炸品的主要危险。衡量爆炸性的重要指标是爆速和敏感度。

（2）吸湿性。当爆炸品吸湿受潮后会降低爆炸性能，甚至失去作用。

（3）不稳定性。爆炸品遇酸、碱分解，受日光照射分解，与某些金属接触产生不稳定的盐类等特性，归纳起来，称为不稳定性。

2. 压缩、液化或加压溶解的气体

危险品所指的气体是将常温常压条件下的气体物质，经压缩或降温加压后，储存于特殊的容器中，形成液态物质的气体。这种特殊的容器都装有压力表、温度表、压力传感器、温度传感器，或者定期对其压力等进行测试，以便对其进行检查控制。常见的此类货物有氧气、氢气、硫化氢、氯气、氨气、乙炔、石油气等，一般可以按气体的易燃性和毒性分为三类：

（1）易燃气体，如氢气、硫化氢等。

（2）非易燃无毒气体，如二氧化碳、氧气等。这类气体虽非易燃、无毒，但也列入危险品。这是由于气体本身具有扩散性，即使其非易燃、无毒，但因其在环境中会冲淡氧的浓度，同样会造成人员的伤害；同时，当气体受热、撞击或强烈振动，会增大容器的内压力，使容器破裂爆炸；有的气体有助燃功能，如氧气。

（3）毒性气体，如一氧化碳、臭氧等。

其危险性特征主要表现在以下几个方面：

（1）容易爆炸。压缩、液化或加压溶解的气体因受热、撞击、振动等影响，会引起钢瓶内气体压力增大，产生容器炸裂或爆炸的危险。高压气体按气体所处的状态，可分为压缩气体、液化气体、溶解气体和深冷液化气。

（2）容易泄漏。尤其是高压气体需严防泄漏，同时，还应防止与空气或泄漏的助燃气体形成爆炸性的混合气体。

（3）氧气与油脂类接触易燃烧。油脂类可燃物质在高压纯氧的冲击下，极易引起燃烧或爆炸。如果钢瓶上沾有油脂，应立即用四氯化碳洗净。运输中氧气空钢瓶也不得与油脂类货物配装，防止残存氧气外泄引起燃烧事故。

（4）比空气重的高压气体易沉积。按密度的大小，气体可分为：①"较空气为轻"；②"远较空气为轻"；③"较空气为重"；④"远较空气为重"。多数高压气体重于空气，泄漏后往往沉积于低洼处或船舱底部，不易散发，增加了潜在危险。某些易燃气体能扩散到相当一段距离外的火源处被点燃并将火焰传播开来引起燃烧事故，如二甲胺、丁二烯等。

3. 易燃液体

在《化学品分类和危险性公示　通则》（GB 13690—2009）中，易燃液体是指闪点不高于 93℃的液体。易燃液体的燃烧是通过其挥发的蒸气与空气形成可燃混合物，达到一定

的浓度后遇火源而实现的。常见的此类货物有乙醇（酒精）、苯、乙醚、二氧化碳、油漆类及石油制品和含有有机溶剂制品等。

所谓闪点，是指可燃性液体在规定条件下，它的蒸气和空气组成的混合气体与火焰接触时，能产生闪燃的最低温度。闪点是表示易燃液体燃爆危险性的一个重要指标，闪点越低，燃爆危险性越大。按照闪点大小，易燃液体可分为三类：

（1）低闪点液体，指闭杯试验闪点 <−18℃ 的液体。

（2）中闪点液体，指 −18℃ < 闭杯试验闪点 <23℃ 的液体。

（3）高闪点液体，指 23℃ < 闭杯试验闪点 <61℃ 的液体。

易燃液体的特征主要表现为以下几点：

（1）高度易燃性。易燃液体的主要特征是具有高度易燃性，其原因主要是：①易燃液体几乎全部是有机化合物，分子组成中主要含有碳原子和氢原子，易和氧反应而燃烧；②由于易燃液体的闪点低，其燃点也低（燃点一般高于闪点 1～5℃），因此易燃液体接触火源极易着火并持续燃烧。

（2）易爆性。易燃液体挥发性大，当盛放易燃液体的容器有某种破损或不密封时，挥发出来的易燃蒸气扩散到存放或运载该物品的库房或车厢的整个空间，与空气混合，当浓度达到规定范围，即达到爆炸极限时，遇明火或火花即能引起爆炸。

（3）高度流动扩散性。易燃液体的分子多为非极性分子，黏度一般都很小，不仅本身极易流动，还因渗透、浸润及毛细现象等作用，即使容器只有极细微裂纹，易燃液体也会渗出容器壁外，扩大其表面积，并源源不断地挥发，使空气中的易燃液体蒸气浓度增高，从而增加了燃烧爆炸的危险性。

（4）受热膨胀性。易燃液体的膨胀系数比较大，受热后体积容易膨胀，同时其蒸气压也随之升高，从而使密封容器中内部压力增大，造成"鼓桶"，甚至爆裂，在容器爆裂时会产生火花而引起燃烧爆炸。因此，易燃液体应避热存放，灌装时容器内应留有 5% 以上的空隙，不可灌满。

（5）忌氧化剂和酸。易燃液体与氧化剂或有氧化性的酸类（特别是硝酸）接触，能发生剧烈反应而引起燃烧爆炸。这是因为易燃液体都是有机化合物，能与氧化剂发生氧化反应并产生大量的热，使温度升高到燃点引起燃烧爆炸。例如，乙醇与氧化剂高锰酸钾接触会发生燃烧，与氧化性酸——硝酸接触也会发生燃烧，松节油遇硝酸立即燃烧。因此，易燃液体不得与氧化剂及有氧化性的酸类接触。

（6）毒性。大多数易燃液体及其蒸气均有不同程度的毒性，如甲醇、苯、二硫化碳等。不但吸入其蒸气会中毒，有的经皮肤吸收也会造成中毒事故，应注意劳动防护。

4. 易燃固体、易自燃或遇湿易燃物品

本类危险品容易引起和促成火灾，具体又分成三类：

（1）易燃固体、自反应物质和固态退敏爆炸品。这类是指燃点低，对热、撞击、摩擦敏感，易被外部火源点燃，燃烧迅速，并可能散发出有毒烟雾或有毒气体的固体，但不包括

已列入爆炸品的物品。例如，天津港 8·12 大爆炸的罪魁祸首——硝化棉，还有生活中常见的赤磷、硫磺等。

（2）易于自燃的物质。这类是指自燃点低，在空气中易发生氧化反应，放出热量，而自行燃烧的物品，如黄磷、油布、活性炭等。

（3）遇水放出易燃气体的物质。这类是指遇水或受潮时，发生剧烈化学反应，放出大量的易燃气体和热量的物品，有的不需要明火即能燃烧或爆炸，如电石、金属钠等。易燃固体如硝化棉、萘、黄磷和油浸的麻、棉、纸及其制品，还有生活中常见的赤磷、磷的硫化物、硫磺等；易自燃物品如黄磷、油布、活性炭，遇水放出易燃气体物质如钠、钾等碱金属和电石（碳化钙）等。

易燃固体特征表现为以下几方面：

（1）易燃固体的主要特性是容易被氧化，受热易分解或升华，遇火种、热源常会引起强烈、连续的燃烧。

（2）易燃固体与氧化剂接触，反应剧烈而发生燃烧爆炸。例如，赤磷与氯酸钾接触，硫黄粉与氯酸钾或过氧化钠接触，均易立即发生燃烧爆炸。

（3）易燃固体对摩擦、撞击、振动也很敏感。例如，赤磷、闪光粉等受摩擦、振动、撞击等也能起火燃烧甚至爆炸。

（4）有些易燃固体与酸类（特别是氧化性酸）反应剧烈，极易发生燃烧爆炸。例如，发泡剂与酸或酸雾接触会迅速着火燃烧，苯遇浓硝酸（特别是发烟硝酸）反应猛烈会发生爆炸。

（5）许多易燃固体有毒，或其燃烧产物有毒或有腐蚀性，如二硝基苯、二硝基苯酚、硫黄、五硫化二磷等。

5. 氧化剂和有机过氧化物

本类危险品具有强氧化性，易引起燃烧、爆炸，具体可分为两类：

（1）氧化性物质。这类是指处于高氧化态，具有强氧化性，易分解并放出氧和热量的物质，包括含有过氧基的无机物。这类危险品本身不一定可燃，但能导致可燃物的燃烧，与松软的粉末状可燃物能组成爆炸性混合物，对热、振动或摩擦较为敏感。凡品名中有"高""重""过"字的，如高氯酸盐、重铬酸盐、过氧化钠等，都属于此类物质。

（2）有机过氧化物。这类是指分子组成中含有过氧基的有机物，其本身易燃易爆、极易分解，对热、振动和摩擦极为敏感，如生活中的漂白剂、杀菌剂、清洗剂等。

氧化剂和有机过氧化物的特征主要表现为：有很强的氧化性、遇热分解性、撞击、摩擦敏感性、与酸作用分解、与水作用分解、毒性和腐蚀性。

6. 毒性物质和感染性物品

本类危险品是指进入机体后，累计达一定的量，能与体液和器官组织发生生物化学作用和生物物理学作用，扰乱和破坏机体的正常生理功能，引起某些器官和系统暂时性或持久性的病理状态，甚至危及生命的物品，具体可分为两类：

（1）毒性物质。这类是指如被误吞咽、吸入或与皮肤接触易于造成人或动物死亡或严重损害人体健康的物质。例如，苯胺、氰化钾、铊都属于毒性物质。

（2）感染性物质。这类是指含有会引起或可能引起人或动物疾病的活性微生物的物质。这类微生物包括细菌、病毒、寄生虫、真菌等，如四乙基铅、氢氰酸及其盐、苯胺、硫酸二甲酯、砷及其化合物以及生漆等。

毒害品和感染性物品的特征主要表现为：毒害性、遇酸、氧化剂分解，遇水分解性。

7. 放射性物品

一些元素和它们的化合物或制品，能够自原子核内部自行放出穿透力很强而人的感觉器官不能察觉的粒子流（射线），具有这种放射性的物质称为放射性物品。例如，铀、钍矿石及其浓缩物，未经辐照的固体天然铀、贫化铀和天然钍以及表面污染物体、可裂变物质、低弥散物质等。

放射性物品的特征主要表现为以下几点：

（1）具有放射性，能自动放出 α、β、γ、中子流等射线，这些射线从人体外部照射时，具有极大的危害性。

（2）许多放射性物品毒性很大，如钋-210、镭-226、钍-228 等。

（3）不能用化学方法中和使其不放出射线，而只能设法把放射性物质清除或者用适当的材料予以吸收屏蔽。

8. 腐蚀品

本类危险品是指接触人体或其他物品，在短时间内即会在接触表面发生化学反应或电化学反应，造成明显破坏现象的物品，也就是能灼伤人体组织并对金属等物品造成损坏的固体或液体，如硫酸、硝酸、盐酸、氯化氢、氢氧化钠、甲醛等。腐蚀品具有腐蚀性、毒害性、易燃性的特征。

此外，有些腐蚀性物质具有强氧化性，当与有机材料接触时会着火燃烧，如溴及其溶液、硝酸、高氯酸等。有些腐蚀性物质遇水时会放出大量的热，容易引起燃烧，如氯磺酸、二氧化硫、发烟硫酸等。

9. 杂项危险物质和物品

此类危险品是指在运输过程中呈现的危险性质不包括在上述八类危险品中的物品，包括磁性物品、具有麻醉和毒害及类似性质的物质等，如苯甲、装在设备中的锂离子电池组等。

在物流运输中，确定某种危险货物的归属类别，主要是看该货物的哪一种危险特性居于主导地位，就把其归为哪一类危险货物。

二、危险货物安全标志和标签

（一）危险货物安全标志

危险货物安全标志就是通过图案、文字说明、颜色等信息鲜明简洁地表征危险化学品的危险特征和类别，以便向作业人员传递安全信息的

危险货物运输管理（下）

警示性资料,是由表示危险特性的图案、文字说明、底色和危险品类别组成的菱形标志(见图 7-1)。菱形的最上方是醒目的危险特性的图案标志,图案下方是关于危险货物的类别名称和危险货物类别数字。

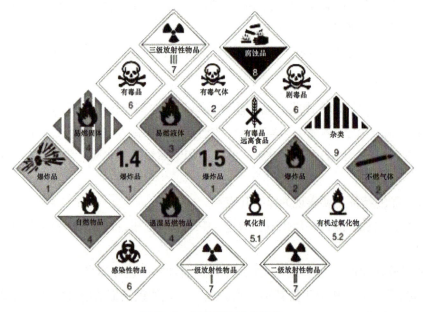

图 7-1　危险货物安全标志

(二)危险货物安全标签

危险货物安全标签与安全标志虽然只有一字之差,但内容却要复杂得多。安全标签是危险货物在市场上流通时,由生产、销售单位提供的,附在危险货物包装上的标签,用于标识危险货物的特性。使用者通过辨识安全标签的内容,了解危险货物的危险性,以便在使用、储存、运输、销毁等过程中做好相应的防护。

一张典型的危险货物安全标签,由简单明了、易于理解的文字、图形符号和编码组合而成,表示该危险货物所具有的危险性、安全注意事项和个体防护的基本要求(见图 7-2)。

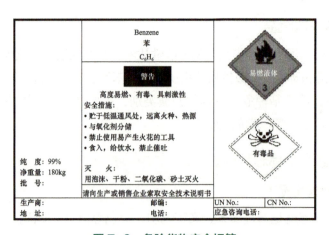

图 7-2　危险货物安全标签

（1）化学品标识。化学品标识一般位于危险货物安全标签的中上方，用中文和英文分别标明其化学名称和通用名称，下面是它的化学分子式，从中可以看出它的化学成分。

（2）警示词。警示词一般醒目、清晰地标注于危险货物名称的下方，根据危险货物的危险程度和类别，用"危险""警告"两个词分别进行危害程度的警示。

（3）危险性说明。简要概述危险货物的危险特性，居警示词的下方。通过阅读图 7-2 所示的标签，使用者就可以了解苯具有易燃、有毒、刺激性等危险性。

（4）防范说明。描述危险货物在处置、搬运、储存和使用作业中所必须注意的事项和发生意外时简单有效的救护措施等，包括安全预防措施，泄漏、人员接触或火灾等意外情况处理，安全储存措施及废弃处置等内容。

通过阅读图 7-2 所示的标签，使用者可以了解苯在运输和仓储过程中，要求与氧化剂分储，库房阴凉、通风，设施防爆；禁止使用易产生火花的工具；误服后饮水、禁止催吐等；接下来是最重要的信息，就是灭火方式：必须采用泡沫、干粉、二氧化碳、砂土灭火。

（5）资料参阅提示语。提示用户可以参阅 SDS（化学品安全技术说明书）。

（6）供应商标识。包括供应商的名称、地址、邮编、电话等。

（7）安全标志。安全标签的右边有两个危险化学品的安全标志，说明这种危险货物具有 2 种危险，一般位于上方的是主标志，表示主要危险，下方的是副标志，表示重要的其他危险类别。

（8）危险货物编号。左边的是联合国《关于危险货物运输的建议书》中的危险货物编号，简称 UN 号，右边的是国家标准所规定的危险货物编号，简称危规号。

（9）应急咨询电话。每一个危险化学货物安全标签上都必须告知应急咨询电话。

对于小于或等于 100mL 的化学品小包装，安全标签可采用简化标签（见图 7-3）。不管采用什么形式的安全标签，它们传递的核心内容是一样的。

安全标志由生产企业在货物出厂前粘贴、挂拴、喷印在包装或容器的明显位置。桶、瓶型包装一般会位于桶、瓶侧身；箱状包装位于包装端面或侧面明显处；袋、捆包装位于包装明显处；集装箱、成组货物位于四个侧面。

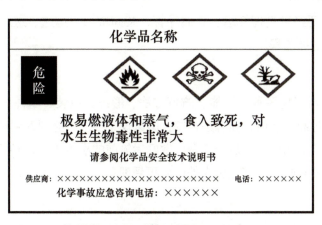

图 7-3 简化版危险货物安全标签

三、危险货物作业组织

（一）危险货物运输法规的主要内容

1. 关于确认物品危险性质的法律规定

我国确认物品危险性质的法规有国家标准《危险货物分类和品名编号》（GB 6944—2012）、国家标准《危险货物品名表》（GB 12268—2012），以及各种运输方式的危险货物运输管理规定及其危险货物品名表。

2. 关于危险货物运输包装的法律规定

我国有关危险货物运输包装的法规主要有：国家标准《危险货物运输包装通用技术条件》（GB 12463—2009）、《放射性物品运输安全管理条例》及各种运输方式的危险货物运输管理规定。这些法规详尽地规定了危险货物运输包装的基本要求、包装性能试验的方法和合格标准、包装的等级和类型，以及各种危险货物所应采用的包装等级、类型和包装方法。

3. 关于危险货物运输包装标志和标签的法律规定

我国现有关于运输包装标志的法律规定有：国家标准《运输包装收发货标志》（GB 6388—1986）、国家标准《包装储运图示标志》（GB/T 191—2008）、国家标准《危险货物包装标志》（GB 190—2009）、国家标准《化学品安全标签编写规定》（GB 15258—2009）、国家标准《气瓶颜色标志》（GB/T 7144—2016）及各种运输方式的危险货物运输管理规定。

4. 关于危险货物运载工具的法律规定

目前，我国已制定或适用的关于危险货物运载工具的法律规定及国际惯例有：劳动部《液化气体汽车罐车安全监察规程》、中国船级社《散装运输液化气体船舶构造与设备规范》、国际海事组织《国际散装运输危险化学品船舶构造和设备规则》、国际航运公会《油轮安全指南（化学品）》及各种运输方式的危险货物运输管理规定。

（二）危险货物运输作业流程规范

危险货物运输要经过受理托运、仓储保管、装卸堆垛、运送、送达交付等环节，每一环节均有其规范的业务流程。

1. 受理托运

在受理前必须对货物名称、性能、防范方法、形态、包装、单件重量等情况进行详细了解并注明。问清包装、规格和标志是否符合国家规定要求，必要时到现场进行直接了解。检查按规定需要的"准运证件"是否齐全。做好运输前的准备工作，必要时应赴现场勘察。对不符合安全运输要求的，应请托运人处理后再受理。

2. 仓储保管

仓库应设有严格的人员出入库、机械操作、明火管理等安全管理制度。危险货物入库前必须进行检验。发现品名不符、包装不合规格或容器渗漏时，必须立即移至安全地点处理，不得进库。危险货物出库必须认真复核，对每批货物必须实行两人以上的复核制。

3. 装卸堆垛

进行危险货物装卸操作时，必须严格遵守各类货物的装卸操作规程，做到轻装、轻卸，防止货物撞击、重压、倒置，严禁摔甩、翻滚。不同性质危险货物的配装按各种运输方式危险货物运输管理规定有关货物配装的规定进行。

危险货物的堆垛必须确保稳妥、整齐、牢固，以便于点数，不易倒垛。各种形式的包装的堆垛方式和堆垛的大小、高低都必须符合运送工具和货物性质的要求。货物在运输工具的货舱里堆垛以后，必须采取紧固措施，使货物在运送过程中不因运输器振荡、晃动、摇摆而倒塌或移垛。

4. 运送

行车作业人员不得擅自变更运行作业计划，严禁擅自拼装、超载。运输危险货物必须配备随车人员，途中应经常检查，发现问题，须及时采取措施。车辆中途临时停靠、过夜，应安排人员看管。必须按照货物性质和托运人的要求安排车班、车次，当无法按要求安排作业时，应及时与托运人联系进行协商处理。有特殊注意事项的，应在行车单上注明。还要注意天气预报，掌握雨雪和气温的变化。

5. 送达交付

危险货物抵达目的站后，一般由目的站的装卸人员卸货入库等候收货人取货。卸货完毕应办理交接手续。自此，运送人的职责已履行，危险货物的保管责任由目的站承担。目的站应迅速通知收货人领取货物。在待领期间，目的站应对危险货物进行妥善保管。即使收货人逾期不领，也不能因此免除承运人（目的站）的保管责任。

（三）危险货物运输注意事项

危险货物具有特殊的物理、化学性能，运输中如防护不当，极易发生事故，并且事故所造成的后果较一般车辆事故更加严重。因此，为确保安全，在危险运输中应注意以下几点：

（1）包装规范。危险货物在装运前应根据其性质、运送路程、沿途路况等采用安全的方式包装好。包装必须牢固、严密，在包装上做好清晰、规范、易识别的标志。

（2）装卸规范。危险货物装卸现场的道路、灯光、标志、消防设施等必须符合安全装卸的条件。严格遵守操作规程，轻装、轻卸，严禁摔碰、撞击、滚翻、重压和倒置，怕潮湿的货物应用篷布遮盖，货物必须堆放整齐、捆扎牢固。不同性质的危险货物不能同车混装，如雷管、炸药等切勿同装一车。

（3）车辆专用。装运危险货物必须选用合适的车辆，爆炸品、一级氧化剂、有机氧化物不得用全挂汽车列车、三轮机动车、摩托车、人力三轮车和自行车装运；爆炸器、一级氧化剂、有机过氧物、一级易燃品不得用拖拉机装运。除二级固定危险货物外，其他危险货物不得用自卸汽车装运。

（4）防火得当。危险货物运输忌火，危险货物在装卸时应使用不产生火花的工具，车厢内严禁吸烟，车辆不得靠近明火、高温场所和太阳暴晒的地方。

（5）行车安全。装运危险货物的车辆，应设置《道路运输危险货物车辆标志》（GB 13392—2005）规定的标志。汽车运行必须严格遵守交通、消防、治安等法规，应控制车速，保持与前车的距离，遇有情况提前减速，避免紧急刹车，严禁违章超车，确保行车安全。

（6）防止漏撒。危险货物在装运过程中出现漏撒现象时，应根据危险货物的不同性质，进行妥善处理。

（7）停放规范。装载危险货物的车辆不得在学校、机关、集市、名胜古迹、风景游览区停放。停车时要留人看守，闲杂人员不准接近车辆，做到车在人在，确保车辆安全。

（8）清厢及时。危险货物卸车后应清扫车上残留物，被危险货物污染过的车辆及工具必须洗刷清毒。未经彻底清毒，严禁装运食用物品、药用物品、饲料及动植物等。

四、常见危险货物运输

1. 压缩、液化、加压溶解气体货物的运输

（1）运输可燃、有毒气体时，车上必须备有相应的灭火和防毒器具。

（2）运输大型气瓶，为防止气瓶的惯性冲击车厢平台面造成事故，行车时尽量避免紧急制动。

（3）夏季运输除另有限运规定外，车上还必须置有遮阳设施，防止暴晒。液化石油气槽车应有导静电拖地带。

2. 易燃液体货物的运输

（1）装运易燃液体的车辆，严禁搭乘无关人员，途中应经常检查车上货物的装载情况，如包装件有否渗漏，捆扎是否松动等。发现异常应及时采取有效措施。

（2）装运易燃液体的罐（槽）车行驶时，导静电装置应接地良好，车上人员不准吸烟，车辆不得接近明火及高温场所。

（3）当天气温在30℃以上的高温季节时，应根据当地公安消防部门的限运规定在指定时间内运输。

（4）不溶于水的易燃液体货物原则上不能通过越江隧道，或按当地管理部门的规定进行运输。

3. 易燃固体、自燃物品和遇湿易燃物品货物的运输

（1）行车时，要避开明火高温区域场所，防止外来明火飞到货物中。

（2）定时停车检查货物的堆码、捆扎和包装情况，尤其要注意防止包装渗漏留有隐患。

4. 腐蚀品货物的运输

腐蚀品的配载须注意：①无机酸性腐蚀品和有机酸性腐蚀品不能配载；②无机酸性腐蚀品不得与可燃品配载；③有机性腐蚀品不得与氧化剂配载；④酸性腐蚀品和碱性腐蚀品不能

配载；⑤硫酸不得与氧化剂配载；⑥腐蚀品不得与普通货物配载，以免对普通货物造成损害。

腐蚀品货物运输的安全要求如下：

（1）驾驶员要平稳驾驶车辆，在路面条件差、颠簸振动大而不能确保易碎品完好时，不得冒险让载有易碎容器包装的腐蚀品的车辆通过。

（2）每隔一定时间要停车检查车上货物情况，发现包装破漏要及时处理或丢弃，防止漏出物损坏其他包装酿成重大事故。

职业能力训练

危险货物运输方案编制

一、训练任务

郑州市某食用酒精销售公司从太原市某实业公司购买 8t 食用酒精，从事危险货物运输的迅达公司承接了这项运输任务。乙醇（酒精）或乙醇溶液属于易燃液体货物，危险货物编号为 UN1172，其主要危险是燃烧和爆炸。

通过本单元内容的学习，完成此次危险货物运输作业流程方案。

二、训练要求

1. 以小组为单位完成训练任务（建议 3~5 人一组）。
2. 认真阅读训练任务，应用所学知识完成此次危险货物运输作业流程方案。
3. 小组进行成员角色分工，并写出各自工作内容与工作职责。
4. 小组组长按运输方案主要内容及各自工作职责组织任务实施。

三、训练评价

序号	评价内容	分值	自我评价（20%）	小组评议（30%）	教师评价（50%）	合计得分（100%）
1	运输前的车辆情况、人员证件的检查内容全面、正确	15				
2	运送前确认货物信息、单据和证件、危险标志等工作内容全面、正确	15				
3	按照装卸车的注意事项，能保证运送的安全	20				
4	对车组人员提出的各项要求符合危险货物运输规范	15				
5	车辆停车场所要求合适	15				
6	小组成员高效合作，工作职责清晰	10				
7	提交的成果内容全面，编排合理，结构清晰	10				
教师评语						

单元三　鲜活货物运输管理

鲜活货物包括肉及某些肉制品、鱼及某些鱼制品、奶及某些奶制品、蛋及某些蛋制品、油脂、水果和蔬菜、酵母、冰、部分罐头食品、禽、畜、兽、蜜蜂、鱼苗等。这类货物在运输过程中对外界温度、湿度、卫生条件等都有一定的要求，如果在运输过程中温湿度等处理不当会发生变质，因此采用不同的运输组织方法，办理鲜活货物的运输工作，切实做到快速、优质运输，才能防止运输途中保鲜不当而发生变质现象。

一、鲜活货物认知

1. 鲜活货物的定义

鲜活货物运输管理（上）

凡是有生命或生命现象及经过冷冻加工的货物，在流通、保管过程中需要适宜的储运环境、生存条件来维持其生命、生理状态或物态的货物，都可认为是鲜活货物。常见的鲜活货物主要有鲜鱼虾、鲜肉及肉制品、瓜果、蔬菜、牲畜、观赏野生动物、花木秧苗、奶及奶制品类、冷冻食品、药品、蜜蜂等。

2. 鲜活货物的分类

按照鲜活货物的自然属性，鲜活货物可以分为易腐货物和活动物两类。

（1）易腐货物。易腐货物（鲜活易腐品）是指在一般条件下保管和运输时，极易受到外界气温及湿度的影响而腐烂变质的货物，主要包括肉、鱼、虾、蛋、瓜果、蔬菜、鲜活植物等。

易腐变质货物按温度状态（热状态）的不同分为冻结货物、冷却货物、未冷却货物三类。

1）冻结货物是指冷藏货物时，将货物内所含水分大部分冻结成冰，其温度范围为$-18 \sim -8$℃的货物，但冰除外，冰的温度在-1℃以下。

2）冷却货物是指用人工或天然降温，将食品的温度降低到某一指定的较低度数，但不低于食品液汁的冰点。对大多数易腐货物来说，冷却的温度范围为$0 \sim 4$℃（香蕉、菠萝除外，香蕉$12 \sim 15$℃，菠萝$8 \sim 13$℃）。

3）未冷却货物是指未经过任何冷却加工处理的、完全处于自然状态的易腐货物，如采摘后未经冷却即提交运输的鲜瓜果、蔬菜等。

（2）活动物。运输的活动物包括禽、畜、兽、蜜蜂、活鱼和鱼苗等。

3. 鲜活货物运输的特征

鲜活货物运输是指在运输过程中需要使用专门的运输工具，或采用特殊措施，以便保持一定温度、湿度或供应一定的饲料、上水、换水，以防止死亡和腐烂变质的货物的运输。其特征如下：

（1）品类多，运距长，组织工作复杂。鲜活货物有数千种之多，各种货物性质各不相同。加之我国南北方气候差异大，特别是对于运距长的鲜活货物，不仅同一地区在不同季节需要不同的运输条件，就是在同一季节，当车辆行经不同地区时，也要变换运输条件。在一次运送过程中，可能兼有冷藏、保温和加温多种运送方法。同时，要考虑押运人的安全和餐茶供应等。所以，鲜活货物的组织工作与普通货物相比要复杂得多。

（2）季节性强，货源、运量波动性大。鲜活货物大部分是季节性生产的农、林、牧、副、渔产品。例如，南菜北运集中在第一、第四季度，水果集中在第三、第四季度，水产品集中在春秋汛期。这些产品的上市都有确定的时间，运量会随着季节的变化而变化。在收获季节，运量猛增。在淡季，运量大大降低。

（3）运送时间上要求紧迫，易受外界气温、湿度和卫生条件的影响。大部分鲜活货物极易变质，要求以最短的时间、最快的速度及时运到，否则会影响货物原来的质量。鲜活货物大多是有生命的物质，受客观环境影响较大，对外界温度、湿度、卫生条件、喂食和生活环境都有一定的要求：冷了会冻坏，热了会腐烂，干燥会干缩，碰伤及卫生条件不好易被微生物污染而发生变质；活口在运输过程中还要饮水、喂食，活物要换水，蜜蜂要放蜂，不少动物热天还要冲凉。

（4）某些鲜活货物运输须配备专门的运载设施和工具，且运输途中需要特殊照料。运输途中需要特殊照料的一些货物，如牲畜、家禽、蜜蜂、花木秧苗等的运输，须配备专用车辆和设备，派专人沿途照顾。

（5）运输具有更多的不确定性和风险。由于货物特点、季节性、环境条件等方面的影响，鲜活货物运输波动性较强，并带来多种安全风险。

（6）运输成本较高。鲜活货物在运输过程中环节多，需要采取更多的照料，甚至更为先进的设备等，所以鲜活货物运输需要投入更多的资金购买运输工具、建设信息系统，因此将花费更多的费用。

二、鲜活货物运输要求

鲜活货物在运输中的损坏及灭失，除了少数部分确因途中照料或车辆不适造成死亡外，其中大多数是腐烂所致。发生腐烂的原因，对于动物性食物来说，主要是微生物的作用；对于植物性食物来说，主要是呼吸作用所致。还有一种情况，就是自然界中的化学作用。因此，清楚了解鲜活货物腐烂变质的原因，就可以得出保藏这些货物的方法。

动画：鲜活货物运输要求

在鲜活货物运输过程中，只有设法抑制微生物的繁殖，控制呼吸作用和化学作用的强度，才能防止或推迟货物腐烂变质的过程。在此，要注意以下几个方面：

1. 保持适宜的温度条件

鲜活易腐货物在运输过程中为了防止货物变质需要保持一定的温度，该温度一般称为运输温度。运输温度的高低应根据具体的货种而定。即使是同一种货物，由于运输时间、冻结状态和货物成熟度的不同，对运输温度的要求也不一样。

运输中，当外界气温大大高于物品所要求的运输温度时，就应使用冷藏运输。冷藏货大致分为冷冻货和低温货两种。冷冻货是指在冻结状态下进行运输的货物，运输温度的范围一般在 $-20 \sim -10℃$；低温货是指还未冻结或表面有一层薄薄的冻结层的状态下进行运输的货物，一般允许的温度调整范围在 $-1 \sim 16℃$。

应注意的是，运输温度并不是越低越好，如水果、蔬菜保藏的温度过低，会因冻结破坏其呼吸机能而失去抗菌力，解冻时会迅速腐烂；动物性食物，冻结温度过低也会使品质大大降低。

一些常见的冷冻货物和低温货物的运输温度分别如表 7-4 和表 7-5 所示。

表 7-4 冷冻货物运输温度

货名	运输温度 /℃	货名	运输温度 /℃
鱼	$-17.8 \sim -15.0$	虾	$-17.8 \sim -15.0$
肉	$-15.0 \sim -13.3$	黄油	$-12.2 \sim -11.1$
蛋	$-15.0 \sim -13.3$	浓缩果汁	-20

表 7-5 低温货物运输温度

货名	运输温度 /℃	货名	运输温度 /℃
肉	$-5.0 \sim -1.0$	梨	$0.0 \sim 5.0$
腊肠	$-5.0 \sim -1.0$	葡萄	$6.0 \sim 8.0$
黄油	$-0.6 \sim 0.6$	菠萝	11.0
带壳鸡蛋	$-1.7 \sim 15.0$	橘子	$2.0 \sim 10.0$
苹果	$-1.1 \sim 16.0$	土豆	$3.3 \sim 15.0$

2. 提供合适的湿度

用冷藏方法来储藏和运输鲜活易腐货物时，温度固然是主要的条件，但湿度的高低、通风的强弱和卫生条件的好坏对货物的质量也会产生直接的影响。

湿度对食品质量影响很大，湿度增大会使食品表面"发汗"，便于微生物滋长；湿度过低会使食品蒸发加强，易于干缩枯萎，失去新鲜状态，而且破坏维生素和其他营养物质，降低食品的质量。在实际运输过程中，温、湿度可以相互配合，冷冻货物为减少干耗，湿度可以大些；水果、蔬菜温度不能太低，湿度可适当小些。

3. 需要适当的通风

蔬菜、水果、动物性食物在运输过程中都需要通风，目的是排出呼吸时放出的二氧化碳、水蒸气和热量，同时换入新鲜空气。但通风对温、湿度又有直接影响，如外界温度高，通风会提高车内温度和湿度；反之，就会下降。通风的时间也要适当，时间过短则达不到换气目的，时间过长又会影响车内的温度和湿度。

4. 保持良好的卫生条件

如果卫生条件不好，微生物太多，鲜活易腐货物沾染的机会多，则即使温度、湿度适合，食物也易于腐烂。

总之，温度、湿度、通风、卫生四个条件之间的关系既相互配合又相互矛盾，只有充分了解其内部规律，妥善处理好它们之间的关系，才能保证鲜活易腐货物的运输质量。

三、鲜活货物运输作业组织

（一）运输温度控制

鲜活货物运输管理（下）

温度控制是鲜活货物运输的核心，是区别于普通货物运输的主要环节。温度监控的对象包括装卸场所作业环境温度、运输工具厢（箱）体内部环境温度和货物温度，货物温度又包括货物表面温度和货物中心温度。温度控制作业要达到以下要求：

（1）运输过程中货物的温度及运输工具厢（箱）体内部的环境温度应符合托运方的要求，或者通过试运输，由托运方和承运方共同确定运输过程中的温度控制要求。

（2）若托运方未做要求，一般情况下，运输过程中（必要的除霜过程除外）温度的控制应符合以下要求：

1）冷冻货物运输：运输全程运输工具厢（箱）体内部温度、货物温度应不高于-18℃，装卸场所环境温度应不高于7℃。

2）冷藏货物运输：运输全程运输工具厢（箱）体内部环境温度及货物温度应保持在冻结点以上的低温状态，装卸场所环境温度应不高于15℃。

3）运输过程中（包括货物装卸过程）温度波动范围应不超过3℃。

（3）运输工具厢（箱）体内部应配备适宜的温度监测设备，以监测内部环境温度，温度应由温度监测设备自动记录且记录间隔时间不超过10min。温度监测点应合理布置在具有普遍代表性的位置和最不利温度条件处。环境温度监测设备的传感元件不应与其他物体接触。

（4）对货物温度进行全程实时监测和记录。

（5）温度监测设备温度异常报警时，应立即进行检查，采取措施将温度调控至允许的范围内。

（二）业务受理

运输业务的受理是发运工作的初始环节，这个环节工作质量的好坏直接影响运输过程中的其他环节。业务受理时应明确货物运输是否有特殊要求，例如温度要求、测温方法和测温点布置等事项，以便更好地做运输前的准备，制订科学合理的运输计划。

承运方受理运输任务时应获取货物的相关信息，与托运方进行确认并在运输合同中明确以下内容：

（1）货物的名称、规格、数（重）量、包装、标识。

（2）货物的收发人、收货地点及时限要求。

（3）货物运输的温度要求，包括装载、运输、交接各环节温度要求和偏差范围、装卸时间、温度测量位置及方法等。

（4）对双方的责权利做出明确界定，作为事后处理争议的依据。

（5）其他相关事项。

承运方应根据货物的数（重）量、收发货地点、运输时间、温度要求等制订运输计划，包括运输工具配置、运行线路、温度监控方案、应急处置措施等。

（三）运输工具选择

运输工具的选择应根据货物的特性及托运方提出的温度要求来确定。在货物经过充分预冷，且运输环境、运输时间满足一定条件的情况下，可采用将货物放置于保温容器内且（或）使用符合要求的保温车、保温集装箱进行运输，但运输途中货物温度变化应不大于3℃。具体环境温差、运输时间需要满足的条件如下：

（1）运输工具厢（箱）体内部环境温度与外部环境温度之间的温差不大于15℃，运输时间不大于12h。

（2）运输工具厢（箱）体内部环境温度与外部环境温度之间的温差大于15℃且不大于30℃，运输时间不大于6h。

（3）运输工具厢（箱）体内部环境温度与外部环境温度之间的温差大于30℃，运输时间不大于3h。

（四）装载作业

1. 装卸场所要求

装卸作业环节是影响鲜活货物运输质量的关键环节，鲜活物品在冷库和运输工具之间转移，装车、卸车、清点检查、堆码等一系列作业需要一定的时间，为了避免货物长时间停留在较高温度的环境中，装卸场所应提供低温、卫生的环境条件，并配备提高装卸效率的装置。

（1）装卸场所应清洁、卫生，无毒、无害、无异味、无污染物。

（2）装卸场所应设置在低温、尽可能封闭的区域，不应设置在有阳光直射、热源设备附近或周围环境温度可能会升高的区域。

（3）与运输工具对接的封闭式装卸平台应配备对接升降平台、滑升门和门套密封装置，如无封闭式装卸平台，应使用连接装置将冷库门与运输工具门对接。

（4）装卸场所的环境温度应符合前述运输温度控制的要求，环境温度无法达到时应尽快装卸完毕。

（5）装卸场所应配备环境温度监测设备，实时监测环境温度。

2. 装载前的准备

（1）对运输工具进行检查，应保证：①制冷机组技术状况良好，制冷系统、除霜系统运转正常；②厢（箱）体密封性能良好，厢（箱）门完好；③厢（箱）体内部卫生状况良好清洁，无结霜、无异味、无污染、无碎屑、无尖锐突出物品；④温度监测设备工作正常，电池电量充足。

（2）对运输工具进行预冷，预冷温度应与货物运输要求的温度接近，偏差范围不大于3℃。预冷时紧闭厢（箱）门，温度预冷达到要求后方可装载。

（3）检查、确认货物名称、种类、规格、数（质）量等信息及相关文件。

（4）检查货物包装，确认包装无因温度不符、变质或其他原因造成的破损、洒漏和污染。

（5）抽测并记录货物温度，抽样时应选取最具普遍代表性和最不利温度条件区域的货物进行测量。测量结果由托运方和承运方签字确认。

（6）货物有误，或包装、温度不符合要求的，承运方应与托运方协商解决，并做好记录。

3. 装载作业相关要求

（1）装载作业应安全、快速、轻搬轻放，防止损坏货物包装。

（2）装载过程应关闭运输工具的制冷机组。

（3）有毒、有害、有异味、易产生乙烯气体、易污染的货物不应与其他货物拼装。不同温度要求的货物不应放置在运输工具的同一控温空间内。

（4）货物堆码应符合以下要求：①冷冻货物应紧密堆码，冷藏货物须在货件之间保留一定的空隙；②货物堆码不应遮挡出风口和回风口，高度不应超过厢（箱）体的最大装载限制线；③货物不应直接接触底板，厢（箱）体底板宜设置通风槽或可通风托板保持充分的冷气循环空间；④低温敏感货物应远离出风口；⑤应用支架、栅栏、货架或其他固定装置固定货物，防止货物移动。

（5）装载作业应在约定的时限内完成；未约定的，作业时间应不超过1.5h，冷冻货物在装卸平台停留时间应不超过15min，冷藏货物在装卸平台停留时间应不超过30min。

（6）装载过程中要进行温度监控，应保持厢（箱）门随开随关，作业需要中断时，应立即关闭厢（箱）门，启动制冷机组。

（7）装载完毕应及时关闭厢（箱）门，检查厢（箱）门密闭情况，启动制冷机组并设定温度，尽快将运输工具厢（箱）体内部温度降到要求范围内。

（五）运输途中作业

运输途中主要应防止出现以下情况：一是在途时间过长超出货物运输的时限要求导致货物变质；二是不能将温度控制在允许的范围内导致货物变质；三是发生较大事故，货物倾倒遭受挤压、碰撞等损伤，甚至厢（箱）体或包装损坏受到外来污染物的污染。因此，对途中作业要求如下：

（1）运输车辆应尽量保持平稳行驶，减少起伏和振动。

（2）货物应安全、准确、及时运输到目的地，途中不宜长时间停留。

（3）运输过程中要进行温度监控。需要除霜的，应在除霜后尽快将温度降到要求范围内。

（4）运输途中发生交通事故或机械故障不能继续运行时，应尽快抢修；如不能及时修复，或需要长时间停留时，应立即按照应急预案采取措施转运或就近处理，并通报托运方。

(六)卸货与交付作业

卸货与交付是运输过程的最终作业环节,也是确定运输质量报托运方的最后环节,如处理不当也可能导致"前功尽弃",因此必须妥善处理好这一环节的工作。

对卸货与交付环节的作业要求如下:

(1)交货时,承运方应出示收货时的温度记录以及运输过程中的温度记录。

(2)交接双方应核查货物名称、种类、规格、数(重)量等信息及相关文件;检查货物包装,确认货物无包装破损、洒漏和污染。

(3)交接双方应抽测并记录货物温度,测量结果由双方操作人员签字确认。

(4)发现破损、货差、温度超出允许范围,或运输过程中的温度记录不符合要求等情况时,应在交接凭证上标注清楚,交接双方签字确认,按合同约定进行处理。

(5)卸货作业应安全、快速、轻搬轻放,防止损坏货物包装。

(6)卸货过程应关闭运输工具的制冷机组。

(7)卸货作业应在约定的时限内完成;未约定的,作业时间应不超过1.5h,冷冻货物在装卸平台停留时间应不超过15min,冷藏货物在装卸平台停留时间应不超过30min。

(8)卸货过程中要进行温度监控,保持厢(箱)门随开随关,作业需要中断时,应立即关闭厢(箱)门,启动制冷机组。

(9)卸货交付后应及时将运输工具清洗干净,必要时进行消毒;运输工具厢(箱)体内部应干燥清洁,无残留污水、异味、污染物。

(七)记录保存

相关记录是监督和改进运输过程、实施质量追溯的重要依据,应当分类归档,妥善保存。

(1)承运方应保留相关温度记录,包括货物温度抽测情况、全程厢(箱)体内环境温度情况、测温设备、超温报警情况等。

(2)温度记录应真实完整,不可更改。

(3)相关记录保存时间应至少超过产品保质期6个月。

四、常见鲜活货物运输

1. 冷冻食品的运输

冷冻食品主要指冻肉、冻鱼、冻家禽,调运目的主要是在到达地短期供给消费者。因为在调运中多次发生忽高忽低的温度浮动,故不再适宜长期保存。下面以冻肉为例,说明托运注意事项。

冻肉是指经过天然冷冻或人工冷冻后,肌肉深处的温度为 $-8℃$ 以下的肉。冻肉托运温度要求在 $-10℃$ 以下,出库温度应该更低,以备装车过程中肉温回升。机械保温车运输应保持在 $-12 \sim -9℃$。

托运前要进行质量鉴定,质量优良的冻肉应肉体坚硬,色泽鲜艳,敲击时能发出清脆的声响；割开部分呈玫瑰色，用手指或较高温物体接触时，由玫瑰色转为艳红色；油脂部分呈白色。如有发软、霉斑、气味杂腥等现象，均不符合质量标准。

冻肉可用白布套包装或不包装，采用紧密堆码方法，不留空隙，装车时要"头尾交错、复背相连、长短对弯、码紧码平"，底层应将内皮紧贴底格板，最上层应使肉皮朝上，以免车顶上的冷凝水珠落在精肉上。装车完毕，上层也可加盖一层草席。

冻鱼、冻虾的运输可参照冻肉的运输进行。

2. 水果、蔬菜的运输

水果既怕冷又怕热，有时要冷藏运输，有时又要加温或保温运输，多数水果在运输中要求温度保持在 $-4℃$，但香蕉要求在 $12\sim15℃$，菠萝要求在 $8\sim13℃$。运输的水果一般以七八成熟为好，凡是干瘪、腐烂、压坏、过熟、泥污、水湿的水果均不应投入运输。

不同水果的包装应符合水果各自的特点，如葡萄、枇杷、荔枝等娇嫩水果，容器不宜过大，内部必须平整光滑，并加入适当的填充材料，避免擦伤或压坏。为了便于水果发散呼吸作用产生的热量及二氧化碳等气体，包装均须留有缝隙。水果的堆码，视季节不同，应适当地在货件之间留有通风道，以利于空气循环。

蔬菜主要是由南往北运，南方蔬菜含水量高，组织细嫩，呼吸热大，易于腐烂，要求的技术条件高。托运前要求质量良好，凡发现有干缩、压坏、泥污、霉斑等现象时均不适宜发运。

对于番茄等怕压的蔬菜，应用板条箱、柳条筐、竹筐等包装，每件质量最好不超过30kg。在包装内安放竹编的风筒，以使内部通风。菠菜、芹菜、青蒜等蔬菜，为使其迅速降温，可在包装内分 $2\sim3$ 层夹入碎冰。大萝卜、晚土豆、晚白菜等坚实的蔬菜，可以堆装，堆高应根据蔬菜的坚实程度而定。

职业能力训练

鲜活货物运输方案编制

一、训练任务

迅达公司临时承接了某实业公司的肉类运输业务。此次运输任务是将400t鲜牛肉一周内从山西省太原市某实业公司运到郑州市某农副产品批发市场。

通过本单元内容的学习，完成此次鲜活货物运输组织方案编制任务。

二、训练要求

1. 以小组为单位完成训练任务（建议 $3\sim5$ 人一组）。
2. 认真阅读训练任务，应用所学知识完成此次鲜活货物运输作业流程方案。
3. 小组进行成员角色分工，并写出各自工作内容与工作职责。
4. 小组组长按运输方案主要内容及各自工作职责组织任务实施。

三、训练评价

序号	评价内容	分值	自我评价（20%）	小组评议（30%）	教师评价（50%）	合计得分（100%）
1	运输组织方案考虑周全	20				
2	冷藏运输设备选择正确	15				
3	起运前的相关工作准备充分	20				
4	运送作业过程操作恰当	15				
5	相关运输人员工作内容安排合理	10				
6	小组成员高效合作，工作职责清晰	10				
7	提交的成果内容全面，编排合理，结构清晰	10				
教师评语						

知识巩固练习

游戏测验：危险货物分类

一、单项选择题

1. 大件货物运输托运单填写不规范而发生运输事故的，由（　　）承担责任。
   A. 托运人　　　B. 承运人　　　C. 收货人　　　D. 管理部门

2. 危险货物按其具有的危险性或最主要的危险性分为（　　）个类别，有些类别再分成项别。
   A. 7　　　　　B. 8　　　　　C. 9　　　　　D. 11

3. 用冷藏方法来储藏和运输鲜活易腐货物时，对货物的质量会产生直接影响的条件是（　　）。
   A. 温度　　　　B. 湿度　　　　C. 通风　　　　D. 卫生

4. 需在运输途中上水、换水、注氧气的鲜活货物是（　　）。
   A. 牲畜　　　　B. 蜜蜂　　　　C. 鱼苗　　　　D. 蔬菜

二、填空题

1. 超限货物有时也称作_____，根据其外形尺寸和货物质量分为_____和_____。

2. 运送大件货物时，除应考虑它们合理装载的技术条件外，还应重视货物_____、_____、_____、_____、车辆和道路条件、运送速度等具体情况，采取相应的_____措施，确保大件货物在运输过程中不发生移动、滚动、倾覆等情况。

3. 危险货物运输要经过_____、_____、_____、_____、_____等环节。

4. 在鲜活货物运输过程中，只有设法抑制_____的繁殖，控制_____作用和_____作用的强度，才能防止或推迟货物_____的过程。

三、简答题

1. 简述公路超限货物运输作业流程。
2. 简述危险货物运输组织注意事项。
3. 鲜活货物运输有哪些特点？

素养案例

危险化学品的运输

某化工厂主要生产氯化亚锡，产品销售一直很好。杨某到该厂谈妥15t购货合同，并交清了货款。不曾想，在提货时，出乎杨某意料的是，该厂要求杨某另交1.2万元稳定剂添加费，声称这是多年的规矩，如果不交，该厂将不在产品中添加稳定剂，如在运输过程中出了事概不负责。杨某对此非常气愤，声明自己没有这个义务，如果厂方不加稳定剂，他将上报有关部门，请求依法处理。

思考： 1. 运输氯化亚锡到底用不用加稳定剂？该由谁来添加？

2. 如不添加稳定剂，过错方将受到何种处罚？

模块八
多式联运运输管理

学习目标

知识目标：

1. 掌握多式联运的概念
2. 掌握多式联运的特点
3. 熟悉多式联运的分类
4. 熟悉多式联运组织流程
5. 理解多式联运责任划分
6. 理解多式联运费用构成和计费方法

技能目标：

1. 能辨别多式联运和联合运输的区别
2. 能组织多式联运的流程
3. 能计算多式联运费用

素养目标：

1. 通过多式联运运输业务组织，培养管理理念
2. 通过多式联运的责任划分，培养大局观意识
3. 通过多式联运运输业务实施，培养严谨细致的工作态度
4. 通过职业能力训练，培养团队意识

单元一　多式联运组织与运作

一、多式联运认知

国际多式联运（International Multimodal Transport）简称多式联运，是在集装箱运输的基础上产生和发展起来的，是指按照多式联运合同，以至少两种不同的运输方式，由多式联运经营人将货物从一国境内的接管地点运至另一国境内指定交付地点的货物运输。

多式联运组织与运作

（一）多式联运的概念

根据 1980 年《联合国国际货物多式联运公约》以及 1997 年我国交通部和铁道部共同颁布的《国际集装箱多式联运管理规则》的定义，国际多式联运是指按照国际多式联运合同，以至少两种不同的运输方式，由多式联运经营人把货物从一国境内接管地点运至另一国境内指定交付地点的货物运输。《中华人民共和国海商法》对国内多式联运的规定是，必须有一种运输方式是海运。

（二）多式联运的特点

（1）必须具有一个多式联运合同。多式联运合同是由发货人及多式联运经营人协商订立，以书面形式明确双方的权利、义务的证明。国际多式联运合同是多式联运经营人凭其收取运费，使用两种以上不同的运输工具，负责完成或组织完成货物全程运输的合同。

（2）必须使用一份全程的多式联运单据（多式联运提单、多式联运运单等）。多式联运单据是由联运人在接管货物时签发给发货人的。它是证明多式联运合同以及证明多式联运经营人接管货物并负责按照合同条款交付货物的单证，一般称为多式联运提单。

（3）全程运输过程中必须至少使用两种不同的运输方式，而且是两种以上运输方式的连续运输。因此，在一定程度上确定货物是否属于多式联运，其中运输方式的组成是一个非常重要的因素。如航空运输长期以来依靠汽车接送货物运输，从形式上看，这种运输已构成两种运输方式，但这种汽车接送业务习惯上被视为航空运输业务的一个组成部分，只是航空运输的延伸，因此不属于国际多式联运。

（4）必须使用全程单一费率。多式联运经营人在对货主负全程责任的基础上，制定一个货物发运地至目的地的全程单一费率，并以包干形式一次向货主收取。这种全程单一费率一般包括运输成本（全程各段运输费用的总和）、经营管理费用（如通信、制单以及劳务手续费等）和利润。

（5）必须有一个多式联运经营人对货物的运输全程负责。这是多式联运的一个重要特征，由多式联运经营人寻找分承运人，实现分段运输。多式联运经营人一般是指经营多式联运业务的企业或机构。《联合国国际货物多式联运公约》中对国际多式联运经营人所下的定义是：其本人或通过其代表订立多式联运合同的任何人。多式联运经营人是事主，而不是发货人的代理人或代表，也不是参加多式联运的承运人的代理人或代表，并具有履行义务的责任。

（6）如果是国际多式联运，则多式联运经营人接收货物的地点与交付货物的地点必须属于两个国家。国际多式联运方式所承运的货物必须是从一个国家的境内接管货物地点运至另一国境内指定交付地点的货物。因此，即使采用两种以上不同运输工具所完成的国内货物运输亦不属于国际多式联运货物的范畴。

（三）多式联运的分类

货物联运的全过程就其工作性质的不同，可分为实际运输过程和全程运输组织业务过程两部分。实际运输过程是由参加多式联运的各种运输方式的实际承运人完成的，其运输组织工作属于各方式运输企业内部的技术、业务组织。全程运输组织业务过程是由多式联运全程运输的组织者——多式联运企业或机构完成的，主要包括全程运输所涉及的所有商务性事务和衔接服务性工作的组织实施。其运输组织方法可以有多种，但就其组织体制来说，基上可分为协作式联运和衔接式联运两大类。

1. 协作式联运的组织方法

协作式联运的组织是在各级政府主管部门协调下，由参加联运的各种方式运输企业和中转港站共同组成的联运办公室（或其他名称）。货物全程运输计划由该机构制订，这种联运组织下的货物运输过程如图 8-1 所示。

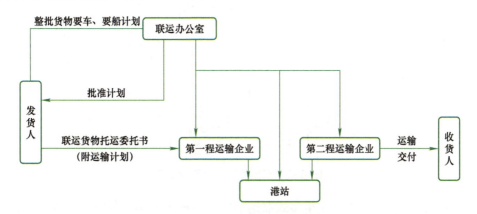

图 8-1　协作式联运过程示意图

在这种机制下，需要使用多式联运形式运输整批货物的发货人根据运输货物的实际需要，向联运办公室提出托运申请并按月申报整批货物要车、要船计划，联运办公室根据多式联运线路及各运输企业的实际情况制订该托运人托运货物的运输计划，并把该计划批复给托运人及转发给各运输企业和中转港站。发货人根据计划安排向多式联运第一程的运输企业提出托运申请并填写联运货物托运委托书（附运输计划），第一程运输企业接受货物后经双方签字，联运合同即告成立。第一程运输企业组织并完成自己承担区段的货物运输至后一区段衔接地，直接将货物交给中转港站，经换装由后一程运输企业继续运输，直至在最终目的地由最后一程运输企业向收货人直接交付。在前后程运输企业之间和港站与运输企业交接货物时，需要填写货物运输交接单和中转交接单（交接与费用结算依据）。联运办公室（或第一程企业）负责按全程费率向托运人收取运费，然后按各企业之间商定的比例向各运输企业及港站分配。

在这种组织体制下，全程运输组织是建立在统一计划、统一技术作业标准、统一运行图和统一考核标准基础上的，而且在接受货物运输、中转换装、货物交付等业务中使用的技术装备、衔接条件等也需要在统一协调下同步建设或协商解决，并配套运行以保证全程运输的协同性。

对这种多式联运的组织体制，在有的资料中被称为"货主直接托运制"。这是国内过去和当前多式联运（特别是大宗、稳定重要物资运输）中主要采用的体制。

在我国采用多式联运方式运输的大宗货物主要有煤炭、石油、矿石、钢材、粮食、化肥、木材等，主要的联运海港有大连、秦皇岛、天津、上海、广州等。

一些大宗货物已经形成了相对稳定或固定的物流通道。例如，煤炭运输就有固定的煤码头。

2. 衔接式联运的组织方法

衔接式联运的全程运输组织业务是由多式联运经营人（多式联运企业）完成的，这种联运组织下的货物运输过程可用图8-2来说明。

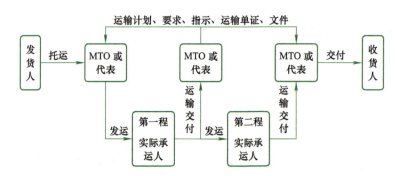

图 8-2 衔接式联运过程示意图

在这种组织体制下，需要使用多式联运形式运输成批或零星货物的发货人首先向多式联运经营人（MTO）提出托运申请，多式联运经营人根据自己的条件考虑是否接受，如接受双方订立货物全程运输的多式联运合同，并在合同指定的地点（可以是发货人的工厂或仓库，也可以是指定的货运站、中转站、堆场或仓库）双方办理货物的交接，联运经营人签发多式联运单据。接受托运后，多式联运经营人首先要选择货物的运输路线，划分运输区段（确定中转、换装地点），选择各区段的实际承运人，确定零星货物集运方案，制订货物全程运输计划并把计划转发给各中转衔接地点的分支机构或委托的代理人，然后根据计划与第一程、第二程……的实际承运人分别订立各区段的货物运输合同，通过这些实际承运人来完成货物全程位移。全程各区段之间的衔接，由多式联运经营人（或其代表或其代理人）从前程实际承运人手中接收货物再向后程承运人交接货物，在最终目的地从最后一程实际承运人手中接收货物后再向收货人交付货物。

在与发货人订立运输合同后，多式联运经营人根据双方协议，按全程单一费率收取全程运费和各类服务费、保险费（如需经营人代办的）等费用。多式联运经营人在与各区段实际承运人订立各分承运合同时，需要向各实际承运人支付运费及其他必要的费用。在各衔接地点委托代理人完成衔接服务业务时，也需要向代理人支付委托代理费用。

在这种多式联运组织体制下，承担各区段货物运输的运输企业的业务与传统分段运输形式下的完全相同，这与协作式体制下还要承担运输衔接工作是有很大区别的。

（四）多式联运的优越性

多式联运的产生和发展是国际货物运输组织的革命性变化。随着集装箱运输的发展，以多式联运形式运输的货物越来越多。多式联运之所以能如此迅速地发展，是因为它与传统运输相比具有许多优点。这些优点主要体现在如下几个方面：

1. 统一化和简单化

这主要表现在不论运输全程有多远，不论由几种方式共同完成货物运输，也不论全程分为几个运输区段、经过多少次转换，所有一切运输事项均由多式联运经营人负责办理，货主只需要办理一次托运，订立一份运输合同，购买一次保险。一旦在运输过程中发生货物灭失和损坏，由多式联运经营人出面解决。在国际多式联运下，由于是通过一张单证、采用单一费率，因此大大简化了运输与结算手续。

2. 减少中间环节，提高运输质量

多式联运以集装箱为运输单元，可以实现"门—门"的运输。尽管运输途中可能有多次换装、过关，但由于不需要掏箱、装箱、逐件理货，只要保证集装箱外表状况良好、铅封完整即可免检放行，从而大大减少了中间环节。尽管货物运输全程要进行多次装卸作业，但由于使用专用机械设备，且又不直接涉及箱内货物，使得货损、货差事故和货物被盗的可能性大大减少。再者，由于全程运输由专业人员组织，可做到各环节与各种运输工具之间衔接紧凑、中转及时、停留时间短，从而使货物的运达速度大大加快，有效地提高了运输质量，保证了货物安全、迅速、准确及时地运抵目的地。

3. 降低运输成本，节约运杂费用

多式联运全程运输中各区段运输和各区段的衔接是由多式联运经营人与各实际承运人订立分运合同和与各代理人订立委托合同（包括其他有关人与有关合同）来完成的。多式联运经营人一般与这些人都订有长期的协议。这类协议一般规定多式联运经营人保证托运一定数量的货物或委托一定量的业务，而对方则给予优惠的运价或较低的佣金。再者，通过

对运输路线的合理选择和运输方式的合理使用,都可以降低全程运输成本,提高利润。对于货主来讲,一是可以得到优惠的运价;二是在多式联运下,一般将货物交给第一(实际)承运人后即可取得运输单证,并可据此结汇(结算货款),结汇时间比分段运输有所提前,有利于货物占有资金的周转;三是由于采用集装箱运输,从某种意义上讲可以节省货物的运输费用和保险费用。此外,由于多式联运全程运输采用一张单证,实行单一费率,从而简化了制单和结算的手续,节约了货方的人力、物力。

4. 扩大运输经营人业务范围,提高运输组织水平,实现合理运输

在多式联运开展以前,各种运输方式的经营人都是自成体系、独立运输的,因而其经营业务的范围(特别是空间地域范围)受到很大限制,只能经营自己运输工具能够抵达的范围(指技术和经济方面)的运输业务,货运量也因此受到限制。一旦发展成为多式联运经营人或作为多式联运的参加者(实际承运人),其经营的业务范围即可大大扩展,从理论上讲可以扩大到全世界。

在国际多式联运中是由专业人员组织全程运输的,这些人对世界的运输网、各类承运人、代理人、相关行业和机构及有关业务都有较深的了解和较为紧密的关系,可以选择最佳的运输路线,使用合理的运输方式,选择合适的承运人,实现最佳的运输衔接与配合,从而大大提高运输组织水平,充分发挥现有设施的作用,实现合理运输。

二、多式联运组织流程

多式联运经营人是全程运输的组织者,在多式联运中,其业务程序主要有以下几个环节:

(一)接受托运申请,订立多式联运合同

多式联运经营人根据货主提出的托运申请和自己的运输路线等情况,判断是否接受该托运申请。如果能够接受,则双方议定有关事项后,在交给发货人或其代理人的场站收据副本上签章,证明接受托运申请,多式联运合同已经订立并开始执行。

发货人或其代理人根据双方就货物交接方式、时间、地点、付费方式等达成协议,填写场站收据,并把其送至多式联运经营人处编号,多式联运经营人编号后留下货物托运联,将其他联交还给发货人或其代理人。

(二)集装箱的发放、提取及运送

多式联运中使用的集装箱一般应由多式联运经营人提供。这些集装箱来源可能有三个:

一是经营人自己购置使用的集装箱。

二是由公司租用的集装箱,这类箱一般在货物的起运地附近提箱而在交付货物地点附近还箱。

三是由全程运输中的某一区段承运人提供,这类箱一般需要在多式联运经营人为完成合同运输与该分运人订立分运合同后获得使用权。

如果双方协议由发货人自行装箱，则多式联运经营人应签发提箱单或者租箱公司或区段承运人签发的提箱单交给发货人或其代理人，由他们在规定日期到指定的堆场提箱并自行将空箱托运到货物装箱地点准备装货。如发货人委托，亦可由经营人办理从堆场装箱地点的空箱托运。如是拼箱货或整箱货但发货人无装箱条件不能自装时，则由多式联运经营人将所用空箱调运至接受货物集装箱货运站，做好装箱准备。

（三）出口报关

若联运从港口开始，则在港口报关；若从内陆地区开始，应在附近的海关办理报关。出口报关事宜一般由发货人或其代理人办理，也可委托多式联运经营人代为办理。报关时应提供场站收据、装箱单、出口许可证等有关单据和文件。

（四）货物装箱及接收货物

若是发货人自行装箱，发货人或其代理人提取空箱后在自己的工厂和仓库组织装箱，装箱工作一般要在报关后进行，并请海关派员到装箱地点监装和办理加封事宜。如需理货，还应请理货人员现场理货并与之共同制作装箱单。若发货人不具备装箱条件，可委托多式联运经营或货运站装箱，发货人应将货物以原来形态运至指定的货运站由其代为装箱。如是拼箱货物，发货人应负责将货物运至指定的集装箱货运站，由货运站按多式联运经营人的指示装箱。无论装箱工作由谁负责，装箱人均需要制作装箱单，并办理海关监装与加封事宜。

对于由货主自装箱的整箱货物，发货人应负责将货物运至双方协议规定的地点，多式联运经营人或其代理人在指定地点接收货物。如是拼箱货，经营人在指定的货运站接收货物。验收货物后，代表联运经营人接收货物的人应在场站收据正本上签章并将其交给发货人或其代理人。

（五）订舱及安排货物运送

经营人在合同订立之后，即应制订货物的运输计划，该计划包括货物的运输路线和区段的划分，各区段实际承运人的选择确定及各区段衔接地点的到达、起运时间等内容。这里所说的订舱泛指多式联运经营人要按照运输计划安排洽定各区段的运输工具，与选定的各实际承运人订立各区段的分运合同。这些合同的订立由经营人本人或委托的代理人办理，也可请前一区段的实际承运人作为代表向后一区段的实际承运人订舱。

（六）办理保险

在发货人方面，应投保货物运输险。该保险由发货人自行办理，或由发货人承担费用由多式联运经营人代为办理。货物运输保险可以按全程投保，也可以分段投保。在多式联运经营人方面，应投保货物责任险和集装箱保险，由经营人或其代理人向保险公司或以其他形式办理。

（七）签发多式联运提单，组织完成货物的全程运输

多式联运经营人的代表收取货物后，经营人应向发货人签发多式联运提单。在把提单交给发货人前，应注意按双方议定的付费方式及内容、数量向发货人收取全部应付费用。

多式联运经营人有完成或组织完成全程运输的责任和义务。在接收货物后，要组织各区段实际承运人、各派出机构及代表人共同协调工作，完成全程中各区段的运输以及各区段之间的衔接工作，运输过程中所涉及的各种服务性工作和运输单据、文件及有关信息等组织和协调工作。

（八）运输过程中的海关业务

按惯例国际多式联运的全程运输均应视为国际货物运输。因此，该环节工作主要包括货物及集装箱进口国的通关手续，进口国内陆段保税运输手续及结关等内容。如果陆上运输要通过其他国家海关和内陆运输线路，还应包括这些海关的通关及保税运输手续。

这些涉及海关的手续一般由多式联运经营人的派出机构或代理人办理，也可由各区段的实际承运人作为多式联运经营人的代表办理，由此产生的全部费用应由发货人或收货人负担。

如果货物在目的港交付，则结关应在港口所在地海关进行。如在内陆地交货，则应在口岸办理保税运输手续，海关加封后方可运往内陆目的地，然后在内陆海关办理结关手续。

（九）货物交付

当货物运至目的地后，由目的地代理通知收货人提货。收货人需要凭多式联运提单提货，经营人或其代理人需要按合同规定，收取收货人应付的全部费用。收回提单后签发提货单，提货人凭提货单到指定堆场和集装箱货运站提取货物。如果整箱提货，则收货人要负责至掏箱地点的运输，并在货物掏出后将集装箱运回指定的堆场，运输合同终止。

（十）货运事故处理

如果全程运输中发生了货物灭失、损坏和运输延误，无论是否能确定发生的区段，发（收）货人均可向多式联运经营人提出索赔。多式联运经营人根据提单条款及双方协议确定责任并做出赔偿。如果已对货物及责任投保，则存在要求保险公司赔偿和向保险公司进一步追索问题。如果受损人和责任人之间不能取得一致，则需要在诉讼时效内通过诉讼和仲裁来解决。

职业能力训练

多式联运业务流程组织

一、训练任务

2023年11月20日，山西某钢材有限公司委托迅达公司（承运人）将一批钢材运送到厦门市某批发中心，要求在16天内以最经济的方法送达。山西某钢材有限公司与迅达公司签订了联运业务合同。

从经济角度考虑，可以使用公路、铁路和水路多种方式联合运输完成任务，属于国内联合运输。水路可选择天津港，假设各城市的火车站班次和港口航次都比较多，时间上比较方便。

根据公司的物流运输服务水平，需要在规定的时间内完成货物的运输作业。已知运输的货物前一天已经出库完成等待运输。作为运营部门的主要负责人，请设计正确合理的运输作业计划，保证后续工作顺利进行。此次托运的货物种类、数量、流向及相关要求整理如表 8-1 所示。

表 8-1 客户托运货物记录表

托运客户	山西某钢材有限公司	托运城市	太原	地址	太原市×路×号
收货客户	厦门市某批发中心	收货城市	厦门	地址	厦门市×路×号
物料名称	件数	长/cm	直径/cm	单件重量/kg	包装形式
φ12 螺纹钢材	25	900	60	2 500	捆

二、训练要求

1. 根据任务数据，设计此次多式联运作业优化方案。
2. 根据货物的托运城市和收货城市因素，选择合理的运输方式，并确认枢纽城市和运输工具。
3. 根据案例背景，明确各区段的实际托运人和承运人，并设计填写多式联运提单。

三、训练评价

序号	评价内容	分值	自我评价（20%）	小组评议（30%）	教师评价（50%）	合计得分（100%）
1	设计流程制定合理	30				
2	枢纽城市和工具选择正确	20				
3	联运提单填写正确	20				
4	小组成员高效合作	10				
5	提交的成果内容全面，编排合理，结构清晰	20				
教师评语						

单元二 多式联运责任划分

一、多式联运责任制度

由于多式联运的发展改变了传统的货物交接界限，也从根本上改变了多式联运经营人的承运责任范围，因此，原有的有关承运人的责任形

多式联运责任划分

式已不能满足其要求，随之新的责任形式不断形成。在目前的国际多式联运业务中，多式联运经营人的责任形式主要有统一责任制、网状责任制和混合责任制三种。

（一）统一责任制

统一责任制（又称同一责任制）就是多式联运经营人对货主负有不分区段的统一原则责任。也就是说，经营人在整个运输中都使用同一责任向货主负责，即经营人对全程运输中货物的灭失、损坏或延期交付负全部责任，无论事故责任是明显的还是隐蔽的，是发生在海运段还是发生在内陆运输段，均按一个统一原则由多式联运经营人统一按约定的限额进行赔偿。但如果多式联运经营人已尽了最大努力仍无法避免或确实证明是货主的故意行为过失等原因所造成的灭失损坏，经营人则可免责。

统一责任制是一种科学、合理、手续简化的责任制度。但这种责任制对联运经营人来说责任负担较重，因此目前在世界范围内采用还不够广泛。

（二）网状责任制

网状责任制是指多式联运经营人对全程运输负责，对发生于特定区段的灭失或者损坏，适用调整该区段运输的有关法律规定确定多式联运经营人的归责原则、赔偿责任限额等。在这种情况下，多式联运经营人的赔偿责任和责任限额不会高于货损发生区段的区段承运人，其核心在于让多式联运经营人在承担货物损失后可将损失转移给区段承运人，最大限度地使多式联运经营人在可追偿范围内向货方承担赔偿责任。

（三）混合责任制

混合责任制是前两种责任制度的融合，包含"经修正的统一责任制"和"经修正的网状责任制"，旨在弥补前两种责任形式的不足之处。

多式联运最大的特点就是用不同的运输方式进行运输，如果货物发生毁损、灭失的，一般依据以下两个原则确定多式联运经营人的赔偿责任：

（1）如果货物发生毁损、灭失的区段是确定的，多式联运经营人的赔偿责任和责任限额适用调整该区段运输方式的有关法律的规定。

（2）货物发生毁损、灭失的运输区段不能确定的，多式联运经营人应当依照《中华人民共和国民法典》的有关规定承担损害赔偿责任。在多式联运中，货损发生的运输区段有时不易查清，对这一类货损采用某项统一规定的办法确定经营人的责任，在我国主要是按照《中华人民共和国民法典》"运输合同"一章关于承运人赔偿责任和责任限额的规定负赔偿责任。

二、多式联运责任期间

多式联运经营人对货物承担的责任期限自接管货物时起至交付货物时止。但如果接管货物地有相关法律规定货物必须交付给当地有关机构或者其他第三方，经营人从这些机构或者第三方处接受了货物时才开始起算责任期限,并在交付给特定人或者机构后终止自己的责任。

(1)按照《联合国国际货物多式联运公约》(简称《多式联运公约》)的规定,经营人对货物的责任期间从接管货物时开始至交付货物时为止。根据《多式联运公约》规定,多式联运经营人自发货人或其代表处接管了货物后,其对货物的责任就开始了。但是如果根据接管货物地点的有关法律或规章,货物必须交付给有关当局或其他第三方时,则只有当经营人从这些机关或行业处接受了货物时,其责任才开始。货物交付和经营人责任终止时间,也可以从上述规定确定,即当经营人将货物交给了收货人或有关当局或其他第三方后,便完成了交货并随即终止了自己的责任。

(2)在集装箱多式联运业务中接受和交付货物的地点是由运输业务本身决定的,其基本的交接方式有三种,即在码头集装箱堆场交接(场—场)、在集装箱货运站交接(站—站)和在用户工厂或仓库交接(门—门)。根据需要,这三种方式经排列组合,可以演变为九种方式,即场—场交接、场—站交接、场—门交接、站—场交接、站—站交接、站—门交接、门—场交接、门—站交接和门—门交接。

三、多式联运经营人的赔偿责任限制

(一)赔偿责任限制基础

对于承运人赔偿责任的基础,目前各种运输公约的规定不一,但大致可分为过失责任制和严格责任制两种,以过失责任制为主。《多式联运公约》对多式联运经营人规定的赔偿责任基础如下:

(1)多式联运经营人对于货物的灭失、损坏和延迟交付所引起的损失,如果该损失发生在货物由多式联运经营人掌管期间,则应负赔偿责任。除非多式联运经营人能证明其本人、受雇人、代理人或其他有关人为避免事故的发生及其后果已采取了一切能符合要求的措施。

(2)如果货物未在议定的时间内交货,或者如无此种协议,未在按照具体情况对一个勤奋的多式联运经营人所能合理要求的时间内交付,即构成延迟交货。

(3)如果货物未在按照上述内容确定的交货日期届满后连续90日内交付,索赔人即可认为这批货物业已灭失。

(二)赔偿责任限制

如果国际多式联运包括海上或内河运输,则多式联运经营人的赔偿责任按灭失或者损坏货物毛重每千克计不超过2.75个特别提款权,或每件920个特别提款权,以高者为准;如果国际多式联运不包括海上或内河运输,则多式联运经营人的赔偿责任按灭失或损坏货物毛重每千克计不超过8.33个特别提款权。

多式联运经营人迟延交付造成损失所负的赔偿责任限额，相当于迟延交付的货物应付运费的 2.5 倍，但不超过多式联运合同规定的应付运费的总额。

职业能力训练

多式联运合同纠纷处理

一、训练任务

案例分析：2009 年 5 月 13 日，广东 A 啤酒公司委托惠州 B 物流公司运输一批啤酒由蛇口至北京，运输方式为多式联运，其中蛇口港至天津港为水路运输，天津至北京为陆路运输。之后，惠州 B 公司将该批货物委托惠州 C 运输公司运输。C 公司作为运输的多式联运经营人，将天津至北京陆路区段的运输委托给天津 D 物流公司承运。综上，C 公司为负责全程运输的多式联运经营人，D 公司为陆路运输的区段承运人。

5 月 22 日，上述货物在天津运至北京的过程中受损。原告中国太平洋财产保险股份有限公司深圳分公司与 B 公司签订了承运人责任保险预约保险协议，原告根据保险协议的约定赔付了货物损失，取得代位求偿权。故请求判令 C 公司和天津 D 公司连带赔偿原告损失。

广州海事法院认为，C 公司作为多式联运经营人对于由区段承运人 D 公司负责的区段运输承担义务。对于 D 公司负全部责任造成的涉案货物损失，C 公司应当承担相应的责任。对于原告请求 D 公司连带承担赔偿责任的诉讼请求，没有事实、法律依据，不予支持。

二、训练要求

1. 托运人货物在运输过程中发生意外，找出主要的违约责任人。
2. 根据资料，分小组讨论托运人是否可以越过多式联运经营人直接向分段承运人主张赔偿（建议 2～3 人一组）。

三、训练评价

序号	评价内容	分值	自我评价（20%）	小组评议（30%）	教师评价（50%）	合计得分（100%）
1	问题一回答正确，解释合理	40				
2	问题二回答正确，解释合理	40				
3	小组成员高效合作	10				
4	提交的成果内容全面，编排合理，结构清晰	10				
教师评语						

单元三 多式联运费用核算

货物借助运输工具完成它从生产领域进入消费领域的位移过程，消耗了社会的必要劳动量，创造了价值。运输价格就是运输产品货币价值形态的实际表现，货物的联运费用包括运费、杂费、中转费和服务费（业务代办费）等。运输费用是按照价格政策具体制定的各种货物的运价水平。运价水平必须以价值为基础，必须考虑各种运输方式之间的比价关系，并能促进各种运输工具之间的合理分工和合理运输。

一、多式联运费用构成

多式联运费用主要包括运费、杂费、中转费和服务费。

1. 运费

货物运费包括铁路运费、水路运费、公路运费、航空运费、管道运费等五个类别。货物在联运过程中，通过哪种运输工具运输，就按照国家或各省、市物价部门规定的那种运输工具的运价计算运费。联运服务公司向货主核收的运输费用包括以下几种：

（1）发运地区（城市）内的短途运输运费（接取费）。

（2）由发运联运服务公司至到达联运服务公司之间的全程运费。

（3）到达地区（城市）内的短途运输运费（送达费）。

2. 杂费

（1）多式联运杂费的种类：

1）装卸费。装卸费分为铁路装卸费、水路装卸费、公路装卸费，各种运输工具有不同的费率规定。

2）换装包干费。这是联运货物在港、站发生的运杂费用。换装包干费按不同货物、不同港、站，分一次性计费和分段计费两种。

3）货物港务费。进口和出口分别征收一次货物港务费。

4）货物保管费。货物保管费分港口货物保管费、铁路车站货物保管费和中转货物在流转性库场保管费，并有各自不同的计费规定。

（2）联运杂费的计算公式：

$$铁路（水路）装卸费 = 货物重量 × 适用的装卸费率$$

$$公路装卸费 = 货物重量（或车吨）× 适用的装卸费率$$

$$换装包干费 = 货物重量 × 适用的换装包干费率$$

$$货物港务费 = 货物重量 × 港务费率$$

$$货物保管费 = 货物重量（或车数）× 天数 × 适用的保管费率$$

3. 中转费

（1）中转费的构成主要包括装卸费、仓储费、接驳费（或市内汽车短途转运费）、包装整理费等。

（2）中转费的计算方式有实付实收和定额包干两种。实付实收是指货物在中转过程中发生的各项运杂费用，采用实报实销的办法。这种方法除了收取固定的中转服务费，其他费用均属代收代付性质。定额包干货物在中转过程中发生的各项运杂费，采用定额包干的方法。这种方法除按一种费率包干外，还有按运输方式包干、按费用项目包干、按地区范围包干之分。

4. 服务费

服务费是指联运企业在集中办理运输业务时支付的劳务费用，一般采取定额包干的形式，按不同运输方式、不同的取送货方式规定的不同费率来计算。

服务费的组成一般包括业务费和管理费。业务费是指用于铁路、水路、公路各个流转环节所发生的劳务费用。管理费是指从事联运业务人员的工资、固定资产折旧和行政管理费等方面的支出。

二、多式联运费用核收方式

（1）多式联运费用的核收通常采用如下三种方式：

1）到付，即由收货人在收货地向到达联运服务公司支付一切运输费用。

2）发付，即由发货人在发货地向发运联运服务公司支付一切运输费用。

3）分付，即由发货人在发货地向发运联运服务公司支付发货地发生的杂费和运费，由收货人在收货地向到达联运服务公司支付到达地发生的费用。

（2）由发运联运服务公司至到达联运服务公司之间的全程运费是联运货物运输费用的主要组成部分，联运服务公司向货主核收这部分运费的计费方法主要有以下两种：

1）按运输合同规定的运输线路及有关运输工具的运费标准，分别计算单项运输阶段运费，全程运费等于各单项运费之和。

2）按联运服务公司自行规定的运费标准计算全程运费。

采用第一种方法计算运费时，联运服务公司是以货主运输代理人的身份为货主代办联运货物的全程运输；采用第二种方法计算运费时，联运服务公司是以货物联运经营人的身份向货主承包联运货物的全程运输，联运服务公司根据具体情况可分别采用不同的运费计算方法。

三、多式联运运费计算

多式联运已突破传统海运"港—港"的范围，而向两岸延伸，因此多式联运运费的基本结构，除包括海运段外，还包括一端内陆或两端内陆的运费。

多式联运费用由内陆运输费（主要是公路运费、铁路运费或内河运费，包括托运费、储仓费、转运费、服务费等）、海运运费、码头装卸包干费等组成。

（一）公路运费

公路运费的计算公式为

$$公路运费 = 基本运费 + 附加运费$$

式中，基本运费是指公路运输中的托运费，按箱型、箱尺寸和运距计算；附加运费是指在公路运输中发生的其他费用，如车辆征滞费、上下车费、人工征滞费、辅助装卸费以及其他附加费等。

公路运费的计算方式主要有计程运费、计时包车运费、包装运费和短程运费。

（二）铁路运费

铁路运费的计算公式为

$$铁路运费 = 基本运费 + 附加运费$$

式中，基本运费是指铁路运输中的托运费，按箱型、箱尺寸和运距计算；附加运费是指在铁路运输中发生的有关附加费用，如送取费、暂存费、换装费、代理费以及新路费、集装箱建设基金等。

（三）海运运费

海运运费的计算公式为

$$海运运费 = 基本运费 + 附加运费$$

式中，基本运费是指任何一种货物运输收取的最基本运费，是海运运费的主要组成部分，包括船舶的折旧或租金、燃油费、修理费、港口使用费、管理费和职工工资等；附加运费是指在海运过程中因货物的特殊处理费用，如转船费、起重费、选港费、更改目的港费等，此外还包括受国际经济和国际贸易影响所产生的成本费用，如油价上涨、被迫绕航、汇率变动、港口拥挤等。

在集装箱海运中，为简化运费计算，班轮公司通常采用包箱费率的计算方法，并公布不同航线的运价。

（四）码头装卸包干费

在集装箱运输的方式下，大多采用集装箱装卸包干形式，按箱计收装卸包干费。我国交通运输部对外贸港口集装箱装卸包干费的规定如表 8-2 所示。

表 8-2　交通运输部集装箱收费规定　　　　　　　　　　（单位：元）

箱型	20ft	40ft
一般货物集装箱	422.50	638.30
空箱	294.10	444.10
一级危险品集装箱	467.90	702.00
冷藏重箱	497.90	702.00
冷藏空箱	324.10	486.10

职业能力训练

多式联运业务报价

一、训练任务

迅达公司于 2023 年 11 月 25 日接到陕西西安一家客户的订单，需要承担该公司出口运输 30 个标准集装箱的货物到美国芝加哥。公司财务接到这个核算任务，需要具体核算总的成本费用，以便向客户及时报价。工作人员立刻查询了从中国到达美国芝加哥的航线情况，与美洲业务部负责人一同设计了运输的合理方案，并把计算好的价格报给了客户。

二、训练要求

1. 请在地图上分别找到从西安出发到达芝加哥的可以实现本次运输任务的主要路径：

（1）每条路径应该有出发的主要城市，在地图上标清。

（2）每条路径应该包括途径的主要城市或者港口。

（3）每条路径应该有到达的目的地城市，在地图上标清。

2. 通过网络查询大型航运公司的运输报价。

3. 通过计算和比较，向客户报出最具竞争力的价格。

三、训练评价

序号	评价内容	分值	自我评价（20%）	小组评议（30%）	教师评价（50%）	合计得分（100%）
1	设计路径制定合理	30				
2	运价计算正确	30				
3	选择最具竞争力的报价	20				
4	小组成员高效合作	10				
5	提交的成果内容全面，编排合理，结构清晰	10				
教师评语						

知识巩固练习

一、单项选择题

1. 多式联运方式是指（　　）。

　　A. 至少两种运输方式之间　　　　B. 必须是铁路与公路之间

　　C. 同一种运输方式之间　　　　　D. 必须是公路与海运之间

2. 国际多式联运的特点不包括（　　）。
   A. 由不同运输企业按照统一的公约共同完成全程运输工作
   B. 签订一个运输合同，对货物运输的全程负责
   C. 采用两种或两种以上不同运输方式来完成运输工作
   D. 采用一次托运、一次付费、一票到底、统一理赔、全程负责的运输业务

游戏测验：多式联运作业流程组织

3. 关于多式联运说法错误的是（　　）。
   A. 多式联运必须使用一份全程的多式联运单据
   B. 多式联运经营人必须承担实际运输任务
   C. 多式联运经营人对货物的运输全程负责
   D. 多式联运不是新的运输方式，只是新的运输组织形式
4. 多式联运经营人对货物承担的责任期限是（　　）。
   A. 自己运输区段　　　　　　　　B. 全程运输
   C. 实际承运人运输区段　　　　　D. 第三方运输区段
5. 国际多式联运经营人是（　　）。
   A. 实际承运人　　　　　　　　　B. 承运人的代理人
   C. 发货人的代理人　　　　　　　D. 具有独立法人资格的经济实体
6. 多式联运经营人多式联运的责任期间是（　　）。
   A. 自接收货物时起至交付货物时止
   B. 自货物装上运输工具时起至卸离运输工具时止
   C. 由承运人的仓库至托运人的仓库
   D. 由双方当事人协商，在合同中确立

二、判断题

1. 在货物运输过程中只要使用了两种交通工具，就是联合运输。（　　）
2. 我国大宗货物主要采用的是衔接式联合运输的形式。（　　）
3. 国际联合运输必须使用全程单一运费费率。（　　）
4. 国际式联运主要采用集装箱运输。（　　）

三、简答题

1. 多式联运的特点是什么？
2. 多式联运的优越性体现在哪些方面？
3. 衔接式联运和协作式联运的区别是什么？

四、案例分析题

某汽车有限公司有一批轿车出口伊朗，轿车的发源地为安徽省芜湖市，交货地为伊朗德黑兰。这批轿车如果采用传统的单一运输方式，由该公司分别与铁路、航运或汽车运输

公司签订合同进行运输,将会耗费大量的人力、物力。如果委托一家多式联运企业运输,享受"门—门"的服务,就会使这项工作变得简单、快捷。如果你是一家多式联运企业的业务经理,负责这批汽车的运输,请回答下面的问题:

设计两种运输方案,在运输方案中涉及几种运输方式?有哪些与合同有关的当事人?在运输方案中涉及哪些法律法规和国际公约?

素养案例

"义新欧"班列多式联运新通道

一、主要做法

"义新欧"班列多式联运新通道改革融合铁路、公路、海运等多种运输方式,推进中欧班列多式联运"一单制"和国际陆路联运提单实现"物权化",实现跨境多式联运运输的复合型、集成式的改革,改革主要在三个方面进行实践探索:

(1)"铁公铁"联运通道。2021年7月1日,"义新欧""中吉乌"公铁国际多式联运班列从义乌铁路口岸出发,通过铁路方式运至喀什,再经公路运输,途经新疆伊尔克什坦口岸出境,运抵吉尔吉斯斯坦、乌兹别克斯坦等中亚国家,开辟"铁公铁"多式联运新通道。

(2)"铁海铁"联运通道。2021年7月29日,"义新欧"中欧班列从铁路义乌西站出发,经由霍尔果斯铁路口岸出境,经俄罗斯加里宁格勒口岸,再通过海铁联运的模式转运至德国罗斯托克港,最后经铁路分拨至汉堡和杜伊斯堡或经海运分拨到欧洲各地,成为联通波罗的海的新通道。

(3)"中欧+海铁+海运"联运通道。2021年3月17日,"义新欧"班列国际中转海铁联运新通道正式开启,完成"中欧+海铁+海运"多式联运转口贸易首单业务。2022年4月14日,"义新欧"回程班列与"义乌—宁波舟山港"海铁联运班列实现"整列中转"。5月12日,"义乌—宁波舟山港"海铁联运回程班列与"义新欧"去程班列实现首次"国际中转"。

二、特色亮点

(1)实现多式联运一单制。借鉴海运提单及相关法律法规,明确提单在签发、流转、控货、提货等环节的效力,确保提单作为运输过程唯一的控货凭证,实现"一单到底、一票到底"。

(2)优化运输监管流程。运输过程中,班列运行平台对承运货物进行全程运输、监控,确保对货物完全控制。

(3)无缝衔接义新欧和义甬舟两大通道。"中欧+海铁+海运"联运通道无须再次卸车装车,减少铁铁中转集装箱装卸作业等待时间,实现海铁联运班列双班列双向业务联动,进一步推进"一带一路"重要枢纽建设。

三、取得的成效

（1）班列通道作用更加凸显。"义新欧"班列国际多式联运新通道为义乌市场打开了一条全新贸易通道，有效地提高了"中国制造"国际货运通达性，更好地满足义乌"买全球，卖全球"的战略需求。

（2）企业获得感得到增强。"铁公铁""铁海铁"联运通道绕开阿拉山口、霍尔果斯以及马拉舍维奇-布列斯特等沿线堵点，较传统运输模式节约7～8天。"中欧＋海铁＋海运"联运通道，与以往义乌—宁波的公路运输相比，可为企业节省约25%的运费。

思考： 党的二十大报告提出建设高效顺畅的流通体系，降低物流成本。国际多式联运对于我国物流业的发展有何意义？

模块九
运输保险与合同管理

学习目标

知识目标：

1. 掌握运输保险的概念
2. 掌握运输保险索赔流程及索赔注意事项
3. 掌握运输合同的成立、效力和履行等内容
4. 掌握运输合同履行过程中合同纠纷的解决方法

技能目标：

1. 能够根据实际情况进行运输保险索赔
2. 熟练完成运输合同的订立
3. 能够合理规避运输合同风险

素养目标：

1. 通过运输保险合同索赔，培养合法合规意识
2. 通过运输合同的订立，培养爱岗敬业、勤勉上进的精神
3. 通过运输合同纠纷的解决，培养创新意识

单元一　运输保险管理

运输保险是针对流通中的商品而提供的一种经济保障。开办这种保险，是为了使货物在水路、铁路、公路和航空运输过程中，一旦遭受保险责任范围内的因自然灾害或意外事故所造成的损失能够得到经济补偿。当被保险人保险的货物遭受损失或达到约定事项后，需向保险公司进行索赔。被保险人应按照保单等有效单证向保险公司办理索赔手续，充分利用索赔权利，以弥补自己的经济损失。

运输保险管理

一、运输保险认知

（一）运输保险的概念

运输保险是指以运输过程中的货物作为保险标的，保险人与投保人订立保险合同，当货物运输保险合同中约定事项出现时，保险公司承担给付保险金责任。

为货物在运输过程中可能遭受的各种自然灾害或意外事故造成的损失提供保险，不仅能够保障货主的经济利益，而且有利于商品生产和商品交易正常进行。

（二）运输保险的特征

运输保险的特征主要体现在保障对象、保险标的、保险合同变更、承保风险、保险期限和保险关系等方面。

1. 运输保险的保障对象具有多变性

运输保险的保障对象的多变性主要指的是被保险人的多变性。贸易活动中货物买卖的目的不仅是实现其使用价值，更重要的是实现货物的价值或货物的增值，这就决定了货物在运输过程中频繁易手，不断变换其所有人，从而必然会引起货物运输保险被保险人的不断变化。

2. 运输保险标的具有流动性

运输保险承保的是流动中或运动状态下的货物，标的时长处于运动状态，它不受固定地点的限制。

3. 运输保险合同的可转让性

运输保险的保险合同通常随着保险标的、保险利益的转移而转移，无须通知保险人，也无须征得保险人的同意。

4. 运输保险承保的风险具有广泛性

与一般财产保险相比，运输保险承保的风险范围远远超过一般财产保险承保的风险范围。从性质上看，既有财产和利益上的风险，又有责任上的风险；从范围上看，既有海上风险，又有陆上和空中风险；从风险种类上看，既有自然灾害和意外事故引起的客观风险，又有外来原因引起的主观风险。

5. 运输保险的保险期限具有空间性

由于采取不同运输工具的货物运输，途程具有不固定性，因此运输保险的保险期限通常不是固定的，而是以约定的运输途程为准。这一特征使得运输保险的保险期限具有空间性特征。

6. 运输保险的国际性

运输保险的国际性主要表现在其所涉及的地理范围超越了国家和区域界限。国际运输货物保险所涉及的保险关系人，不仅是本国的公民，而且包括不同国家和地区的贸易商、承运人等，因此由保险产生的纠纷的预防和解决，必须依赖于国际性法规和国际惯例。

（三）运输保险的分类

根据不同的标准，运输保险可以分为不同种类。

（1）按照运输工具和运输方式不同，运输保险可分为水上运输险、陆上货运险、航空运输险、邮包险、联合运输保险。

（2）按照适用范围，运输保险可分为国内货物运输保险和国际货物运输保险。

（四）运输保险的主要险别

（1）海洋运输货物保险条款分为平安险、水渍险和一切险三种。

（2）航空运输货物保险条款分为航空运输险和航空运输一切险两种。

（3）陆上运输货物保险条款分为陆运险和陆运一切险两种。

被保险货物遭受损失时，依据有关权益人的请求，保险人按照保险单上所述承保险的条款规定，承担相应的赔偿责任。

二、运输保险合同

（一）运输保险合同的概念

运输保险合同是指货物的托运人向承运人交运货物时，向保险人支付保险费，在被保险货物发生保险合同约定损失时，由保险人负责赔偿损失的保险合同。货物运输保险合同是以运输过程中的货物作为保险标的的保险合同。

（二）运输保险合同的种类

（1）运输保险合同按运输方式的不同，划分为水上货物运输保险合同、航空货物运输保险合同、陆上货物运输保险合同、邮包保险合同和联合运输货物保险合同。

（2）运输保险合同按照适用范围的不同，划分为国内货物运输保险合同和涉外（海洋、陆上、航空）货物运输保险合同两种。

（三）运输保险合同的特征

（1）运输保险的标的是运输途中的财产，包括生产资料和生活资料。

（2）运输保险的投保方必须是对保险财产有利害关系的法人，如货主、发货人、托运人或者承运人。

（3）运输保险的期限一般是以一次航程或运程来计算的。

（4）保险货物的运输方式具有多样性。

（四）运输保险合同的解除

《中华人民共和国海商法》规定，除合同另有约定外，保险责任开始后，被保险人和保险人均不得解除合同。根据合同约定在保险责任开始后可以解除合同的，被保险人要求解除合同，保险人有权收取自保险责任开始之日起至合同解除之日止的保险费，剩余部分予以退还；保险人要求解除合同，应当将自合同解除之日起至保险期间届满之日止的保险费退还被保险人。

特别注意：货物运输和船舶的航次保险，保险责任开始后，被保险人不得要求解除合同。

（五）运输保险索赔处理

1. 运输保险索赔的概念

运输保险索赔是指货物运输投保人购买了货运保险，在发生货运事故后可以根据货物运输保险合同的规定要求保险公司进行赔偿。

2. 运输保险索赔流程

（1）积极止险。保险事故发生时，积极地减少损失，采用合理的方式防止损失扩大。被保险人有施救的义务，《中华人民共和国保险法》规定："保险事故发生时，被保险人应当尽力采取必要的措施，防止或减少损失。"如果不履行此义务，保险公司可以拒赔。

（2）保护现场。保险事故发生之后，在保险人查勘、核损或同意之前，被保险人或受益人有义务保护好事故现场，等待保险人核实事故原因及损失状况。

（3）报案。《中华人民共和国保险法》规定了被保险人有及时通知保险事故的义务。止险后，投保人、被保险人或受益人应立即通知保险人，以便保险人及时派员到现场调查检验，并采取施救措施，避免损失继续扩大。之后，保险公司会根据货物受损情况填写"定损单"。

1）对于受损明显的货物，要尽可能地保留现场，并取得承运人或港务理货部门的证明。

2）受损不明显的货物，收货人应聘请相关机构进行检验并出具检验证明。

3）受损货物若属于第三方责任，而第三方拒绝赔付或拖延时，转向保险人索赔，并将有关文件交给保险公司。

（4）提出索赔。

1）提出索赔要求。除了根据保险合同的约定，索赔权由被保险人指定的受益人享有外，被保险人本人拥有索赔权。如果被保险人履行了所承担的各项义务，就有权在保险单许可的范围内要求保险人赔偿保险事故造成的损失。

2）接受保险人的检验。保险人有调查权，调查核实事故原因及损失状况。查勘定损人员将根据实际损失情况核定损失。被保险人负有接受检验的义务，接受保险人或其委托的其他人员（如保险代理人、检验机关）的检验，并为其进行检验提供方便条件，用以保证保险人及时、准确地查明事故原因，保险公司确认损害程度和损失数额等。

3）提供索赔单证。所谓索赔单证就是能证明事故原因、性质及损失金额的文件。《中华人民共和国保险法》规定被保险人有提供索赔单证和证明材料的义务。例如，保单正本原件、提单正本原件、运单正本原件、商业发票、装箱单、贸易合同、承运人出具的正式的货损证明、国际运输保险索赔清单、向承运人及相关责任方的索赔函及其答复、照片、检验报告等。

4）领取保险赔款或保险金。货运保险单证齐备后，查勘定损人员做出书面检验报告，然后提交理算核赔部门。理算核赔部门完成理算、核赔工作并报送财务处理中心划款支付。

3. 货物抵达后出险的理赔

（1）当货物抵达时出现损坏或有异状：

1）切勿将未加批注的交接回单交给承运人或货代公司，除非后者出具保函。

2）取得承运人或货代公司签发的损坏货物证明或短装记录或货物残损清单，或者在提单或承运人送货回单上注明损坏或灭失。

动画：货物运输保险理赔流程

3）当由集装箱运送时，如集装箱运达时被损坏或铅封破损、遗失、铅封与运输单所列不符，请保留所有残缺或异常铅封以做进一步鉴定并确保集装箱的理货员在理货单上注明损失或异常，并从该理货公司获得一份损失或残损报告。

4）如果估计货损价值超过免赔额（如有免赔额），立即申请授权的检验员和承运人检验员或其代表进行联合检验，同时通知保险人。

5）立刻以书面形式及时通知承运人或责任方货物损坏、遗失情况，并告知将在承运合同所规定的期限内追究其责任。

（2）当货物抵达时，外观完好无损，但之后发现隐藏的损坏：

1）立即申请检验，同时通知保险人。

2）如果估计货损价值超过免赔额（如有免赔额），立即以书面形式告知承运人或责任方货物损坏、遗失情况，并告知将在承运公司所规定的期限内追究其责任。

三、运输保险的责任免除

保险责任免除是指保险人依法或依据合同约定，不承担保险金赔偿或给付责任的风险范围或种类。其目的在于适当限制保险人的责任范围。

责任免除大多采用列举的方式，即在保险条款中明文列出保险人不负赔偿责任的范围。例如，合同条款中列举：货物运输保险的保险人对由于战争或军事行动、核事件或核爆炸、保险货物本身的缺陷或自然损耗，以及由于包装不善、被保险人的故意行为或过失造成的保险货物的损失不承担赔偿责任。

职业能力训练

保险义务履行

一、训练任务

迅达公司对其所有运输车辆向保险公司投保道路危险货物承运人责任保险，双方约定：危险货物品名为沥青，在保险期间内，如运输危险货物种类变化、运输车辆变化或其他足以影响保险人决定是否继续承保或是否增加保险费的保险合同重要事项变更，被保险人应及时书面通知保险人，保险人有权要求增加保费或者解除合同；被保险人未履行通知义务，因上述保险合同重要事项变更而导致保险事故发生的，保险人不承担赔偿责任。

运输途中，装载有环烷酸的投保车辆发生单方交通事故，造成车辆损失及货物损失254 380元。事故发生后，迅达公司向保险公司报案，保险公司经现场勘验认定驾驶员负全部责任。迅达物流公司要求保险公司承担保险责任，请求保险公司赔偿其20万元经济损失。保险公司以车辆所载货物为环烷酸，与保险合同约定的危险货物不符为由拒绝赔付。因赔偿问题，双方发生争议且迟迟不能解决。

请认真阅读任务资料，依据理论知识解决迅达公司与保险公司的纠纷。

二、训练要求

1. 分析情景任务，确认纠纷的性质。明确此案例是货物运输保险合同纠纷。
2. 审查货物运输保险合同，确认保险合同纠纷涉及的合同内容。
3. 依据货物运输保险合同的约定以及相关法律法规维护合法权益。
4. 总结经验，清晰纠纷产生的原因，明确问题规避的办法。

三、训练评价

序号	评价内容	分值	自我评价（20%）	小组评议（30%）	教师评价（50%）	合计得分（100%）
1	纠纷点明确	30				
2	理赔流程完整	45				
3	有经验总结	25				
教师评语						

单元二　运输合同管理

运输合同涉及托运人、承运人和收货人三方当事人，收货人虽未参加合同订立，但也依据货运合同享有权利并承担义务。承运人的主要义务是按合同约定将承运的货物运送到指定地点并通知收货人；托运人的主要义务是按合同约定交付费用。为了完成运输活动，托运人、承运人、收货人应当相互配合，依据合同规定积极履行义务，保障运输目标得以实现。因其中一方或多方的过错造成货物损毁，致使他方利益受损时，依照法律规定和货物运输合同规定，过错方应当赔偿损失。

运输合同管理

一、货物运输合同认知

（一）运输合同的概念

运输合同是承运人将货物从启运点运输到约定地点，托运人或者收货人支付运输费用的合同。

（二）运输合同的特征

（1）运输合同属于提供劳务的合同，合同标的为运输劳务。运输合同的核心内容是承运人为托运人提供的运输劳务。

（2）运输合同是双务、有偿合同。在运输合同中，承运人运输货物，托运人或者收货人支付运费，当事人双方的权利和义务具有对待给付关系。

（3）运输合同主要为诺成合同。货物运输合同一般为诺成合同，但也有一些是实践合同。

（4）运输合同多为格式合同。货物运输合同的条件是由承运人预先明确的，作为货物运输合同具体表现形式的货运单或者提单也都是统一印制的，符合格式合同的特点。

二、运输合同的订立

为了促成运输合同的成立，托运人、承运人、收货人进行一系列的磋商，本着平等、自愿、公平、诚信、合法的原则经过充分协商达成一致。订立合同是一个动态过程。不论以何种方式订立合同，都必须经过要约和承诺这两个阶段，以要约开始，承诺生效即告合同成立。

（一）要约

1. 要约的概念

要约是希望和他人订立合同的意思表示。

2. 要约的表现

①内容具体确定；②必须是特定人所为的意思表示；③要约必须向相对人发出；④表

明经受要约人承诺，要约人即受该意思表示约束。

3. 要约生效时间

生效的要约，要约发出人接受要约约束，不得改变要约内容。若想改变要约内容，则需要经过受要约人同意。要约到达受要约人时生效，采用数据电文形式订立合同，收件人指定特定系统接收数据电文的，该数据电文进入该特定系统的时间视为到达时间；未指定特定系统的，该数据电文进入收件人的任何系统的首次时间视为到达时间。

4. 要约的撤回

要约的撤回是指要约人在发出要约后，于要约到达受要约人之前取消其要约的行为。

要约可以撤回。撤回要约的通知应当在要约到达受要约人之前或者同时到达受要约人。在此情形下，被撤回的要约实际上是尚未生效的要约。

5. 要约的撤销

要约的撤销是指在要约发生法律效力后，要约人取消要约从而使要约归于消灭的行为。撤销要约的通知应当在受要约人发出承诺通知之前到达受要约人。

有下列情形之一的，要约不得撤销：

（1）要约人确定了承诺期限或者以其他方式明示要约不可撤销。

（2）受要约人有理由认为要约是不可撤销的，并且已经为履行合同做了准备工作。

6. 要约失效

要约发出后，有下列情形之一的，要约人不再受原要约的拘束：

（1）要约的撤回。

（2）拒绝要约的通知到达要约人。受要约人以口头或书面的方式明确通知要约人不接受该要约。

（3）受要约人对要约的内容进行实质性变更。

（4）要约中规定有承诺期限的，承诺期限届满，受要约人未做出承诺。

（5）要约的撤销。

（二）承诺

1. 承诺的概念

承诺是指受要约人同意接受要约的条件以缔结合同的意思表示。

2. 承诺撤回

承诺撤回是指承诺人在承诺生效前有权取消承诺，是受要约人（承诺人）在发出承诺之后并且在承诺生效之前采取一定的行为将承诺取消，使其失去效力。根据到达主义，受要约人发出承诺通知后可以将其撤回，只要撤回的通知早于或者同时与承诺通知到达要约人。

三、运输合同的成立

（一）概念

运输合同的成立，是指货物运输双方当事人依照有关法律对合同的内容和条款进行协商并达成一致，予以签字或确认。

（二）运输合同成立的条件

运输合同是否成立应当重点审查以下事项，以保证合同利益：

（1）订立合同的主体是否具有法定资格、履约能力、事后责任承担能力。

（2）成立的运输合同应当是经过充分协商、双方达成一致的合同，内容及内容延伸表示是诚信的。

（3）运输合同是否具有要约和承诺，或者具有以其他有效方式达成一致的表示。

（三）运输合同形式

运输合同形式包括书面形式（不仅指纸质载体，还有电报、电传、传真等）、口头形式和其他形式（推导或默认，默认成立的合同应当符合法律规定）。

四、运输合同的效力

（一）运输合同生效

1. 运输合同生效的概念

运输合同生效是指已经依法成立的运输合同在双方当事人之间产生法律约束力，即法律效力。

2. 运输合同生效的一般条件

合同生效的一般条件是指合同发生法律效力普遍应具备的条件。合同是双方或多方的民事行为，有效合同是合法的民事行为（即民事法律行为），因此民事法律行为应具备的条件也就是合同生效的一般条件。

生效的运输合同应当具备下列条件：

（1）运输合同主体合格。

（2）意思表示真实，不存在不诚信、违法等行为。

（3）运输合同的目的、内容、形式不违反法律强制性规定，不得违背社会公德，损害公序良俗。

（二）运输合同的无效情形

运输合同的无效情形如下：

（1）一方以欺诈、胁迫的手段订立合同，损害国家利益的。

（2）恶意串通，损害国家、集体或者第三人利益的。

（3）以合法形式掩盖非法目的。

（4）损害社会公共利益。

（5）违反法律、行政法规的强制性规定。

对于无效的运输合同，双方当事人根据对方或各自的过错情形承担相应责任。

五、运输合同的履行

（一）运输合同履行的概念

运输合同履行是指运输合同债务人按照合同的约定或法律的规定，全面、适当地完成合同义务，使债权人的债权得以实现。

（二）运输合同履行的原则

运输合同履行的原则即运输合同的当事人在履行合同的整个过程中所必须遵循的一般准则。根据中国合同立法及司法实践，合同的履行除应遵守平等、公平、诚实信用等民法基本原则外，还应遵循合同履行的特有原则，即适当履行原则、协作履行原则、经济合理原则和情势变更原则。

（三）运输合同约定不明确的履行

运输合同生效后，当事人就质量、价款或者报酬、履行地点等内容没有约定或者约定不明确的，可以协议补充，不能达成补充协议的，按照合同有关条款或者交易习惯确定。

当事人就有关运输合同内容约定不明确，上述规定仍不能确定的，适用下列规定：

（1）质量要求不明确的，按照国家标准、行业标准履行；没有国家标准、行业标准的，按照通常标准或者符合合同目的的特定标准履行。

（2）价款或者报酬不明确的，按照订立合同时履行地的市场价格履行；依法应当执行政府定价或者政府指导价的，按照规定履行。

（3）履行地点不明确，给付货币的，在接受货币一方所在地履行；交付不动产的，在不动产所在地履行；其他标的，在履行义务一方所在地履行。

（4）履行期限不明确的，债务人可以随时履行，债权人也可以随时要求履行，但应当给对方必要的准备时间。

（5）履行方式不明确的，按照有利于实现合同目的的方式履行。

（6）履行费用的负担不明确的，由履行义务一方负担。

（四）运输合同履行过程中通过法律有效维护己方合法利益

1. 运输合同中抗辩权的行使

在双方合同中，合同当事人都承担义务，往往一方的权利与另一方的义务之间具有相互依存、互为因果的关系。为了保证货物运输合同中当事人利益关系的公平，法律做出了规定：当事人一方在对方未履行或者不能保证履行时，一方可以行使不履行的保留性权利，这就是对抗对方当事人要求履行的抗辩权。

（1）同时履行抗辩权。运输合同中，当事人互负债务没有先后履行顺序的，应当同时履行。一方在对方履行之前或对方履行债务不符合约定时，有权拒绝其履行的要求。

（2）先履行抗辩权。运输合同中，当事人互负债务，有先后履行顺序，先履行一方未履行的，后履行一方有权拒绝其履行的要求；先履行一方不符合约定的，后履行一方有权拒绝其相应的履行要求。

（3）不安抗辩权。运输合同中，应当先履行债务的当事人，有确切证据证明对方存在履约风险的可以中止履行，当事人没有确切证据中止履行的，应当承担违约责任。

不安抗辩权是预防性的保护措施，当一方情况发生变化，另一方先履行会造成损失时，法律依据公平原则做出上述规定。

2. 运输合同中保全制度的应用

（1）代位权。代位权是指运输合同中，债务人怠于行使其对第三人（次债务人）享有的到期债权，危及债权人债权实现时，债权人为保障自己的债权，可以自己的名义代位行使债务人对次债务人的债权的权利。

债权人向次债务人提起的代位权诉讼经人民法院审理后认定代位权成立的，由次债务人向债权人履行清偿义务，债权人与债务人、债务人与次债务人之间相应的债权债务关系即予消灭。

（2）撤销权。撤销权是指运输合同中，债务人实施了减少财产行为，危及债权人债权实现时，债权人为保障自己的债权请求人民法院撤销债务人处分行为的权利。一旦人民法院确认债权人的撤销权成立，债务人的处分行为即归于无效。

（五）运输合同违约责任的承担方式

运输合同违约是指运输合同当事人一方不履行合同义务或者履行合同义务不符合约定条件的行为。运输合同一方未按照约定进行相关活动，相对方可以要求其承担相应民事责任来维护己方权益。

1. 运输合同违约形态

（1）不能履行。不能履行是指运输合同一方在客观上已经没有履行能力，或者法律禁止债务的履行。

（2）延迟履行。延迟履行是指运输合同能够履行，但在履行期限届满时却未履行债务的现象。

（3）不完全履行。不完全履行是指运输合同当事人虽然履行了债务，但其履行不符合合同约定等。

（4）拒绝履行。拒绝履行是指运输合同当事人对债权人表示不履行合同。

（5）受领延迟。受领延迟是指运输合同债权人未为受领或者未为其他给付完成所必要的协力的事实。

2. 运输合同违约责任的承担方式

（1）继续履行。继续履行是指违约方根据对方当事人的请求继续履行合同规定的义务的违约责任形式。

（2）采取补救措施。补救措施包括更换、退货、减少价款或报酬、赔偿损失等。

（3）赔偿损失。赔偿损失是指违约方以支付金钱的方式弥补受害方因违约行为所减少的财产或所丧失的利益的责任承担形式。

动画：合同违约索赔流程

（4）违约金。违约金是指运输合同一方违反约定时应当向对方支付一定数量的金钱或财物。

（5）定金责任。定金责任是指给付定金的一方不履行约定的债务，无权要求返还定金；收受定金的一方不履行约定的债务，应当双倍返还定金。

六、运输合同纠纷

（一）运输合同纠纷类型

运输合同纠纷是指托运人与承运人之间因托运货物灭失、损毁等相关问题而产生的争执。

1. 单证纠纷

单证纠纷主要发生在承运人和托运人之间，包括因单证瑕疵引起的纠纷和因承运人签发单证时的失误引发的纠纷。

2. 货物损失、灭失的纠纷

货物损失、灭失的纠纷一般发生在承运过程中。此类纠纷多是托运人自身的过失造成的，如包装不良、标识不清，也可能是承运人的过错造成的，如积载不当、操作失误、运具选择不当等，还有不可抗力造成的货物损失、灭失，应根据风险分配原则分担风险。

3. 延迟交付纠纷

延迟交付纠纷是指因承运人在合同约定期限以后进行交付而发生的纠纷。纠纷发生的原因主要有：①因承运货物发生交通事故；②因积载能力而必须将货物延迟发送；③因过失造成中转滞留；④出于某种原因绕行而导致的纠纷。

4. 运杂费纠纷

运杂费纠纷是指因为托运人或收货人的故意或过失，未能及时或全额缴纳运费，以及因在履行合同中所发生的其他费用而发生的纠纷。

5. 运输工具损害纠纷

运输工具损害纠纷是指因托运人的过失，造成对承运人的运输工具损害而引发的纠纷。

（二）运输合同纠纷的解决办法

解决运输合同纠纷一般有四种途径，即协商、调解、仲裁和诉讼。

1. 协商

运输合同纠纷出现后，大多数情况下，合同当事人双方会考虑到多年良好的合作关系和商业因素，互相退一步，争取友好协商调解，在此基础上达成和解协议，解决纠纷。

2. 调解

运输合同双方当事人可以要求有关机构调解，如果一方或双方是国有企业的，可以要求上级机关进行调解。上级机关应在平等的基础上分清是非进行调解，而不能进行行政干预。当事人还可以要求合同管理机关、仲裁机构、法庭等进行调解。

3. 仲裁

合同当事人协商不成，不愿调解的，可根据合同中规定的仲裁条款或双方在纠纷发生后达成的仲裁协议向仲裁机构申请仲裁。仲裁是一种重要的纠纷解决手段。

4. 诉讼

如果合同中没有订立仲裁条款，事后也没有达成仲裁协议，则通过法院进行诉讼是解决纠纷最终的途径。运输合同纠纷可以按照我国的诉讼程序，由一方或双方向有管辖权的法院起诉，然后由法院根据适用法律和事实进行审理和判决。

职业能力训练

运输合同纠纷处理

一、训练任务

迅达公司与新能公司均系从事货物运输的企业。迅达公司于 2023 年 11 月 26 日将一批机油委托新能公司运送致吉林，新能公司授权司机张某与迅达公司签订了货物运输合同，明确约定了各方的权利和义务。该货物由新能公司派出车辆将货物提走，正常驶向目的地。后来该货物在未到目的地时发生交通事故，导致该批货物大部分受损。货物接收方拒绝接受该货物，要求迅达公司赔偿货物损失。迅达公司依据自己与托运人之间的合同赔偿了货物损失计 88 128 元。赔偿托运人后，迅达公司认为新能公司存在严重的过错，违反了双方运输合同，要求新能公司承担该笔损失费用。新能公司认为货物运输合同不成立，合同约定内容无效，推诿拒绝赔偿，双方因此发生争议。

请根据所学理论知识化解双方矛盾。

二、训练要求

1. 分析情景任务，明确运输合同纠纷的主要焦点。
2. 明确迅达公司对新能公司提出索赔的依据。
3. 有效选择运输合同争议解决方式。
4. 总结经验，清晰纠纷产生的原因，明确问题规避的办法。

三、训练评价

序号	评价内容	分值	自我评价（20%）	小组评议（30%）	教师评价（50%）	合计得分（100%）
1	明确合同争议焦点	20				
2	选择高效的纠纷解决方式	30				
3	维护己方合法权益	30				
4	经验总结详尽	20				
教师评语						

知识巩固练习

一、填空题

1. 一批货物办理了货物运输保险，发生交通事故造成货物损失时，负有赔偿责任的主体是_____。

2. 保险责任的免除是指保险人依法或依据_____约定，不承担保险金赔偿或给付责任的风险范围或种类。

二、单项选择题

1. 下列哪一行为不会造成合同无效？（　　）
    A．损害自己利益与他人订立的合同　　B．损害张三的利益与李四订立的合同
    C．损害国家的利益与他人订立的合同　　D．损害集体的利益与他人订立的合同

2. 下列不属于约定不明确的履行解决方式的是（　　）。
    A．协商解决　　B．合同条款推导　　C．交易习惯　　D．政府指导

三、多项选择题

1. 不安抗辩权中，应当先履行债务的当事人，有确切证据证明对方有下列（　　）情形之一的，可以终止履行。
    A．经营状况严重恶化　　B．转移财产、抽逃资金以逃避债务

C. 丧失商业信誉　　　　　　　D. 丧失履行债务能力

2. 不论以何种方式订立合同，都必须经过两个阶段，两个阶段指的是（　　）。

A. 要约　　　B. 承诺　　　C. 邀请　　　D. 反向要约

四、判断题

1. 一个成立的运输合同只需要有托运人和承运人。（　　）
2. 货物运输保险合同成立后，承运人可以随时解除合同。（　　）

五、简答题

1. 简述货物运输保险索赔流程。
2. 违约责任形态有哪些？

素养提升：保险护航，共同发展繁荣

素养案例

诚实守信，互利共赢

2010年12月29日，徐州天业与CJ公司签订买卖合同，向其购买5万t（加减10%）散装印度尼西亚红土镍矿。2011年1月28日，承运人圣克莱蒙特航运和东京产业共同所有的"海运漓江（Maritime Lijiang）"轮驶抵印度尼西亚北克纳韦港受载货物，因质疑货物水分过高而决定该轮自2011年2月12日起停留北克纳韦港锚地开舱晒货并取样检验。之后，该轮于2011年3月27日航行两天后于3月29日抵达菲律宾达沃港继续开舱晒货并检验，5月16日驶离达沃港，于5月23日抵达目的港连云港。CJ公司作为托运人取得承运人为此批货物签发的全套正本清洁指示提单，徐州天业通过信用证付款方式取得了该套正本提单。徐州天业于2011年6月28日以承运人违反了不得绕航和速遣义务为由，请求承运人赔偿其货物市价下跌损失1 414万元及其利息。

思考： 1. "海运漓江（Maritime Lijiang）"轮绕航行为是否违反合同义务？

2. 徐州天业的请求能否实现？依据是什么？

模块十
运输决策与管理

学习目标

知识目标：

1. 掌握运输合理化途径
2. 掌握运输路线优化方法
3. 掌握运输质量管理评价指标
4. 掌握运输质量管理常用方法

技能目标：

1. 能根据实际运输情况规划合适的运输途径
2. 能根据实际情况选择优化物流运输路线
3. 能进行合理的运输质量分析

素养目标：

1. 通过运输合理化学习，培养成本节约意识
2. 通过路线优化学习，培养严谨认真的工作态度
3. 通过运输质量管理学习，培养质量管理理念

单元一　运输合理化管理

一、运输合理化认知

（一）合理运输的概念

合理运输（Reasonable Transportation）是指物品从生产地到消费地的运输过程中，从全局利益出发，力求运输距离短、运输能力省、运输费用低、中间转运少、到达速度快、运输质量高，并充分有效地发挥各种运输工具的作用和运输能力。

运输合理化管理

（二）影响运输合理化的因素

1. 外部因素

（1）政府。在我国，政府主要在客观上对运输活动进行调节和干预，以保证运输市场协调稳定发展，例如载重汽车运输，理论上装载货物越多越经济，更合理，但受到桥梁、路面承重限制，交通事故影响等，政府出台政策禁止超载。

（2）资源分布状况。我国资源分布不平衡，这也在很大程度上影响了运输布局的合理性。例如，能源工业中的煤炭、石油运输的总流向是"北煤南运、西煤东运、北油南运、东油西运"的格局。因而，资源的分布状况也对运输活动产生较大的影响。

（3）国民经济结构的变化。当运输系数较大的产品比重提高时，运输量也会以较快的速度增长，反之亦然。工农业生产结构的变动会引起运输分布的变化。

（4）运输网布局的变化。铁路网布局高于公路网分布密度，则铁路运量就大于公路运量，反之亦然。运输网布局的合理化直接影响着企业运输的合理化。运输网布局的合理化将促进货运量的均衡分布。

（5）运输决策的参与者。运输决策的参与者主要有托运人、承运人、收货人及公众。公众按合理价格产生对商品的需求，并最终确定运输需求。显然，运输决策的参与者的活动及决策直接影响着某一具体运输作业的合理性。

2. 内部因素

（1）运输距离。运输的经济性与运输距离有紧密的关系。不同的运输方式的运输距离与成本之间的关系有一定的差异。

（2）运输环节。运输环节直接影响运输路线的优化选择。

（3）运输工具。由于技术及经济的原因，各种运输方式的运载工具都有其适当的容量范围，从而决定了运输路线的运输能力。

（4）运输速度。物流运输的产品是货物的空间位移，以什么样的速度实现它们的位移是物流运输的一个重要技术经济指标。决定各种运输方式运输速度的一个主要因素是各种运输方式载体能达到的最高技术速度。

（5）运输成本。物流运输成本主要由四项内容构成：基础设施成本、转运设备成本、营运成本和作业成本。运输成本直接影响运输方式的选择。

二、不合理运输的表现形式

不合理运输是指在组织货物运输过程中，违反货物流通规律，不按经济区域和货物自然流向组织货物运输，忽视运输工具的充分利用和合理分工，装载量少，流转环节多，运输时间长，从而浪费运力、增加运输成本的运输现象。这主要表现为对流运输、迂回运输、倒流运输、重复运输、过远运输、无效运输等。

（一）对流运输

对流运输是指同一种货物或可以相互代用的货物在同一条运输路线或平行运输路线上做相对方向的不合理运输方式。它主要有以下两类形式：

（1）明显的对流运输，即在同一运输路线上的对流，如图10-1所示，图中实线表示合理的运输路线，虚线表示不合理的运输路线（下同）。

（2）隐含的对流运输，即违反近产销原则，在平行路线上朝着相对方向的运输，如图10-2所示。

动画：不合理运输

图 10-1　明显的对流运输　　　　图 10-2　隐含的对流运输

（二）迂回运输

迂回运输是指货物沿多余的路线绕道运行的不合理运输方式，如图10-3所示。这增加了运输路线，延长了货物在途时间，造成运输能力的巨大浪费。

判断迂回运输的步骤如下：

（1）列出货物运输计划平衡表或各点发到空车差额表。

（2）绘制运输线路表。运输线路由若干个点（点上标有地名）和连接各个点的线段（线段上标有两点间的距离）组成。为了使运输线路图简单、明确，各点用符号表示。车场、车队所在地用"△"表示，发货点用"○"表示，收货点用"□"表示。

（3）绘制流向图，检查是否为最优方案。流向图中用箭头表示货物运输方向，最优流向图应该既没有对流，也没有迂回。

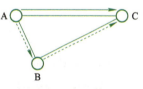

图 10-3　迂回运输

对流就是在流向图的同一路段上两个方向都有货物或车辆流向。例如图 10-4 中，在 B、C 之间就发生了对流现象，若改为图 10-5 就没有对流现象了。

图 10-4　有对流的流向图　　　　图 10-5　无对流的流向图

如果运输线路呈闭合时，在流向图中把顺时针流向画在圈内，成为内圈流向；把逆时针流向画在圈外，成为外圈流向。线路上的数值表示距离，如果流向图中内圈流向的总长度（称内圈长）或外圈流向的总长度（简称外圈长）超过整个圈长的 50%，就称为迂回运输，属于不合理运输。例如图 10-6 所示的流向图就属于迂回运输，如果调整为图 10-7 所示的流向图就没有迂回现象了。

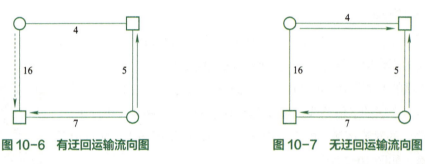

图 10-6　有迂回运输流向图　　　　图 10-7　无迂回运输流向图

（4）调整到最优流向图后，根据最优流向图将最优方案填入货运计划平衡表或空车调度表。

（三）倒流运输

倒流运输是指货物从销售地或其他地点向产地倒流的不合理运输方式，如图 10-8 所示。倒流运输导致运力浪费、增加运费开支等。

图 10-8　倒流运输

（四）重复运输

重复运输是指一种货物本可直达目的地，但因物流仓库设置不当或计划不周使其在中途卸下，再重复装运送达目的地的运输，如图 10-9 所示。重复运输导致增加运输环节、浪费运输设备和装卸运能力，延长了运输时间，增加了运输费用。

图 10-9　重复运输

（五）过远运输

过远运输是指相同质量、价格的货物舍近求远的不合理运输方式，即应由距离较近的产地购进所需相同质量和价格的货物，但却超出货物合理辐射的范围，从远距离的地区运来，或产地就近供应，却调到较远的消费地的运输现象。过远运输延长了货物运程和在途时间，导致运力浪费和资金积压，增加了运输费用。如图 10-10 所示。

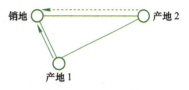

图 10-10　过远运输

（六）无效运输

无效运输是指被运输的货物杂质过多，使运输能力浪费于不必要物资的运输。

（七）运力选择不当

运力选择不当是指未考虑各种运输工具的优劣势而不正确地选用了运输工具造成的不合理现象。常见的有：弃水走陆；铁路、水路大型船舶的过近运输；运输工具承载能力选择不当。

（八）托运方式选择不当

货主在托运货物时没有选择对己最有利的运输方式，从而造成运力浪费以及费用支出加大。例如，有条件选择整车却采取零担托运，可采用直达运输而选择了中转运输或应中转运输却选择了直达运输。

物流工作中不合理运输的主要原因，首先是在主观上对合理运输的重视不够，不了解所需货物的货源分布，不研究各种运输工具和运输方式的特点及费用情况；其次是受自然条件和地理因素的影响；另外还有我国目前交通运输条件的紧张所造成的制约因素。

三、运输合理化的意义

（1）可以充分利用运输能力，提高运输效率，促进各种运输方式的合理分工，以最小的社会运输劳动消耗，及时满足国民经济的运输需要。

（2）可以使货物走最合理的路线、经最少的环节、以最快的时间、取最短的里程到达目的地，从而加速货物流通，既可及时供应市场，又可降低物资部门的流通费用，加速资金周转，减少货损、货差，取得良好的社会效益和经济效益。

（3）可以充分发挥运输工具的效能，节约运力和劳动力。否则，不合理运输将造成大量人力、物力、财力浪费，并相应地转移和追加到产品中去，人为加大了产品的价值量，提高产品价格，从而加重需求方的负担。

职业能力训练

物流运输方案优化设计

一、训练任务

迅达公司承担着 A 市汽车两大基地商品车的运输业务，负责为客户提供点对点的运输服务。公司要根据订单的具体要求，选择合适的运输方式和路线，从 A 市或 B 市的仓库发货。

随着市场的不断扩大,迅达公司除承担A市汽车的整车运输外,还承担其他公司的整车运输,多种类型车辆的运输协调和整合,也给迅达公司的整车运输带来新的挑战。对于全国30多个省市的整车运输,迅达公司一直寻求最佳的运输方式及路线组合方案。

迅达公司运输优势:庞大的规模、完善的体系、广泛的客户群。

迅达公司运输问题:①成本较高;②运输方式不完善;③运力结构不合理。

针对案例中迅达公司运输存在的问题,并结合其优势,为迅达公司运输路线优化提出解决方案。

二、训练要求

1. 以小组为单位完成训练任务(建议3~4人一组)。
2. 罗列分析因素。
3. 阐述分析内容。
4. 提交解决方案。

三、训练评价

序号	评价内容	分值	自我评价（20%）	小组评议（30%）	教师评价（50%）	合计得分（100%）
1	因素分析全面	20				
2	因素分析合理	50				
3	小组成员高效合作	10				
4	提交的成果内容全面,编排合理,结构清晰	20				
教师评语						

单元二 运输路线优化

运输路线的选择影响运输设备和人员的利用,合理选择运输路线可以降低运输成本,是运输决策的一个重要领域。运输路线选择问题种类繁多,可以归纳为以下几个基本类型:单起讫点路线问题、多起讫点路线问题和循环取(送)货路线问题。单起讫点路线优化可使用标号法等,多起讫点路线优化可使用图上作业法和表上作业法等,循环取(送)货路线优化可使用节约里程法和扫描法等。

运输路线优化

单起讫点的物流运输路线即单一起讫点,指的是在一次运输任务中只有一个装货点和一个卸货点。

多起讫点的物流运输路线即多起点、多终点问题的物流运输路线,在物流运输实践中经常存在。例如，多个供应商供应给多个工厂的情况，或者把不同工厂生产的同一产品分配到不同用户的问题。在这些问题中，起点和终点都不是单一的。在这类问题中，各供应点的供应量往往也有限制。

循环取（送）货的物流运输路线即运输生产实践中采用自有车辆运输时，车辆往往要回到起点，或某物流中心送货到配送中心后返回物流中心，或某配送中心送货上门后返回，也就是起点与终点为同一地点。始发点和终点相重合的路线选择问题通常被称为"旅行推销员"问题、货郎担问题或者中国邮递员邮路问题。

一、单起讫点路线规划

单一起讫点最佳路线选择一般可用标号法，这是一种快速寻求网络计算工期和关键线路的方法。每个标号中的第1位数字表示从起点到该节点的累计运输距离。第2位字母表示该线路段的前一个节点序号。

例10-1 现需要把O市的一批货物运送到P市，公路运输网络示意图如图10-11所示，数字为两城市之间的距离（单位为km），请根据标号法选择合理运输路线。

解：从O点出发可到达的城市有A、B，在到达城市的位置进行标号；从A城市出发可到达的城市有B、C，在到达城市的位置进行标号；从B城市出发可到达的城市有C、P、D，在到达城市的位置进行标号，如图10-12所示。

当某个节点有两条以上的路线到达时，就应该有两个以上的标号。图10-12所示的B节点，一条是从起点O直接到B，应该记为（64，O）；另一条是从起点O经过节点A再到节点B，距离应该是累计距离36+56=92，所以标号为（92，A）。

当某个节点有两个以上的标号时，应选择数值最小的标号为该节点的最后标号，并作为后续节点的距离起始值。例如，B节点最后标号为（64，O）。从B节点到D节点，累计距离为64+8=72，所以可以标号为（72，B）。C节点通过B的累计距离为64+34=98，所以可以标号为（98，B）。

按照此方法对所有城市进行标号，如图10-12所示。

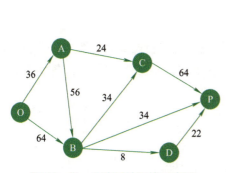

图10-11 公路运输网络示意图

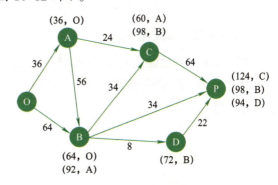

图10-12 标号法路线图

最后，在目的地所有标号中选取最短路径，按最短路径标号中第2位字母，从目的地向出发地逆向推算出最佳路线，P→D→B→O，所以从出发地O，经过节点B、D，最后到达目的地P为最佳运输路线，其最短运输距离为94km（见图10-13）。

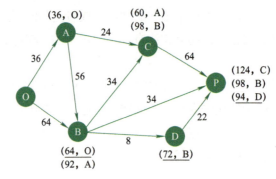

图 10-13　最佳路线

二、多起讫点路线规划

（一）图上作业法

产销平衡运输问题的主要求解方法有线性规划法、表上作业法、图上作业法、网络解法。其中，图上作业法是将配送业务量反映在交通图上，通过对交通图初始调运方案的调整，求出最优配送车辆运行调度方法。运用这种方法时，要求交通图上没有货物对流现象，以运行路线最短、运费最低或行程利用率最高为优化目标。

图上作业法将交通图分成运输路线不成圈和运输路线成圈两类。运输路线不成圈就是没有回路的树形结构，包括直线、丁字线、交叉线、分支线等。对于运输路线不成圈的流向图，只要不出现对流现象，就是最优调运方案。运输路线不成圈的流向图选择最优方案时采用图上作业法较简单，就是从各端点开始按"就近调拨"的原则进行调配。

运输路线成圈就是形成闭合回路的环形路线，包括一个圈（有三角形、四边形、多边形）和多个圈。运输路线成圈的流向图要同时达到既无对流现象又无迂回现象的要求，才是最优流向图。

图上作业法的原则可以归纳为：流向画右方，对流不应当；里圈、外圈分别算，要求不能超过半圈长；如果超过半圈长，应去掉运量最小段；反复运算可得最优方案。

1. 运输路线不成圈作业法

图 10-14 所示的运输路线不成圈，按"就近调拨"的原则进行调配后如图 10-15 所示，检验无对流即为运输路线最优方案。（其中，○表示发货点，×表示收货点，各站点数据表示收发货量）。

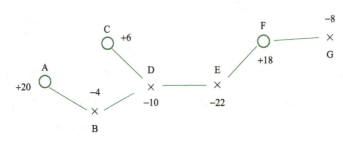

图 10-14　物资调运示意图

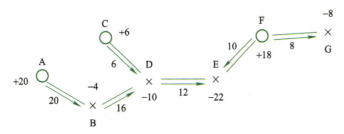

图 10-15　最优调运方案

2. 运输路线成圈作业法

在运输路线成圈的情况下，必须首先将其破圈，即将成圈路线变成不成圈的运输路线，然后按不成圈路线的方法做出流向图。破圈就是要甩开一段，一般甩圈中较长段或同收点及同发点之间的段。做出调运方案后，如果既没有对流也没有迂回，就是最优方案。

例10-2　某地区物资调运示意图如图 10-16 所示，求解最优调运方案（其中，括号内的数字为各站点间的距离，单位为千米；各站点数据表示收发货量，单位为吨）。

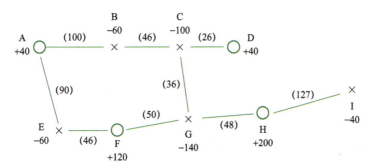

图 10-16　某地区物资调运示意图

解：（1）先断开 A—B 段，然后根据"就近调拨"的方法，即可得到图 10-17 所示的物资调运初始方案。

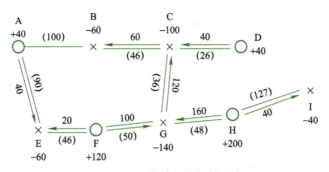

图 10-17　物资调运初始方案

（2）检查初始方案。检查初始方案中是否存在对流运输和迂回运输情况。本例中不存在对流运输情况，通过检查里、外圈流向线的总长是否超过全圈（即封闭环线路）长度的二分之一来判断是否存在迂回运输。

全圈长 =100+46+36+50+46+90=368（km）。

半圈长 =368/2=184（km）。

外圈（逆时针方向）长 =36+46+90+50=222（km）。

里圈（顺时针方向）长 =46km。

外圈流向线总长超过了全圈长的一半（222km>184km），可以断定该方案存在迂回调拨现象，应缩短外圈流向，优化方案。

（3）调整优化方案。外圈流向线中最小流量 A—E 为 40，应在外圈的各段流向线上均减去 40，同时应在里圈的各段流向线及原来没有流向线的 A—B 段上分别加上 40，可得到新的物资调运方案（见图 10-18）。

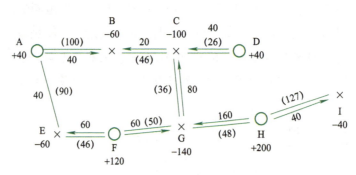

图 10-18　优化后的物资调运方案

调整后的调运方案：

外圈（逆时针方向）长 =36+46+50=132（km）。

里圈（顺时针方向）长 =46+100=146（km）。

里、外圈流向线总长均没有超过全圈长的一半，所以调整后的新方案是物资调拨的最优方案。

优化前：90×40+46×20+100×50+36×120+60×46+40×26+160×48+127×40=30 400（t·km）。

优化后：100×40+46×20+36×80+60×50+46×66+40×26+48×160+127×40=27 360（t·km）。

节约：30 400−27 360=3 040（t·km）。

（二）表上作业法

表上作业法的基本思路是利用最小元素法、伏格尔法、西北角法等方法寻找初始基可行解，利用位势法、闭回路法等方法获得非基变量的检验数，然后利用闭回路调整法等方法进行调整直到非基变量的检验数非负，从而得到最优解。

例10-3　某公司经销一种产品，它下设三个工厂、四个销售部。三个工厂的日产量分别为：A_1—7t，A_2—4t，A_3—9t。4 个销售部的日销量分别为：B_1—3t，B_2—6t，B_3—5t，B_4—6t。各厂到各销售部的单位产品运价如表 10-1 所示。该公司应如何调运产品才能完成运输任务而使运费最省？

表 10-1　单位产品运价　　　　　　　　　　　　　　　（单位：元）

工厂	销售部			
	B_1	B_2	B_3	B_4
A_1	300	1100	300	1000
A_2	100	900	200	800
A_3	700	400	1000	500

解：本题采用最小元素法寻找初始可行解，运用闭回路法对其进行最优性检验。

最小元素法是指运价最小的优先调运，即从单位运价中最小的运价开始确定供销关系，然后次小，一直到给出初始基本可行解为止。

第一步：列出运价和调运物资平衡表。

运用表上作业法时，首先要列出被调运物资的运价和供需平衡表（简称平衡表），如表 10-2 所示。

表 10-2　平衡表

工厂	销售部				供给量
	B_1	B_2	B_3	B_4	
A_1	300 元	1100 元	300 元	1000 元	7t
A_2	100 元	900 元	200 元	800 元	4t
A_3	700 元	400 元	1000 元	500 元	9t
需求量	3t	6t	5t	6t	20t

第二步：编制初始调运方案。

首先，在运价表中找出最小的数值，若出现几个同为最小，则任取其中一个。可见，A_2B_1 最小，数值为 100，这表示先将 A_2 产品供应给 B_1 是最便宜的，取 A_2、B_1 最小值 $\min\{4,3\}=3$。在表 10-4 中的 A_2B_1 处填上"3"。B_1 列被满足，已不需要 A_1 和 A_3 再向它供货，故表 10-2 中的第一列数字已不起作用，因此将表中的第一列划去。

然后，在表中未划去的元素中找最小运价 $A_2B_3=200$，让 A_2 尽量供应满足 B_3 的需要，由于 A_2 的 4 已经供应了 3 给 B_1，最多只能供应 1 给 B_3。于是在表 10-4 的 A_2B_3 处填上"1"；相应的，由于 A_2 所生产的产品已全部供应完毕，因此，表中与 A_2 同行的运价也不再起作用，所以也将它们划去。

仿照上面的做法，一直做下去，就可以得到物资调运过程（见表 10-3，圈码表示划去的先后顺序）和物资运量分配（见表 10-4）。

表 10-3　物资调运过程

工厂	销售部				供给量	
	B_1	B_2	B_3	B_4		
A_1	300	1 100	300	1 000	7	⑥
A_2	100	900	200	800	4	②
A_3	700	400	1 000	500	9	⑤
需求量	3	6	5	6	20	
	①	④	③			

表 10-4　物资运量分配　　　　　　　　　　　　（单位：t）

工厂	销售部				供给量
	B_1	B_2	B_3	B_4	
A_1			4	3	7
A_2	3		1		4
A_3		6		3	9
需求量	3	6	5	6	20

总运输费用 =3×100+6×400+4+300+1×200+3×1 000+3×500=8 600（元）。

第三步：初始方案的检验与调整。

初始方案满足了供需平衡，但是否为费用最低的最佳调用方案，还需要通过闭回路法进行检验，假设调用 1t 货物到无调用任务的任意一格（如 A_1B_1），那么 A_2B_1 就要减少 1t，A_1B_1 就要增加 1t，A_1B_3 就要减少 1t，而 A_2B_3 就要增加 1t，使得该闭合回路的供需继续保持平衡，得到表 10-5。

表 10-5　检验初始调运方案（A_1B_1）　　　　　　（单位：t）

工厂	销售部				供给量
	B_1	B_2	B_3	B_4	
A_1	1		3	3	7
A_2	2		2		4
A_3		6		3	9
需求量	3	6	5	6	20

运费变化情况为 300-300+200-100=100（元），即每调拨 1t 货物，运费会增加 100 元，所以该回路的初始方案是最佳调运方案。

同理，检验 A_1B_2 空格所在的闭回路方法同上得到表 10-6，运费变化情况为 1 100-1 000+500-400=200（元），即每调拨 1t 货物，运费会增加 200 元，所以该回路的初始方案也是最佳调运方案。

表10-6 检验初始调运方案(A_1B_2) （单位：t）

工厂	销售部				供给量
	B_1	B_2	B_3	B_4	
A_1		1	4	2	7
A_2	3		1		4
A_3		5		4	9
需求量	3	6	5	6	20

同理，检验A_2B_4空格所在闭回路方法同上得到表10-7，运费变化情况为800-1 000+300-200=-100（元），即每调拨1t货物，运费会减少100元。所以，该回路的初始方案不是最佳调运方案，需要进一步调整。

表10-7 检验初始调运方案(A_2B_4) （单位：t）

工厂	销售部				供给量
	B_1	B_2	B_3	B_4	
A_1			5	2	7
A_2	3		0	1	4
A_3		6		3	9
需求量	3	6	5	6	20

以闭回路中空格，A_2B_4为起点（奇顶点），取偶顶点中的最小运量（1）为调整量，奇顶点增加调整量，偶顶点减少调整量，得到新的调运方案，并继续使用闭回路法进行检验，直到求得最优方案，得到表10-8。

表10-8 最优调运方案 （单位：t）

工厂	销售部				供给量
	B_1	B_2	B_3	B_4	
A_1			5	2	7
A_2	3			1	4
A_3		6		3	9
需求量	3	6	5	6	20

改进后的总运输费用=3×100+6×400+5×300+2×1 000+1×800+3×500=8 500（元）。

综上，最优的调用方案是A_1工厂生产的7t产品向B_3销售部调拨5t，向B_4销售部调拨2t；A_2工厂生产的4t产品向B_1销售部调拨3t，向B_4销售部调拨1t；A_3工厂生产的9t产品向B_2销售部调拨6t，向B_4销售部调拨3t。总运输费用为8 500元。

表上作业法基本步骤如下：

（1）建立供需平衡表。

（2）用最小元素法求出初始调运方案。

（3）用闭回路法检验初始调运方案。

方法思路：要判定运输问题的某个解是否为最优解，可仿照一般单纯形法，检验这个解的各非基变量的检验数。若有某空格（A_i，B_j）的检验数为负，说明将 x_{ij} 变为基变量将使运输费用减少，故当前这个解不是最优解。若所有空格检验数全非负，则不管怎样变换解，均不能使运输费用降低，即目标函数值已无法加以改进。

（4）用闭合回路法调整初始调运方案。改进的方法是在运量分配表中找出这个空格对应的闭合回路 L_{ij}，在满足所有约束条件的前提下，使 x_{ij} 尽量增大并相应调整此闭回路上其他顶点的运输量，以得到另一个更好的基可行解。

（5）重复步骤（3）～（4），直到出现最优调运方案。

（6）计算最少总运费。

知识拓展

在供销不平衡的情况下，可用以下办法进行解决：

（1）供大于求——引入虚拟需求点，其需求量等于实际供应量与需求量之差，该点运价为零。

（2）供小于求——引入虚拟供应点，其供应量等于实际需求量与供应量之差，该点运价为零。

职业能力训练

运输路线设计

一、训练任务

迅达公司接到一项运输任务，需要从 B、D、F、H 四个仓储点（各有钢材 80t、150t、170t、100t）运送给 A、C、E、G 四个客户（各需物资 110t、130t、100t、160t），各仓储点之间的距离如括号内数字所示。请为该公司设计运输路线（仓储点、客户分布如图 10-19 所示）。

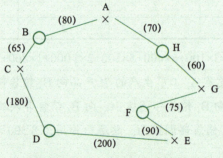

图 10-19　仓储点、客户分布

二、训练要求

1. 个人独立完成训练任务。

2. 分析运输路线类型。

3. 选择合适的路线优化方法。

4. 提交路线优化方案。

三、训练评价

序号	评价内容	分值	自我评价（20%）	小组评议（30%）	教师评价（50%）	合计得分（100%）
1	运输路线分析合理	20				
2	优化方法选择正确	20				
3	计算过程完整、结果正确	40				
4	方案合理、内容全面	20				
教师评语						

单元三　运输质量管理

一、运输质量管理认知

运输质量管理一般是指为了保证和提高汽车运输质量而进行的调查、计划、组织、协调、控制、检查、处理及信息反馈等项活动的总和。

运输质量包括三个相互联系的方面，即运输产品质量、运输工作质量和服务质量。运输产品质量是指汽车运输企业向旅客和货主提供服务时，其服务过程满足旅客和货主要求的特征和特性的总和；运输工作质量是指运输生产活动的过程、设施、设备、操作规程、规范等符合有关要求的特性；服务质量是指提供运输产品过程中，运输生产者满足旅客和货主精神需求方面的特性和服务能力特性的总和。

运输质量管理

二、运输质量管理评价指标

运输质量管理的基本任务是确定合理的质量目标，制订全面的质量计划，建立有效的质量保证体系。运输质量管理评价指标是确定合理质量目标的基础。

运输质量管理评价指标如下：

（一）安全性指标

1. 运输损失率

运输过程中的货物损失率可以有两种表示方式：一种是以货物损失总价值与所运输货

物的总价值进行比较；另一种是用运输损失赔偿金额与运输业务收入额来反映。前者主要适用于货主企业的运输损失绩效考核，而后者更适用于运输企业或物流企业为货主提供运输服务时的货物安全性绩效考核。两者分别计算如下：

$$运输损失率 = \frac{损失货物总价值}{运输货物总价值} \times 100\%$$

$$运输损失率 = \frac{运输损失赔偿金额}{运输业务收入额} \times 100\%$$

2. 货损货差率

该指标是指在发运的货物总票数中货损货差的票数所占的比重。其计算公式为

$$货损货差率 = \frac{货损货差票数}{发运货物总票数} \times 100\%$$

3. 事故频率

事故频率是指单位行程内发生行车安全事故的次数，一般只计大事故和重大事故。它反映车辆运行过程中随时发生或遭遇行车安全事故的概率。其计算公式为

$$事故频率（次/万公里）= \frac{报告期事故次数}{报告期总运输公里数/10\,000} \times 100\%$$

4. 安全间隔里程

安全间隔里程是指平均每两次行车安全事故之间车辆安全行驶的里程数。该指标是事故频率的倒数。其计算公式为

$$安全间隔里程（万公里）= \frac{报告期总运输公里数/10\,000}{报告期事故次数}$$

（二）可靠性指标

正点运输率是对运输可靠性评价的主要指标。它反映运输工作的质量，可以促进企业做好运输调度管理，采用先进的运输管理技术，保证货物流转的及时性。其计算公式为

$$正点运输率 = \frac{正点运营次数}{营运总次数} \times 100\%$$

（三）直达性指标

由于有些运输方式如铁路、航空等，不能直接将货物运至最终目的地，因此要利用直达性这个标准来评价物流企业提供多式联运服务的能力，尤其是当货物来往于机场、铁路端点站、港口时，直达性就显得尤为重要。其计算公式为

$$货物直达率 = \frac{直达票号数}{同期票号数} \times 100\%$$

（四）一票运输率

货主经一次购票（办理托运手续）后，由企业全程负责，提供货物中转直至将货物送达最终目的地的运输服务，称为一票运输。一票运输率反映了联合运输或一体化运输服务程度的高低。其计算公式为

$$一票运输率 = \frac{一票运输票号数}{同期票号数} \times 100\%$$

（五）意见处理率

意见处理率反映了企业对客户意见及时处理的能力，通常采用设置意见箱收集货主意见的办法进行操作。在货主针对运输服务质量问题提出的诸多意见中，企业予以及时查处并给予货主必要的物质或精神补偿，取得满意效果的意见，称为已处理意见。其计算公式为

$$意见处理率 = \frac{已处理意见数}{货主提出意见数} \times 100\%$$

（六）客户满意率

在对货主进行满意度调查中，凡在调查问卷上对运输服务感到满意及以上档次的货主，称为满意货主。意见处理率和客户满意率均可按季度计，必要时也可按月计。前者反映了货主对运输服务性好坏的基本倾向及企业补救力度的大小，后者是对运输服务质量的总体评价。其计算公式为

$$客户满意率 = \frac{满意货主数}{被调查货主数} \times 100\%$$

三、运输全过程质量管理

全面质量管理主要体现为"三全"的管理思想，即全面质量、全员参与和全过程控制。对于运输行业来说，全过程控制对于保证和提高运输质量具有重要意义。

运输全过程质量管理主要包括以下几个环节：

（一）生产组织过程的质量管理

生产组织过程的质量管理包括：①对货源的生产发展情况进行经济调查，计算和了解货物种类、运量、运距、流向和流时；②抓好承揽受理业务，选用合理的运输方式和运输路线及时处理运输商务事故，不断改进运行组织方式。

（二）生产准备过程的质量管理

生产准备过程的质量管理包括：①运输生产准备过程内容；②市场调查，组织货源；③调查货主对运输质量的要求，制定保证运输质量、降低消耗、保护环境、经济合理的运输生产工艺方案；④组织有关人员对运输工艺方案进行审查。

（三）移动交付过程的质量管理

移动交付过程的质量管理包括：①建立健全各项管理制度，制定、修订并严格执行各

项工作标准、技术标准、管理标准；②强化现场管理，抓好运输生产过程中各个环节的自检、互检和专检；③建立健全质量信息反馈系统，做好原始记录、统计分析和质量档案工作；④做好运输、装卸设备及机具的维修工作，保持其良好的技术状态。

（四）计费结算过程的质量管理

计费结算过程的质量管理包括：①凭仓库理货员验收签字的运单开票，票面各栏要填写齐全；②计算运杂费要迅速、准确，字迹端正、清晰；③计收各项运杂费必须注明项目；④运杂费的金额大写与小写必须相符；⑤对货票各栏进行复核，无误后方可收款；⑥收款无误后要加盖收款人章和收款专用章；⑦注意银行各种支票上收款单位名称、银行账号、出票日期、金额、印章等是否齐全、正确、无涂改；⑧营业收款要及时汇解企业相关部门或存入银行。

四、运输质量管理常用工具和方法

对运输过程中产生的原始数据和资料进行科学的统计，从而发现质量薄弱环节和质量问题的根源所在，采取必要的措施加以解决后，可提高运输质量。常用的质量管理方法有排列图法、因果分析图法、分层法、PDCA 循环法等。

1. 排列图法

排列图法就是将影响工程质量的各种因素，按照出现的频数，从大到小地排列在横坐标上，在纵坐标上标出因素出现的累积频数，并画出对应的变化曲线的分析方法。

排列图由两个纵坐标、一个横坐标、若干个直方图形和一条曲线组成。其中，左边的纵坐标表示频数，右边的纵坐标表示频率，横坐标表示影响质量的各种因素。若干个直方图形分别表示质量影响因素的项目，直方图形的高度则表示影响因素的大小程度，按大小顺序由左向右排列，曲线表示各影响因素大小的累计百分数。这条曲线称为帕累托曲线。

2. 因果分析图法

因果分析图法又称鱼骨图分析法，是一种逐步深入研究寻找影响产品质量原因的方法。由于在实际工程管理过程中，产生质量问题的原因是多方面的，而每一种原因的作用又不同，往往需要在考虑综合因素时，按照从大到小、从粗到细的方法，逐步找到产生问题的根源。

3. 分层法

在进行质量因素分析时，有时来自多方面的因素交错在一起，使得数据杂乱无章，无法直接得出分析结果，因此需要一种统计工具把错综复杂的多种因素分开。分层法就是这样一种数据分析和整理的基本方法，它是将收集来的数据按来源、性质等加以分类，将性质相同、在同条件下的数据归在一起，从而将总体分为若干层次，分别加以研究。

4. PDCA 循环法

PDCA 循环是美国质量管理专家沃特·阿曼德·休哈特首先提出的，由爱德华兹·戴明采纳、宣传，获得普及，所以又称戴明环。全面质量管理的思想基础和方法依据就是 PDCA 循环。PDCA 循环的含义是将质量管理分为四个阶段，即 Plan（计划）、Do（执行）、Check（检查）和 Act（处理），如图 10-20 所示。在质量管理活动中，要求把各项工作按照做出计划、计划实施、检查实施效果，将成功的纳入标准，不成功的留待下一循环去解决。这一工作方法是质量管理的基本方法，也是企业管理各项工作的一般规律。

图 10-20　PDCA 循环

职业能力训练

运输质量提升实施方案编制

一、训练任务

迅达公司的电子产品运输业务尚处于起步阶段，质量管理尚不成熟，客服部经常接到客户投诉产品破损、运输延期等问题，严重时客户拒收产品，公司高层管理人员要求针对当前存在的问题，采用常用的运输质量管理方法进行运输质量工作总结，明晰运输质量管理过程，确保运输质量管理水平不断提高。

请运用 PDCA 循环法分析投诉原因，制定改进措施，有效提升企业运输质量，并撰写质量提升实施方案。

二、训练要求

1. 以小组为单位完成训练任务（建议 3～4 人一组）。
2. 分析任务资料，选择合适的质量分析方法。
3. 探讨影响质量提升的影响因素。
4. 提交质量提升实施方案。

三、训练评价

序号	评价内容	分值	自我评价（20%）	小组评议（30%）	教师评价（50%）	合计得分（100%）
1	选择合适的质量分析方法	20				
2	PDCA 分析步骤齐全	30				
3	方案分析合理，观点明确	30				
4	小组成员高效合作	10				
5	提交的成果内容全面，编排合理，结构清晰	10				
教师评语						

知识巩固练习

一、填空题

1. 图上作业法的原则可以归纳为：_____，对流不应当；里圈、外圈分别算，要求不能超过半圈长；如果超过半圈长，_____；反复运算可得最优方案。

2. 有多个货源地服务于多个目的地时，物流运输线路选择优化的任务是，要指定为各目的地服务的供货地，同时要找到供货地与目的地之间的最佳路径。解决这类问题常常可以运用一类特殊的线性规划方法，即_____进行求解。

游戏测验：图上作业法：交通路线成圈问题

二、单项选择题

1. 与运距有关的不合理运输是（　　）。
   A. 过远运输　　　　　　　　B. 对流运输
   C. 无效运输　　　　　　　　D. 重复运输

游戏测验：表上作业法：求最优调运方案

2. 与运量有关的不合理运输是（　　）。
   A. 过远运输　　　　　　　　B. 对流运输
   C. 重复运输　　　　　　　　D. 迂回运输

3. 直达运输是指（　　）。
   A. 按照货物合理流向，选择最短路线组织的运输
   B. 将货物从产地或起运地直接运到销售地或用户的运输
   C. 根据一定生产区的产品相对固定于某一消费区组织的运输
   D. 对当地生产或外地到达的货物，直接将货物运送到用户的运输

4. 无效运输是指（　　）。
   A. 被运输货物含杂质过多，使运输能力浪费于不必要物资的运输
   B. 同一种货物在同一线路或平行线路上做相对方向的运输
   C. 不经过最短线路绕道而行、舍近取远的一种不合理运输
   D. 货物从销地或中转地向产地或起运地回流的一种运输现象

5. 评价运输合理化的要素有五种，下列哪一项不在此列？（　　）
   A. 运输距离　　B. 运输环节　　C. 运输时间　　D. 运输线路

三、简答题

1. 评价运输合理化的要素有哪些？
2. 运输质量管理常用工具有哪些？请举例说明。
3. 试述物流运输线路的三个基本类型。

四、计算题

某运输公司 2023 年第三季度完成运输业务货物总价值为 9 308.76 万元,其中存在货损货物总额为 11.99 万元;办理货运业务票数为 158 票,发生货损货差业务票数为 11 票。

请根据以上数据对运输业务安全质量进行分析和评价。

素养案例

不合理运输导致事故发生,司机后悔莫及

2021 年 12 月,大广高速花湖匝道发生侧翻事故。事故造成 4 人死亡、8 人受伤。相关部门调查发现,这辆大件运输货车进入高速时持有大件运输许可手续,办理的超限运输许可显示,该车辆申请的超限许可手续是陕西境内的,监护方式为自行监护,通行路线为临潼收费站及连霍潼关收费站,其所运货物为换热器油箱,货物重量为 184t,路线为临潼至秦东,秦东为陕西河南交界处、位于陕西一侧的高速出入口,但司机并没有在秦东驶出连霍高速,而是继续往河南方向行驶,并且未查询到该车在河南、湖北办理的许可手续。司机报短跑长,擅自更改路线,一路经过河南省,进入湖北地界,在大广高速酿成惨痛事故。

思考: 1. 该司机的行为属于哪种不合理运输?

2. 运输公司应该从哪些方面着手,杜绝以上事故再次发生?

参 考 文 献

[1] 仪玉莉. 运输管理 [M]. 3 版. 北京：高等教育出版社，2018.

[2] 潘波，覃冠华. 物流运输组织与管理 [M]. 3 版. 北京：机械工业出版社，2017.

[3] 傅莉萍. 运输管理 [M]. 2 版. 北京：清华大学出版社，2020.

[4] 韩杨，刘娜. 物流运输管理实务 [M]. 3 版. 北京：清华大学出版社，2020.

[5] 丁天明. 运输管理实务 [M]. 2 版. 北京：北京邮电大学出版社，2020.

[6] 袁伯友. 物流运输组织与管理 [M]. 3 版. 北京：电子工业出版社，2018.

[7] 李庆. 运输管理实务 [M]. 大连：大连理工大学出版社，2009.

[8] 江建达，颜文华，李佑珍. 物流运输管理：理论、实务、案例、实训 [M]. 4 版. 大连：东北财经大学出版社，2021.

[9] 左瑛. 铁路货运组织 [M]. 2 版. 成都：西南交通大学出版社，2015.

[10] 黄兴建，吕燕梅，王苏林. 铁路货物运输组织 [M]. 成都：西南交通大学出版社，2020.

[11] 刘丽艳，刘文歌. 物流运输管理实务 [M]. 北京：清华大学出版社，2012.

[12] 彭秀兰. 道路运输管理实务 [M]. 北京：机械工业出版社，2016.

[13] 唐玉藏. 运输管理实务 [M]. 北京：机械工业出版社，2016.

[14] 吕亚君. 公路运输管理实务：微课版 [M]. 北京：人民邮电出版社，2018.

[15] 齐云英，梁金萍. 运输管理 [M]. 3 版. 北京：机械工业出版社，2021.

[16] 韩杨，刘娜. 物流运输管理实务 [M]. 3 版. 北京：清华大学出版社，2020.

[17] 吴吉明. 货物运输实务 [M]. 北京：北京理工大学出版社，2020.

[18] 杨国荣. 运输管理实务 [M]. 2 版. 北京：北京理工大学出版社，2022.

[19] 北京中物联物流采购培训中心. 物流管理职业技能等级认证教材：高级 [M]. 2 版. 南京：江苏凤凰教育出版社，2021.

[20] 武德春，武骁. 国际多式联运实务 [M]. 2 版. 北京：机械工业出版社，2016.

[21] 孙家庆，张赫，孙倩雯. 集装箱多式联运 [M]. 4 版. 北京：中国人民大学出版社，2020.

[22] 魏华林. 保险法学 [M]. 2 版. 北京：中国金融出版社，2007.

[23] 郑功成，许飞琼. 财产保险 [M]. 4 版. 北京：中国金融出版社，2010.

[24] 杨忠海. 保险学原理 [M]. 北京：北京交通大学出版社，2008.

[25] 马书红，王元庆，戴学臻. 交通运输经济与决策 [M]. 北京：人民交通出版社，2019.

[26] 俞林，成康康. 经济学基础理论与实务 [M]. 北京：北京交通大学出版社，2021.